本书为"习近平总书记关于体育的重要论述和弘扬
（FJ2022XZB033）成果

中美

涂志辉 ◎ 著

体育产业的
经济效应比较研究

中国财经出版传媒集团

经济科学出版社

Economic Science Press

·北京·

图书在版编目（CIP）数据

中美体育产业的经济效应比较研究／涂志辉著.
北京 ： 经济科学出版社，2024. 10. -- ISBN 978 - 7
- 5218 - 6412 - 0

Ⅰ. G812；G817. 12

中国国家版本馆 CIP 数据核字第 2024JS2745 号

责任编辑：纪小小
责任校对：蒋子明
责任印制：范　艳

中美体育产业的经济效应比较研究

涂志辉　著

经济科学出版社出版、发行　新华书店经销
社址：北京市海淀区阜成路甲 28 号　邮编：100142
总编部电话：010 - 88191217　发行部电话：010 - 88191522
网址：www. esp. com. cn
电子邮箱：esp@ esp. com. cn
天猫网店：经济科学出版社旗舰店
网址：http：//jjkxcbs. tmall. com
固安华明印业有限公司印装
710 × 1000　16 开　17 印张　260000 字
2024 年 10 月第 1 版　2024 年 10 月第 1 次印刷
ISBN 978 - 7 - 5218 - 6412 - 0　定价：72. 00 元
（图书出现印装问题，本社负责调换。电话：010 - 88191545）
（版权所有　侵权必究　打击盗版　举报热线：010 - 88191661
QQ：2242791300　营销中心电话：010 - 88191537
电子邮箱：dbts@ esp. com. cn）

推　荐　序

在人类文明的历史长河中，体育始终扮演着化干戈为玉帛、团结各方力量、塑造民族精神、促进文化交流的重要作用。随着国际交往的不断扩大，体育事业和体育产业的发展规模及水平已成为衡量一个国家，以及社会发展进步的重要标志，也成为国家间促进外交和经贸往来及增进文明交流互鉴的重要手段。

近年来，伴随着科技和经济发展，人们生活水平不断提高，国内外体育赛事及群众性体育活动蓬勃兴起，体育的经济属性愈发彰显，且逐步成为一个国家软实力和经济活力的重要标志。特别值得一提的是，体育产业的发展出现了诸多新的商业模式，体育活动产生了许多新项目，体育消费拓展了许多新内容，人们观赏体育活动涌现了许多新载体，人口规模在数字和智能技术与体育产业的融合方面，彰显出越来越多的新优势。

通读全书，本人感觉有以下三个显著特点，一是视野宏阔，充满时代气息。当今世界百年变局加速深化演进，全球体育产业也在经历深刻变革。我国作为当今世界体育经济和体育产业发展的后起之秀，竞技体育市场化和职业化的趋势日益显著。与此同时，群众性体育活动方兴未艾，凭借庞大的市场规模和潜力、政府的积极扶持以及科技的广泛运用，正在体育产业的多个维度上实现快速发展，在世界体育舞台上扮演着重要角色。而美国作为国际体育产业的先行者，其成熟的商业化运作模式、高度发达的职业联赛体系，以及体育与娱乐、体育与大众传媒的深度融合等，为世界提供了宝贵的体育产业发展经验。就中美两国体育产业的经济效应进行比较研究，无疑为我们揭示了体育产业经济发展的多元路径与普遍规律，为我们找到更适合我国国情的体育产业发展之路提供了有益借鉴。

二是观点新颖，层次结构分明。涂志辉博士既有较为扎实的理论基础和较为广阔的学术视野，同时也具有丰富的国际贸易实践经验。在该书中，作者系统阐述了体育产业的相关概念和理论基础，以及体育产业经济效应的运行机理，进而对中美体育产业经济增长效应、结构效应、就业效应和贸易效应进行比较，同时对中美体育产业经济效应要素驱动开展实证研究，在此基础上，明确提出促进我国体育产业可持续发展的对策建议。

该书提出建立和完善我国体育产业发展的主导要素驱动机制及其改革发展的观点，强调体育产业发展的外部动力机制应当涵盖推动机制、引导机制、支撑机制和协同机制，分别体现为经济驱动、文化融合、社会支撑和科技赋能，内部动力是指以知识人力资本要素和消费升级要素的生产配置为核心的产业内生增长，各大动力系统之间形成一个相互依托、相互协调且具有内在联系的有机整体，共同推动体育产业的结构升级、要素培育和产品供给。该书同时从中美两国体育产业发展的经验总结出发，以及通过实证研究的方法对驱动机制及其作用机理进行了较为充分的论证，充实和丰富了我国体育产业及其市场的相关理论，为培育和拓展体育市场，激活体育产品消费，促进我国体育产业可持续发展提供了有益参考。

该书不仅对世界上两大经济体体育产业的发展轨迹进行了一次全面梳理，同时也可以视为对中美体育产业经济效应所做的理论研究与实践探索。

三是反思前瞻，富有启发教益。该书作者在撰写过程中自觉运用经济学的相关理论，选取了体育产业的结构效应、就业效应、贸易效应和经济增长效应四个维度对中美体育产业进行全面比较分析，旨在反馈宏观经济研究中通过体育产业结构效应，带动更好的就业效应，同时促进贸易效应的发展，进而最终实现经济增长的目的。该书系统地梳理了中美体育产业的经济效应及对应政策影响等方面，通过对一系列关键问题的深入探讨，展示了中美两国体育产业经济效应的发展全貌。

值得一提的是，该书作者在中美体育产业的经济效应比较研究中，发现并实证了中国体育产业发展中的知识人力资本和以消费升级为核心的双轮驱动要素，同时既指出美国体育产品贸易的优势，也分析了我国体育产品贸易存在的劣势，从而提出了有利于中国体育产业可持续发展的建议。

该书的另一个独到之处在于它不仅仅局限于对中美两国体育产业经济效应进行简单对比，还揭示了体育产业的经济效应之间的逻辑关联，同时对应经济效应背后的社会文化、政策导向和市场机制等因素的支撑，以及这些效应如何交织互动，共同塑造了中美体育经济和体育产业的今日风貌。

作者在该书撰写和研究论证过程中综合运用了跨学科的研究方法，结合定量分析与定性研究，通过翔实的数据支撑，为我们揭示了体育产业经济效应的深层次逻辑，同时也针对存在的问题进行了分析，在此基础上，提出了富有启发和建设意义的思考与建议，这无疑丰富了我们对体育产业经济边界的认知。该书既可以作为政府决策部门和相关企业的咨询参考，也可以列入从事体育经济和体育产业研究的理论工作者以及从事相关研究的高校师生的阅读参考书目。

当然，在新发展阶段，我国体育经济和体育产业的发展面临一系列新情况和新问题，诸如：体育事业与体育产业的关系，特别是在促进体育经济和体育产业发展过程中，如何正确处理有效市场与有为政府的关系，以及举国体制和市场机制的关系；新运动项目争夺传统体育项目的消费者，尤其是电竞和智能体育的发展，新型多元娱乐项目出现后争夺体育消费者；专业和专注度下降；跨界传播平台的影响等，亟待从理论与实践等方面进行深层次的探讨。而该书对中美体育产业经济效应的比较研究，显然还需要随着实践发展，进行更进一步的深入分析和研究。

潮平两岸阔，风正一帆悬。涂志辉博士的求学和工作经历曲折，但其向上向善的执着坚韧追求令人钦佩。期待他继续发扬锲而不舍、勇于挑战的精神，围绕我国体育产业高质量发展问题开展深入研究，这对我国体育经济和体育产业的可持续发展有所裨益。

谨以为序。

张华荣
福州
2024 年 6 月 16 日

前　　言

　　新冠肺炎疫情在全球的暴发，让大多数人意识到自身免疫力的重要性。而合理健康的体育运动正是每个人提高免疫力的最好方式之一。体育运动已经成为更多人选择的生活方式，伴随很多人的一生。随着世界经济的发展，在体育运动行业里也逐渐形成以体育运动为消费内容的产业业态，在此细分的产业业态中，形成了其自身鲜明的特点，结合大健康的方向，呈现出蓬勃发展之势头。随着全球经济一体化的不断深入和人们健康意识的普遍提升，体育产业作为新兴的经济增长点，其经济效应日益显著，成为衡量一个国家或地区经济多元化及社会发展水平的重要指标。中美两国，作为全球体育产业的两大巨头，在市场规模、产业结构、就业状况、贸易模式及政策环境等方面的差异，为全球体育经济的研究提供了丰富的案例资源和深刻的对比视角。美国拥有悠久的体育商业化历史和全球最具影响力的四大职业体育联盟，其体育产业的成熟度和商业变现能力领先世界，为全球体育市场树立了标杆。而我国作为快速崛起的体育大国，近年来在政府政策的推动下，体育产业正经历前所未有的转型与扩张，不仅市场规模急剧扩大，体育消费模式亦不断创新，展现出巨大的发展潜力和市场活力。同时市场端的不断发展以及体育人口的不断上升，都在促使我国体育市场蓬勃发展。发展的同时也出现局部的问题，对于体育产业高质量发展提出挑战。本研究旨在通过详尽的文献回顾与实证分析，深入探讨中美体育产业的经济效应，包括但不限于经济增长贡献、就业创造、国际贸易、产业结构以及对其他相关产业的拉动作用。研究将聚焦两国体育产业的这些经济效应的比较，对比分析其背后的制度环境、市场机制、技术创新及文化因素等关键变量，确定论证我国在体育产业发展上选择的双轮驱动，准确把握体育产业的驱动因素，从而提出我国体育产业发展的对策建议。在方法论上，本研究将综合运用定量与定性分析手段，包括数据分析、案例研究及专家访谈等方法，以确保研究的全面性和深度。通过跨学科的视角，融合经济学、管理学、社会学等领域的理论与工具，力求为中美体育产业的现状描绘一幅精确的图景，并为两国体育产业的持续健康发展提出策略建议。尤为重要的是，本研究期望能为政策制定者、行业从业者及学术界提供宝贵的参考，促进国际合作与经验交流，共同探索全球化背景下体育产业发展的新路径。在全球体育经济日新月异的今天，理解中美体育产业的异同及其经济效应，对于把握未来趋势、优化资源配置、促进产业升级具有不可估量的价值。

随着新冠肺炎疫情的暴发，世界范围内相关大型体育赛事活动以及体育产业经济发展整体都受到影响，这期间的相关数据无法体现正常经济形态下体育产业经济效应发展的情况，因此本书采用截至 2019 年的相关数据进行论证，试图寻找出中美体育产业经济效应常态发展的内在规律。

目　　录

绪　　论

第一节　选题背景及研究意义

一、选题背景

体育运动作为生命活动的表现形式之一，成为人们必需的健康生活方式，也逐渐成为现代社会经济发展和繁荣的标志。在经济社会不断发展的过程中，逐渐形成体育相关规模化产业，被誉为"21世纪朝阳产业"，对于整个国民经济都有着非常大的影响，也实实在在改变着人们的生活方式。据 Plunkett Research 数据统计，2023 年美国体育产业市场规模达到约 6 071 亿美元，而全球体育产业规模预估为 1.5 万亿美元，美国体育产业市场规模占到了全球预估规模的 42%，同时其国内生产总值（GDP）贡献率占到约 3%，比同期那些传统的石化、汽车等产业经济贡献率都高。同时欧洲国家比如英国、法国、德国、西班牙等，它们的体育产业占 GDP 比重也都超过 1%。相比而言，我国体育产业起步较晚且整体规模较小，2022 年全国体育产业总规模（总产出）为 33 008 亿元，增加值为 13 092 亿元。与上年相比，体育产业总产出增长 5.9%（未剔除价格因素），增加值增长 6.9%。GDP 贡献率约为 2%，与美国体育产业发展存在着现实差距（见表 0 - 1）。

表 0 - 1　　　　　　　　　　中美体育产业的发展现状

国家	年份	体育产业增加值（亿元人民币、亿美元）	体育产业增加值占 GDP 比重（%）	体育产业就业人数（万人）	体育就业占劳动力比重（%）	体育人口（亿人）	体育人口占总人口比重（%）
中国	2018	10 078	1.10%	443.90	0.57	5.60	41.3
美国	2018	5 397	2.90	320.00	2.13	2.20	>72.0

资料来源：《2019 中国体育产业发展报告》；Plunkett Research：Sports Industry, Teams, Leagues & Recreation Market Research [EB/OL]. https://www.plunkettresearch.com/industries/sports-recreation-leisure-market-research/, 2017。

　　为进一步明确和发挥体育产业在国民经济发展中的地位和作用，党的十九大报告中规划出"健康中国"战略思路，规划指出要优先发展解决人民健康问题，积极发展全民健身和全民健康深度融合，并以此为路径，实现全民养成运动健康的习惯。在 2019 年 9 月，我国国务院办公厅又向全社会发布《体育强国建设纲要》（以下简称《纲要》），确定了体育强国建设的时间表和路线图："到 2020 年，建立与全面建成小康社会相适应的体育发展新机制；到 2035 年，体育产业成为国民经济的支柱性产业；到 2050 年，全面建成社会主义现代化体育强国。"与此同时，中央国务院办公厅又颁布《关于促进全民健身和体育消费推动体育产业高质量发展的意见》，重点针对制约体育产业发展的顽疾，从深化"放管服"改革、完善产业政策等十大方面提出 35 项具体措施。

　　我国体育产业相关法规如表 0 - 2 所示。

表 0 - 2　　　　　　　　　　我国体育产业相关法规汇总

颁布时间	法规名称	关于体育产业的主要内容
1995 ~ 2009 年	1995 年，《体育产业发展纲要 1995 — 2010》	用十五年时间逐步建成现代体育产业体系
	1999 年，《关于加快体育俱乐部发展和加强体育俱乐部管理的意见》	有利于建立与社会主义市场经济相适应的体育体制
	2006 年，《体育事业"十一五"规划》	明确提出"十一五"时期体育事业发展指导思想
	2009 年，《全民健身条例》	引发全民健身的热潮

颁布时间	法规名称	关于体育产业的主要内容
2010 年至今	2010 年 3 月，《关于加快发展体育产业的指导意见》	培育一批具有国际竞争力的体育骨干企业和企业集团
	2014 年 3 月，《关于推进文化创意和设计服务与相关产业融合发展的若干意见》	到 2020 年，文化创意和设计服务的先导产业作用更加强化，与相关产业全方位、深层次、宽领域的融合发展格局基本建立
	2014 年 10 月，《关于加快发展体育产业促进体育消费的若干意见》	确定到 2025 年，我国体育产业目标总规模超过 5 万亿元
	2015 年 12 月，《关于体育场馆房产税和城镇土地使用税政策的通知》	用于体育活动的房产、土地，免征房产税和城镇土地使用税
	2016 年 7 月，《体育产业发展"十三五"规划》	优化市场环境、培育多元主体、提升产业能级、扩大社会供给和引导体育消费
	2016 年 6 月，《关于印发全民健身计划（2016－2020 年）的通知》	其中包含深化体育改革、发展群众体育、倡导全民健身新时尚、推进健康中国建设的部署
	2016 年 10 月，《关于加快发展健身休闲产业的指导意见》	指出到 2025 年，要基本形成相对规划合理，功能齐全，门类完善的相关健身、休闲等体育产业发展基本格局
	2018 年 3 月，《政府工作报告》	首次进入国家经济总体布局，明确体育产业与智能产业和互联网技术深度融合发展
	2019 年 9 月，《体育强国建设纲要》	到 2035 年体育产业成为国民经济的支柱性产业；到 2050 年全面建成社会主义现代化体育强国
	2019 年 10 月发布《关于促进全民健身和体育消费推动体育产业高质量发展的意见》	从深化"放管服"改革、完善产业政策等十大方面提出具体措施
	2023 年 1 月 1 日起施行《中华人民共和国体育法》	国家制定体育产业发展规划，扩大体育产业规模，增强体育产业活力，促进体育产业高质量发展，满足人民群众多样化体育需求

颁布时间	法规名称	关于体育产业的主要内容
2010 年至今	2023 年 5 月，国家体育总局等十二部委印发《关于推进体育助力乡村振兴工作的指导意见》	为推动乡村体育高质量发展，加强乡村全民健身公共服务体系建设，提升乡村公共服务水平，大力发展乡村体育产业，助力乡村产业振兴等

党的十九大报告指出，新时代中国特色社会主义体育强国的建设是其中不可或缺的一环，是中国解决新矛盾——"我国社会主要矛盾已经转化为人民日益增长的美好生活需要和不平衡不充分的发展之间的矛盾"和实现新目标——"在本世纪中叶建成富强、民主、文明、和谐、美丽的社会主义现代化强国"的重要推手。《纲要》的发布，明确地反馈出我们需要全面贯彻在特定新时期，发展中国特色社会主义体育强国建设的总要求。因为体育产业是借助体育形成经济发展的新型支持平台，体育消费作为新兴产业是经济发展新的增长点，体育产业正因此而成为新时代中国特色社会主义形势下推动经济转型、优化经济发展结构的重要助推力。

由于我国体育产业发展时间较短，较发达国家仍存在一定差距，目前我国体育产业发展主要存在以下问题：

（1）产业市场方面：我国体育产业产值及增加值比重较低，结构不均衡且关联度不强，产品和服务供给不足，难以完全发挥体育市场有效配置稀缺资源的决定性作用；

（2）产业政策方面：我国体育产业发展体制机制不完善，部分政府服务机构定位不清，行政干预过度，导致体育产业管理方面存在一些问题；

（3）产业参与方面：体育参与主体仍然相对单一，社会资本参与积极性尚未得到有效调动，存在部分消费者不理性的消费观，以及部分运动员、裁判员等金钱至上、胜利至上的错误的价值取向。

体育产业的发展，应该把马克思主义关于人的全面发展学说作为衡量标准，而非片面把全部市场化作为衡量体育产业化发展水平的唯一衡量标准，弘扬体育精神，全面正确地认识体育消费的价值，谨防个人陷入虚无主义和商品拜物教之中，最终推进个体生命更为自由和全面的发展。

二、研究意义

（一）理论意义

1. 推进国际比较方法在产业经济研究中的运用

本书选取中美两国作为体育产业发展的代表性经济体，将全球体育用品制造、出口大国以及世界范围内体育产业发达国家的体育产业发展水平和对应的影响驱动因素等方面进行对比分析。围绕体育产业这一中观的研究层面，通过跨经济体系的国别比较进行了有益的探索，同时注重比较研究的客观性、科学性和可比性，分析体育产业内涵、外延、社会经济意义以及由此产生的经济增长效应、产业结构效应、就业效应和贸易效应，对于丰富、完善体育产业理论具有重要意义。

2. 探析中美体育产业发展的驱动机制及其机理

本书在理论与实践的结合上，提出建立和完善我国体育产业发展的主导要素驱动机制及其改革发展的一些科学观点，提出体育产业发展的外部动力机制涵盖推动机制、引导机制、支撑机制和协同机制，分别体现为经济驱动、文化融合、社会支撑和科技赋能，内部动力是指以知识人力资本要素和消费升级要素的生产配置为核心的产业内生增长，各大动力系统之间形成一个相互依托、相互协调且具有内在联系的有机整体，共同推动体育产业的结构升级、要素培育和产品供给。同时从中美两国体育产业发展的经验总结和实证研究的方法出发对驱动机制及其作用机理进行了合理证明，充实和丰富了我国体育市场的科学理论，为培育体育市场、促进我国体育产业发展提供科学的理论指导。

3. 探索符合我国体育产业发展的支撑体系

结合当前我国"双循环"新发展格局和全面深化改革的时代背景，以及将本书对体育产业发展要素驱动机制的理论研究应用于指导中国实践，本书分别从产品供给侧、需求侧和世界范围内进行贸易的角度对如何创新体育产业、增强发展活力、开拓构建体育产业高质量发展新空间提出符合我国体育产业发展的支撑体系。需求侧方面，要利用我国超大规模市场和内需潜力的显著性优势，发挥消费对体育产业发展的基础性作用；供给侧方面，加快知识人力资本的有效积累和深度开发，大幅提升体制机制的活力和产业资本资源配置的效率，全面提升体育产业供给质量；对外开放方面，对接"双循环"国家战略，深挖体育贸易发展潜力，把中国体育产业逐渐打造成为世界工厂加世界市场，对我国促进体育产业发展的策略选择有一定的理论指导意义。

（二）现实意义

1. 体育产业发展符合新时代产业高质量发展的客观规律

高质量发展是体育产业对新时代所赋予的新使命的积极回应，是突破外围严峻挑战和现实压力的根本出路。从我国体育产业发展实践来看，知识技术密集型要素禀赋逐渐替代劳动力和资本密集型要素禀赋，人口红利和资本红利的逐渐丧失带来的竞争日益加剧，全球贸易保护主义有所抬头，体育产业发展迫切从追求量的增长向追求质的提升转变。当前，在经济新常态的背景下，发展体育产业是推进供给侧结构性改革的重要一环，能够有效提高体育产业的全要素生产率，实现体育资源优化配置，满足人民群众日益增长的多元化体育需求，对于我国经济结构转型与优化具有重要的推动作用。

2. 体育产业的发展也是我国经济发展的实际需要

因为目前我国体育产业的发展还存在很多问题，尤其是在产业规模、产业结构、产业要素、产业需求等方面存在诸多突出问题，本书尝试通过多维度国际比较，从定性和定量的视角发现中美两大经济体体育产业发展水平的差异性，系统梳理和分析美国体育产业政策发展完善的经验和启示，以此借鉴哪些可以为我所用，哪些又必须摒弃，探索形成我国体育产业高质量发展的内在动力系统，以及探求其运行的作用机理。采用理论和实证结合方法，归纳出适合我国体育产业发展的要素体系，建立起我国体育产业发展的系统性研究框架，为有关部门加强体育市场改革创新提供具有较强应用操作性的科学咨询和决策参考，进一步促进体育产业的发展。

第二节　文献综述

一、国外文献综述

（一）体育产业经济学研究

从经济学角度定义体育产业的大多数研究来自欧洲，主要源于欧洲政府对评估体育运动的整体经济重要性比较感兴趣。埃米尔·特奥多尔·科赫尔和阿尔布雷希特·科塞尔（El - Hodiri and Quirk，1971）首次提出正式的体育经济模型。20 世纪 90 年代中期以后，随着体育产业收入的增加，体育经济学领域的出版物数量有所增加。[①] 此外，随着欧洲委员会体育发展委员会的成立，对体育及其影响的研究给予了更多的关注和支持。格拉顿（Gratton）主要使用国民收入和产品核算方法作为估算体育产业经济规模的一般方法，通过结合现有的国民收入和产品账户（NIPAs）来识别与体育相关的子行业并将其汇总。[②] 格拉顿同时指出体育经济利益已远远超出精英体育竞赛的范围，群众体育运动也是体育产业的重要组成部分。[③] 韦伯等（Weber et al.）从宏观经济的角度发展出更为重要的体育经济计量模型。[④] 戴维斯（Davies）则采用增值法这一国民账户核算方法，估算体育

---

① El - Hodiri, M., Quirk, J. An economic model of a professional sports league [J]. *Journal of Political Economy*, 1971, 79: 1302 - 1319.

② Gratton, Chris. The economic importance of modern sport, Culture [J]. *Sport and Society*, 1988, 1: 101 - 117.

③ Humphreys B. R., Ruseski J. E. Problems With Data on the Sport Industry [J]. *Journal of Sports Economics*, 2010, 11 (01): 60 - 76.

④ Weber W., Schnieder C., Kortlüke N., Horak B., Heinemann K. Die wirtschaftliche Bedeutung des Sports [J]. *Sportwissenschaft*, 1997, 27 (02): 204 - 209.

运动对英格兰谢菲尔德当地经济的贡献。[①] 目前欧盟成员国已经在体育卫星账户（SSA）的商定方法和标准方面取得一些进展。[②③] SSA 使用一个国家的国民核算体系来构建"一个可靠的统计框架，以衡量特定核算在国民经济中的经济重要性"[④]。达尔齐尔（Dalziel）详细估算和阐述了新西兰体育产业的经济和社会价值，包括体育产品和服务生产者、基础设施提供者和体育活动支持者等体育产业参与部门在促进就业、推动出口、展示国际形象和提升个人和社会福利等方面的价值。[⑤]

美国对于体育产业的经济学研究方面，众多学者均指出体育产业持续增长并将成为美国经济增长的新驱动力。[⑥⑦⑧⑨] 米克（Meek）遵循与 GDP 相关的联邦准则，计算出与各种形式的体育和体育活动有关的产品和服务的最终消费者支出金额。[⑩] 布劳顿（Broughton）则关注与体育有关的交易中有多少美元换手，体育产业的规模通常侧重于所产生的收入数量，他

---

① Davies, Larissa. Sport in the city: Measuring economic significance at the local level [J]. *European Sport Marketing Quarterly*, 2002b, 2 (01): 83 – 112.

② SIRC. 2004 Sport Satellite Account for the UK. Report prepared by the Sport Industry Research Centre, Sheffield Hallam University. London: Department for Culture, Media and Sport. Downloaded 21 January 2011 from www. culture. gov. uk/what_we_do/research_and_statistics/6598. aspx, 2010.

③ MSE and SpEA. "The Use of Sport Satellite Accounts for Policy Purposes." Policy paper prepared for the meeting of Sports Director Generals, Barcelona/Spain, 26 February 2010, by Meerwaarde Sports and Economics and SpEA SportsEconAustria Institute of Sports Economics. Downloaded 21 January 2011 from www. esce. at/spea/.

④ Gratton, C. And P. Taylor. *Economics of Sport and Recreation* [M]. London: Spon Press, 2000.

⑤ Dalziel P. The economic and social value of sport and recreation to New Zealand [J]. Agricultural Economics Research Unit, 2011.

⑥ Pitts B. , Stotlar D. *Fundamentals of sport marketing* [M]. Fitness Information Technology, Inc, 1996.

⑦ Chelladurai P. *Managing Organizations for Sport and Physical Activity*, Chelladurai, 1st edition [M]. Academic Internet publishers, 2007.

⑧ Masteralexis L. P. , Masteralexis L. P. , Masteralexis L. P. *Principles and Practice of Sport Management* [M]. Jones and Bartlett Publishers, Inc, 2008.

⑨ Pedersen P. M. , Laucella P. C. , Miloch K. S. et al. The juxtaposition of sport and communication: Defining the field of sport communication [J]. *International Journal of Sport Management & Marketing*, 2007, 3 (02): 193.

⑩ Meek, A. An estimate of the size and supported economic activity of the sports industry in the United States [J]. *Sport Marketing Quarterly*, 1997, 6 (04): 15 – 21.

还认为计算金钱易手的不同方式可以真正体现出体育产业的质量感。①
米兰和切尔达鲁伊（Milano and Cheladurai）借鉴米克（1997）和美国商
务部经济分析局的 GDP 核算指南（支出法），利用北美产业分类体系
（NAICS）与体育相关的商品和服务的行业分类核算国内体育总产值
（GDSP），将保守、折中和乐观三种估计下的估算结果与米克（1997）
进行对比，发现折中估计下 2005 年体育产业的产值规模实际有所下
降。② 汉弗莱斯（Humphreys）从体育参与、体育观看、体育市场供求关
系三个角度调查美国体育产业，此外参与体育活动和参加体育赛事的机
会成本也是体育产业的重要组成部分，但是却很难估价。参与体育活动
人次、观赛人次和观赛消耗的时间都可以从侧面反映体育产业的规模，
也是体育产业结构的一个缩影。③ 萨维列娃、伊万诺娃和苏尔科娃
（Saveleva，Ivanova and Surkova）认为现代体育设施的建设、城市空间、
公园和娱乐区的适应、举办体育赛事的信息和组织支持，所有这些都直
接影响公民参与体育运动。④

（二）体育产业市场结构研究

由于体育产业的经济发展潜力创造出许多公共和私营部门，这些部门
共同促成了体育产业的高速周转。从 20 世纪 50 年代初开始，已经有很多
学者开始对体育经济相关的市场结构着手进行大量具体研究。这些研究主
要集中于职业体育劳资关系、竞争实力均衡、反垄断、休闲体育立法等方
面。在职业体育经济学方面，罗滕贝格（Rottenberg）最先分析讨论棒球运
动员及其服务市场的结构和规则，指出棒球市场相对于其他行业更具垄断

① Broughton，D. Dollars in sports – Methodology ［J］. *Streer & Sith's Sports Business Journal*，2002，47（04）：25.

② Michael Milano，Packianathan Chelladurai. Gross Domestic Sport Product：The Size of the Sport Industry in the United States ［J］. *Journal of Sport Management*，2011：2524 – 2535.

③ Humphreys B.，Ruseski J. The Size and Scope of the Sports Industry in the United States ［C］// IASE Conference Papers. International Association of Sports Economists，2008.

④ Saveleva O. V.，Ivanova L. A. and Surkova D. R. On the issue of the implementation of the cultural target program for the development of physical culture and sports in the Russian Federation ［J］. *Scientific Notes of the University Named after P. F. Lesgaft*，2016，135（05），198 – 202.

性。棒球市场的本质在于，竞争者要想获得成功，他们的"水平"必须大致相等，似乎代表着职业竞技体育的一个独特属性。① 其他学者还在垄断法和宪法禁止奴隶劳动的背景下研究职业体育的市场行为，探讨自由球员规则对棒球运动员劳动力市场的影响，指出职业体育收入取决于体育人员或运动队之间的竞争，而不是竞争者所在公司之间的商业竞争。②③④ 同时上述学者也对职业体育竞争实力均衡进行了广泛的探讨，尼尔（Neale）认为体育比赛的商业价值在于参赛团队竞争实力的相差无几，即所谓的联赛位次效应。丹尼尔（Daniel）、范妮梅和房地美（Feddersen and Maennig）、威廉·诺尔斯等（Knowles et al.）在此基础上运用数据对职业体育的竞争均衡和观众上座率进行回归分析，表明竞赛不确定性具有更大的商业价值。⑤⑥⑦ 在体育产业政府规制方面，迈克尔（Michael）认为美国多年积累的良好的经济基础，已经发展多年的相对成熟的商业环境，加上对应具体完备的反垄断豁免等法制体系，以及良好的市场运行治理体系，成为合力推动美国体育产业长效发展的支撑系统。另外，市场竞争实力平衡成为职业体育联盟运作的核心，一系列成熟的制度治理体系使得美国体育产业自身形成了一种强大的核心竞争力。⑧

---

① Rottenberg S. The baseball players' labor market [J]. Journal of Political Economy, 1956, 44 (03): 242 –258.

② Topkis J. H. Monopoly in professional sports [J]. *Yale Law Journal*, 1948, 58: 691.

③ Gregory P. M. The Baseball Player: An Economic Study [M]. Washington, DC: Public Affairs Press, 1956.

④ Neale W. C. The peculiar economics of professional sports: A contribution to the theory of the firm in sporting competition and in market competition [J]. *Quarterly Journal of Economics*, 1964, 78 (01), 1 –14.

⑤ Daniel R. A Test of the Optimal Positive Production Network Externality in Major League Baseball [J]. *MPRA Paper*, 1999, 82: 111 –124.

⑥ Feddersen A., Maennig W. Trends in Competitive Balance: Is There Evidence for Growing Imbalance in Professional Sport Leagues? [J]. *Ssrn Electronic Journal*, 2005, 22 (01): 2 –23.

⑦ Knowles G., Sherony K., Haupert M. The Demand for Major League Baseball: A Test of the Uncertainty of Outcome Hypothesis [J]. *The American Economist*, 2016, 76: 761.

⑧ Milano M., Chelladurai P. Gross Domestic Sport Product: The Size of the Sport Industry in the United States [J]. *Journal of Sport Management*, 2011, 25 (01): 24 –35.

（三）体育产业贸易问题研究

随着全球化进程和体育产业规模的日益发展，体育贸易在国际贸易中具有越来越重要的地位。20 世纪 90 年代以来，阿迪达斯（Adidas）、耐克（Nike）、锐步（Reebok）等跨国体育公司体育用品贸易在国际贸易中的占比日益凸显，并且开始将低成本的劳动密集型产品转移到东南亚国家进行生产，形成中国、韩国、印度等主要出口国，美国、日本、德国、法国、英国和意大利等主要进口国的体育用品贸易结构格局。安德雷夫（Andreff，1994）认为一些欧洲国家存在与进口体育用品挤出效应有关的贸易逆差。哈维等（Harvey et al.，2001）通过研究 1974～1994 年 28 个国家的贸易情况发现，发达国家体育用品贸易呈现出地域集中性和区域性的特征。安德雷夫指出，全球体育用品贸易占全球所有商品贸易的比例在0.5%～1% 之间，而在某些地区体育用品贸易比例可能超过 1%。① 卡扎尔等（Kazar et al.）基于贸易国经济表现的重要性和地理距离的研究角度，通过相对禀赋的引力模型考察欧洲 28 个国家双边产业体育部门贸易，发现体育产业间和产业内贸易潜力能够振兴各国经济，双边贸易流量与贸易伙伴的总收入和国家规模的相似性呈正相关，贸易相对价格、运输成本对体育用品贸易量具有负向影响。② 杰拉里等（Jalayee et al.）探讨进口资本和中间产品带来的技术外溢对伊朗体育部门经济增长的影响。富裕国家的知识积累使它们在生产率较高的产品方面具有比较优势。进口发达国家生产的高生产率中间产品和资本设备的国家从知识溢出中获益。研究表明，资本和中间产品的进口为提高伊朗体育部门的生产力创造了条件，为各组织获得所需的中间代理和全球技术提供了便利。通过促进资本和中间产品的进口，体育部门的制造商可以有形地（以资本货物的形式）和无形地（以设计形式）获得国际知识。与发达国家相比，缺乏熟练劳动力、缺乏适当

---

① Andreff M., Andreff W. *International Specialization of Major Trading Countries in Global Trade of Sports Goods* [M]. 2007.

② Gorkemli Kazar, Altug Kazar, Tamer Sami Sert. Bilateral Trade in European Sports Industry: Linder versus Hecksher – Ohlin – Samuelson [J]. *International Journal of Economics & Financial Issues*, 2018, 8 (01).

的创新基础设施和体育产品生产技术不足是伊朗技术进口的主要原因。虽然消费品的进口可能对伊朗体育产业的经济增长产生负面影响，但资本和中间产品的进口可以带来可观的经济增长。①

（四）体育产业就业问题研究

国外关于体育产业就业的问题主要在服务业就业理论方面，主要探讨经济结构、政府政策等宏观经济因素，工资等微观经济因素对就业水平和就业结构变动的影响。菲利普斯曲线和奥肯定律两个经验法则很好地揭示了经济增长对就业的影响机制，为研究中美体育产业的直接和间接就业效应提供了一定的理论支持。从产业结构变迁和升级的角度来看，英国经济学家柯林·克拉克（Colin Clark）在古典经济学家威廉·配第关于劳动就业随经济发展而转移的理论基础上，指出在劳动力由第一产业向第二、第三产业的转移过程中人均国民收入将不断提高。② 美国经济学家库兹涅茨（Kuznets）在前人研究的基础上进一步揭示人均国民收入和劳动力在产业结构的演变进化过程中的变化发展规律，随着人均国民收入水平的不断提高，社会劳动力最终都会向服务业发展转移，第三产业的就业吸纳效应显著。③ 鲍莫尔（Baumol）和富克斯（Fuchs）从劳动生产率和消费者需求两方面进一步论证了服务业促进就业的机制来源：服务业劳动生产率增长率滞后于制造业导致其需求价格弹性较低，同时服务需求的收入弹性较大，导致居民收入增加对服务业的最终需求上升。④⑤

在体育产业促进间接就业的传导路径方面，科茨（Coates）研究发现

---

① Sayed Abdulmajid Jalayee, Hossein Bakhshandeh, Mohsen Esmaeili. The Effects of Technology Spillover on the Economic Growth of Iran's Sports Industry [J]. *Annals of Applied Sport Science*, 2018, 6 (02).

② Clark C. The Condition of Economic Progress [M]. London: MacMillan Press, 1957.

③ Blyth C A, Kuznets S. Economic Growth of Nations: Total Output and Production Structure [J]. *Economica*, 1973, 160 (40): 457.

④ Baumol W. J, Macroeconomics of Unbalanced Growth [J]. *American Economic Review*, 1967, 57 (03): 415–426.

⑤ [美] 维克托富克斯. 服务经济学 [M]. 许微云、万慧芬、孙光德译，北京：商务印书馆，1987.

美国大型体育设施建设和特许经营能够为区域提供就业机会、促进经济环境改善。① 普鲁斯（Preuss）认为私人部门将因为举办大型体育赛事而受益，城市基础设施和新体育设施的改造升级使得城市更加具有吸引力，并吸引更多企业投资，为当地创造就业机会和收入。② 卡尔·林诺和塞巴斯蒂安（Carlino and Saiz）实证发现休闲体育娱乐设施较多的城市人口增长平均比其他城市高出 3%，地方政府在休闲娱乐项目和相关设施方面的投资可以大大提升城市对游客的吸引力。③ 斯克维尔钦斯基（Skitnevskiy）指出体育作用于人这一社会生产的主要创造性力量，能够促进其自然活力和一般行动能力的发展，从而促进社会最宝贵的"资本"倍增。④ 尼古拉耶娃（Nikolaeva）认为体育活动能够通过提高人口预期寿命，从而对人们工作年龄具有积极作用，是培养高素质劳动力资源的主要组成部分之一。体育产业已经成为商业活动的重要领域，通过税收补充国家地方财政预算以及为商业综合体提供更多的就业机会。⑤

二、国内文献综述

（一）体育产业的经济增长研究

张保华等利用投入产出表对全国与国内发达地区、中国与国际发达国家的体育产业的关联程度和波及效果进行比较分析，发现体育产业对国民

①　Coates D. , Humphreys B. R. Professional sports facilities, franchises and urban economic development ［J］. *Public Finance & Management*, 2003, 3 (03).

②　H. Preuß. Olympische Spiele 2012 in Deutschland：Der stärkste Bewerbungswettbewerb in der olympischen Geschichte ［M］// Events im Sport：Marketing, Management, Finanzierung：Beiträge des 3. Deutschen Sportökonomie - Kongresses, 2004.

③　Gerald A. Carlino, Albert Saiz. Beautiful City：Leisure Amenities and Urban Growth ［R］. FRB of Philadelphia Working Paper, 2008.

④　Skitnevskiy V. L. , Sedov I. A. , Reva V. A. , Novozhilova J. S. , Lebedkina M. V. and Reutova O. V. Physical health and labor market analysis ［J］. *EurAsian Journal of BioSciences*, 2019, 13 (2)：1495 - 1500.

⑤　Nassim Abderrahmane, Edgar Lemaire, Benoît Miramond. Design Space Exploration of Hardware Spiking Neurons for Embedded Artificial Intelligence ［J］. *Neural Networks*, 2020, 121.

经济发展的推动作用远远大于受到的国民经济发展的拉动作用，体育产业更趋向于作为主力产业来成为推动国民经济发展的正面推动力。[①] 喻颖洁等利用 VAR 模型对 2006～2018 年数据进行实证分析，实证结果显示体育产业对经济增长有长期显著的正向冲击且对经济增长的贡献率较大。[②] 李国等选取 2006～2015 年数据，利用 Logistic 阻滞增长函数模型分析体育产业与国民经济增长的边际额度、弹性效益与拐点特征，研究发现体育产业与国民经济发展正相关且符合"S"形增长曲线演化轨迹，对国民经济"边际额度"与"弹性效益"逐年提高，至 2015 年开始减弱并呈现出"拐点特征"，结论显示体育产业存在长期"供需结构"失衡问题。[③]

（二）体育产业的市场结构研究

1. 体育产业的发展均衡研究

体育产业发展的均衡性，是指产业内部各种经济成分、经济活动的各环节、各部门和各地区的构成以及其相互之间的比例关系，表现为体育产业各要素在投入产出规模上的比例关系，是产业结构在数量上的具体表现。再从体育产业的具体层面即其结构形态上来看，主要表现为所有制结构、行业结构、组织结构、区域结构、层次结构、市场结构和产品结构等问题。朱维娜重点讨论行业结构、产品结构、就业结构和消费结构，认为我国体育产业行业结构和就业结构不合理、地域差异大；实物产品基本满足市场需求，部门实物产品供过于求，而非实物性体育产品中参与性体育产品未能满足市场需求；人们的体育消费还处于实物性体育产品消费阶段。国民经济发展水平、国家政策与法律、自然资源、人口结构、需求和供给弹性以及产业之间的互动作用都是引起体育产业结构变动的基本因

---

① 张保华，李江帆，李冠霖，等. 中国体育产业在国民经济中的地位和作用研究 [J]. 体育科学，2007，27（04）：22-30.

② 喻颖洁，张恒波. 体育产业、绿色创新对经济增长影响的实证 [J/OL]. 统计与决策，2019（17）：154-157.

③ 李国，张天峰，孙庆祝. 我国体育产业对国民经济发展影响的实证研究 [J]. 沈阳体育学院学报，2019，38（02）：36-42.

素。① 彭连清等通过国际、省际横向比较和产业发展的纵向比较，归纳出产业内外部结构的变动规律。从需求结构、供给结构、贸易结构和社会结构四个角度来分析体育产业结构变化的影响因素，认为在体育产业的动态发展过程中，产业领域会不断拓宽，体育服务业在整个体育产业中的地位不断上升，而体育用品业在体育产业中的地位则相对下降。② 杨倩运用对比分析方法，按照三次产业分类标准，从产业结构的增长速度、产业贡献率和就业结构 3 个方面将我国体育产业的结构与我国产业结构进行对比，并对体育产业的内部产值结构进行深入剖析，以揭示我国体育产业结构的发展现状，在此基础上，进一步运用比较劳动生产率指标对我国体育产业结构的效益进行定量分析，以产业结构比较劳动生产率为参考依据，定量地衡量体育产业的结构效益，为我国体育产业结构研究提供定量的分析依据。③ 许正勇根据里昂惕夫模型认为美国体育产业已经形成以体育培训为基础，以竞赛表演、健身娱乐、硬件制造为核心的"多元一体"产业结构，在产值结构、人力结构、需求结构等方面都形成了合理的产业布局。④

2. 体育产业的发展关联研究

体育产业发展的关联性，是指体育产业各要素间的组合状态，体现体育产业结构质的特点。发达国家体育产业关联度高，体育中介业即体育经纪在其中发挥了重大作用，其不仅提高了体育产业内部的交易效率，又通过拓展市场的能力和专业化的服务丰富了体育产业的内容，使新的产业部门可以从分工中独立出来，形成专业化的产业部门。发达国家体育产业的发展也呈现了一种空间地域上的聚集，一些地方形成了较为成熟的体育产业集群。杨丽丽认为我国体育产业结构存在组织结构关系水平低、各层次比例严重失调且关联性效应不明显、不同行业市场结构所处发展阶段不一样，差异加大、产品结构总体上技术水平不高，中间产品不足，产品附加价值不高以及效应水平较低等问题。借助区位熵、产业结构多样化指数和

① 朱维娜. 我国体育产业结构研究 [D]. 重庆：西南师范大学，2004.
② 彭连清，林玲. 体育产业结构发展演变规律探讨 [J]. 浙江体育科学，2004（05）.
③ 杨倩. 我国体育产业结构优化升级研究 [D]. 上海：上海体育学院，2012.
④ 许正勇. 美国体育产业的结构特征及其启示 [J]. 体育文化导刊，2015（09）.

偏离—份额分析法等分析工具和方法展开研究，认为体育产业的结构效益不明显，不同体育产业部门的地区专业化水平差异较大，呈现出东部地区较低、中西部地区较高的局面。① 王治君运用产业关联理论和投入产出模型，认为美国体育产业与其他产业及产业内部间关联范围广、关联程度强和关联水平高，各部门间产值比例和劳动力分布合理、结构协调，体育人口规模及参与体育活动的次数和偏好带来的体育需求非常可观。② 杨双燕、许玲运用主导产业扩散效应理论，分析英国体育文化创意产业发展对周边相关行业的前向、后向和旁侧三种扩散效应，实证发现体育文化创意产业对技术转化和产业结构优化具有关键性的导向和推动作用。③

3. 体育产业的市场组织研究

合理的体育产业结构布局是影响和决定体育产业发展的关键。俞琳介绍西方国家体育产业主要行业市场结构的构成状况，对比我国体育产业主要市场的情况，发现我国体育产业也需要建立以市场自由竞争为基础的市场运行机制，以此为出发点，提出有关集中市场资源形成规模效应以便迅速实现市场绩效的理论，指导我国体育产业应该以市场竞争为基础，通过资源规模化迅速发展市场，以期发挥后发优势实现世界体育竞争格局的重塑。他在研究阐述国外相关研究成果之后，也特别提到竞技体育市场存在的问题，尤其是垄断问题，因为头部运动员属于稀缺资源，这类优秀资源很容易形成垄断而导致资源集中效应，但如果追求这类资源的平均分配，可能又涉及违背市场规律而造成资源的浪费或者低效，因此这个矛盾一直存在，急需寻找创新的解决方式。同时因为运动员的个体属性，微观研究其行为选择，涉及更多的权益人的变量介入，导致研究会更为复杂而降低研究成果的可靠性。④ 石岩等运用产业组织理论，研究发现我国体育产业市场结构仍属于离散型，产品和服务差异化程度较低且存在过度竞争，体

① 杨丽丽. 我国体育产业结构现状与优化对策研究 [D]. 上海：上海体育学院，2013.
② 王治君. 美国体育产业结构研究 [D]. 武汉：华中师范大学，2014.
③ 杨双燕，许玲. 英国体育文化创意业发展及对中国体育产业的启示——基于主导产业扩散效应理论视角 [J]. 北京体育大学学报，2015 (01).
④ 俞琳. 具有垄断优势的市场结构与我国体育产业发展——兼论竞技体育市场垄断问题的特殊性 [J]. 天津体育学院学报，2005 (03)：38–40.

育产业绩效低下。体育产业的发展应该选择垄断竞争的市场结构发展方向，发挥体育产业头部企业的示范带动效应。① 徐勇从市场集中度、差异化程度等方面对现阶段我国体育产业市场经营结构进行研究，辅助调查数据来阐述体育产业市场结构存在的不足之处，为加速体育产业市场结构的发展提供理论依据。中国体育产业目前的市场结构演变趋势是从低市场集中度的竞争性行业，向垄断性市场结构转变，以实现规模经济效益。② 娄晶从现代化产业组织理论上分析认为目前体育产业市场结构主要表现为市场分散、产品服务层次低以及行业壁垒严重等情况，这表明我国体育产业还处于离散型，从而出现消费供求不平衡等问题，因此还需要对其进行不断优化。③

4. 体育产业的市场行为研究

李晓天、王莉研究了我国体育用品制造业的市场行为，发现我国体育用品制造业市场集中度较低，而且多数企业的市场行为还停留在低价格竞争策略，主要靠广告宣传来推动品牌塑造，这类市场行为不利于体育用品具体有形产品的品牌影响力的发展，也就失去了对应的国际竞争力。因此她们提出可以借鉴卡特尔组织行为方式，我国体育用品制造业也可以利用这个模式进行发展。④ 张瑞林通过对我国体育产业结构的研究，发现存在诸多问题。诸如体育健身休闲类产业尚未完全形成，对应的体育产业管理体系也没有完全跟上，更不用提其他诸如体育中介服务行业、体育培训、体育营销、赛事承办、场馆运营等都处于相对体育用品制造业更加弱小的地位。各产业间也存在着产业链互补性欠缺，流动性很低，并未形成良性发展的价值链。他认为体育产业结构需要根据我国具体国情，规划出具体路径并制定相应保障政策法规，形成能够补强管理、优化市场、强大品牌

① 石岩，舒宗礼，刘华冰. 我国体育产业的市场结构分析及优化对策 [J]. 体育学刊，2007，14（05）：45 –48.

② 徐勇. 对我国体育产业市场结构的分析研究 [J]. 科技创新导报，2009（24）：7 +9.

③ 娄晶. 体育产业的市场结构及优化对策 [J]. 科技资讯，2016，23（14）：129 – 129，131.

④ 李晓天，王莉. 我国体育用品产业市场垄断与竞争分析——以市场行为为切入点 [J]. 北京体育大学学报，2008，31（12）：1595 – 1597.

的体育产业生态。① 鲍潞平认为体育用品的市场结构属于竞争垄断之列，必然导致其产品差异性不明显、进入壁垒较低等特点，从而引发市场中企业行为的针对性定价、兼并重组频繁、广告行为扩大等现象。②

5. 体育产业的市场绩效问题研究

王莉（2008）也研究了我国体育用品产业市场绩效相关问题，她从产业资源配置效率和规模效率着手，指出我国体育用品业的众多中小企业还处于利润率相对低下的水平，企业规模化程度相对较低，行业规模经济水平也非常不发达。高创新，高技术的企业相对较少，这就导致我国体育用品也在世界产业链相对处于较为底端的位置。很多中小企业没有品牌意识，无法形成品牌效应实现品牌附加值，主要停留在加工贸易层面。这导致我国体育用品的技术创新能力相对弱小，很多企业主要靠模仿和跟进来获取新的技术转移带来的红利，因此我国体育用品产业还处在起步阶段。鲍潞平（2018）也研究了我国体育用品产业市场绩效和资源配置问题，得出的结论是我国体育用品产业这两个指标都处于一般水平，产业结构规模正趋于逐渐合理优化的状态，我们正在不断获取产业技术且其在迅速发展。他特别强调科技进步引起的技术扩散对于体育用品产业发展的重要意义。丁正军等认为全面提升体育产业的发展绩效，促进消费者效用和生产者利润的合理均衡，实现产业的自我累积发展，是体育产业高质量发展的根本目标。一方面，要加强产品创新、业态创新和商业模式创新，培育小型化、智能化、专业化的产业组织模式，使消费者的个性化、多样化需求和生产者的利润诉求均得到满足；另一方面，要强化绿色技术创新和绿色制度创新，依靠技术和制度的双重驱动促进体育产业绿色发展，以绿色低碳的集约式发展方式取代粗放型发展方式。从静态视角来看，体育产业高质量发展是指体育产业的企业主体、要素投入、产品服务、经济社会效益在数量规模、质量层次、比例结构、效益水平等方面均处于一种最优状态。从动态视角来看，体育产业高质量发展是指体育产业依靠人力资本、知识、技术、品牌等高端要素，提供性能可靠、价格适中、数量适度、切

① 张瑞林. 我国体育产业结构的优化研究［J］. 体育学刊，2011（02）：27-32.

② 鲍潞平. 体育用品产业市场结构分析［J］. 科教导刊，2018（19）：150-151.

合需求的产品和服务，实现长期利润与短期利润、经济效益与社会效益有机均衡的自我良性累积发展的动态过程。①

（三）体育产业的贸易问题研究

有关跨国体育贸易实践的研究成果，主要涉及体育用品出口贸易结构、出口质量、与经济增长的关联效应及其相关影响因素，部分文献阐述了世界贸易组织（WTO）及自贸区建设背景下体育服务业与区域经济贸易发展的联动关系，形成一系列具有理论基础和实践意义的体育贸易探索，但相关研究仍缺乏一定深度，体育贸易领域的研究仍处于初步阶段。

陈颀等研究发现体育用品出口与经济增长之间存在长期的均衡稳定关系，具有正向效益但对经济增长的弹性较小，长、短期效应均不明显。② 付燕认为贸易总额、对外出口额、对外进口额和人均 GDP 四项与体育用品出口总额关联度较强。③ 宋昱在国家推行自贸区战略的背景下分析我国体育服务贸易的主要类型与状况，指出需要借助自贸区在要素聚集和流动方面的政策优势发展体育服务业。④ 钟华梅等采用劳伦斯指数分析体育用品出口贸易结构的稳定性，2007～2014 年我国体育用品出口贸易结构变动幅度较小，贸易结构趋于稳定。⑤ 梁霄利用回归研究发现对外直接投资（FDI）、贸易差额、二产比重和城镇居民可支配收入与我国体育用品出口额正相关，而汇率则显著负相关。⑥ 刘洪铎等测度出中国、美国、日本体育用品 1995～2014 年的出口质量，发现中国体育用品整体在测度初期和末

① 丁正军，战炤磊．新时代我国体育产业高质量发展的综合动因与对策思路 [J]．学术论坛，2018，41（06）：93－99．

② 陈颀，贾清秀．体育用品出口贸易对我国经济增长贡献程度的实证研究 [J]．天津体育学院学报，2007（06）：536－540．

③ 付燕．我国体育用品出口额与社会经济发展的灰色关联分析 [J]．统计与决策，2012（04）：134－136．

④ 宋昱．自贸区战略进程中体育服务贸易推动体育服务业发展的策略研究 [J]．体育科学，2015，35（04）：22－29．

⑤ 钟华梅，王兆红，程冬艳．体育用品出口贸易结构的稳定性及影响因素研究 [J]．首都体育学院学报，2017，29（01）：13－16＋30．

⑥ 梁霄．我国体育用品出口贸易影响因素的实证研究 [D]．北京：首都经济贸易大学，2018．

期落后于美国，除此之外则较为接近呈上下波动交替之势，日本整体出口质量高于中美两国。[①]

关于体育贸易的竞争性、互补性研究，现有文献主要在体育贸易现状和竞争力基础上，集中探讨不同国家和地区、不同贸易产品项目类别的竞争性和互补性程度及其相关影响因素，在要素禀赋、比较优势等传统国际贸易理论基础上分析国家间贸易的竞争优劣势，探讨国家间体育贸易的增长潜力。在测度方面，主要利用显示性比较优势指数（RCA）、贸易互补性指数（TCI）、贸易竞争力指数（TC）以及贸易强度指数等指标，在连续的时间序列里分别测算贸易比较优势、贸易结构匹配程度、出口相似度和贸易结构的紧密程度，对体育贸易的发展研究进行动态性的解析。

体育贸易竞争性和互补性的国别和项目类别研究方面，尚涛通过分析1996～2006年创意商品和创意服务数据认为，中国创意产品贸易发展不平衡，产品在高创意附加、资本和技术密集型产业部门的国际竞争力低下，创意商品与创意服务都从产业内贸易向产业间贸易转变，趋势基本一致。[②]曲国明总结出中美创意产业的贸易特征，从创意产品和创意服务两个维度分析2002～2008年中美两国创意产业的竞争力差距，认为我国创意产品仍处于初级形态但具备很强的国际竞争力，创意服务竞争力水平较低。[③]蔡兴林选取出口增长优势指数、出口贡献率和依存度等七个指标，采用主成分分析法指明中国体育用品制造业产业出口的国际竞争力排名靠前，需要继续保持劳动密集型体育产品的优势，继续发挥区位优势、成本优势和政策优势等。[④]季雯婷等对1997～2016年间贸易数据测度发现，中美两国体育用品贸易存在较强的互补性、相似度较低且竞争程度较弱，体育用品出

---

① 刘洪铎，陈晓珊. 中、美、日体育用品出口质量的测度及比较［J］. 上海体育学院学报，2018，42（02）：52－58.

② 尚涛. 我国创意产业国际贸易结构与竞争力演进分析［J］. 财贸经济，2010（08）：83－90.

③ 曲国明. 中美创意产业国际竞争力比较——基于RCA、TC和"钻石"模型的分析［J］. 国际贸易问题，2012（03）：79－89.

④ 蔡兴林. 中国体育用品制造业产品出口国际竞争力的动态研究——基于1996～2012年数据的实证研究［J］. 山东体育科技，2014，36（06）：41－44.

口的项目类别差异较大，双边贸易具备很大的增长潜力。①

体育贸易竞争性和互补性的影响因素层面，赵放等指出中美两国在服务贸易发展水平上的差距主要源于经济发展的不平衡性以及资源禀赋、经济结构、发展阶段、文化背景等方面的差异性。② 张瑞林认为我国体育用品制造业贸易优势属于产业转移式形成机制，具有动态性和不稳定性，迫切需要向技术创新式优势转换。③ 王兆红等发现体育用品制造业出口具有极强的比较优势，但内部产业结构出口优势不均衡，产业规模与出口贸易竞争力显著负相关，与出口退税、良好的贸易环境呈正相关。④ 林波、郑义通过贸易引力模型认为贸易自由化、文化距离对提升中国体育用品国际竞争力具有显著影响，需要重视自由贸易协定并借助文化优势促进产品差异化和品牌建设。⑤ 吴兆红等对比中国与其他全球十大竞技体育强国发现中国产品层面的贸易优势逐步下降，人均 GDP、政府诚信对贸易优劣势具有抑制作用。⑥

（四）体育产业的就业问题研究

从经济学的角度来看，体育可以被视为一种对社会有用的活动，通过体育锻炼而具有较高身体素质的劳动力在劳动生产率方面具有相对优势。朱维娜指出就业结构是劳动力结构和产业结构两个要素结合而成的可比性要素，以衡量世界不同国家体育产业发展水平的优劣，重点考察其劳动力流动速度及方向，还有劳动力结构的变化所引起的体育产业结构的调整和

① 季雯婷，顾江. 中美体育用品贸易的竞争性、互补性及增长潜力的实证分析 ［J］. 体育科学，2018，38（08）：19 - 25.

② 赵放，冯晓玲. 中美服务贸易国际竞争力比较分析——兼论中国服务贸易结构性失衡 ［J］. 世界经济研究，2007（09）：42 - 48 + 87.

③ 张瑞林. 我国体育用品国际贸易优势分析 ［J］. 体育学刊，2011，18（06）：32 - 36.

④ 王兆红，钟华梅. 我国体育用品出口贸易竞争力影响因素研究 ［J］. 体育与科学，2014，35（02）：15 - 18 + 48.

⑤ 林波，郑义. 我国体育用品业的国际竞争力及其影响因素分析 ［J］. 山东体育科技，2015，37（02）：12 - 17.

⑥ 吴兆红，周坤，司增绰. 竞技体育强国体育用品业贸易的优劣势、竞补性及优劣势影响因素 ［J］. 天津体育学院学报，2018，33（06）：537 - 545.

发展趋势的制约作用。[①] 韦建明认为体育产业是污染较小、产值较高的朝阳产业，其高渗透性、交叉性和拉动型的特征决定了体育产业具有较强的正外部性，加上具备劳动密集型的服务业特征，使得体育产业具有较强的吸纳就业的能力。[②] 任波等认为我国体育产业吸纳就业能力不强，没有有效发挥体育产业在国民经济中的地位和作用。[③] 朱凯迪、鲍明晓重点分析各国体育产业促进就业的总体概况、基本特征和主要举措，认为体育产业在扩大就业渠道、带动社会就业上具有重要的作用。[④] 在体育产业细分行业的就业带动方面，朱书琦认为大型体育赛事在促进消费的同时短期提供了临时性的就业岗位，但并非真正意义上改善了就业质量，但是第三产业的大量涌入及城市品牌影响力的提升，间接促进人力资本的集聚并推动城市经济的增长。[⑤] 苏亮认为体育赛事带来的就业机会大多是短暂的和临时性的，事件活动结束后可能会造成大量失业。[⑥]

除此之外，围绕体育产业的就业与空间分布特征，不同学者从各个角度进行探讨和分析。周亚君等利用空间计量模型发现体育从业人员对体育服务业的发展具有正向促进作用，2015 年体育从业人员每增长 1%，推动体育服务业营收增长 0.303%，相对于 2010 年的 0.086% 实现了跨越式发展。[⑦] 魏和清等以就业人数为基础指标来测算体育产业空间分布的集约性与集聚性，发现体育制造业和服务业的市场化服务在东部地区呈现出集约性和集聚性特征，而服务业中的公共体育服务和体育建筑业集聚特征不明显。[⑧]

---

① 朱维娜. 我国体育产业结构研究 [D]. 重庆：西南师范大学，2004.

② 韦建明. 试析体育产业对经济发展的推动 [J]. 人民论坛，2010（26）：168 – 169.

③ 任波，黄海燕，戴俊，张晓磊. 新时代我国体育产业结构性矛盾与优化路径 [J]. 体育文化导刊，2019（03）：64 – 69.

④ 朱凯迪，鲍明晓. 体育产业促进就业：域外经验与本土启示 [J]. 武汉体育学院学报，2019，53（11）：10 – 15.

⑤ 朱书琦. 大型体育赛事能否推动城市产业发展？[D]. 杭州：浙江工商大学，2018.

⑥ 苏亮. 基于成本——效益分析的奥运经济影响预测研究 [D]. 大连：大连理工大学，2005.

⑦ 周亚君，韩爱华. 我国体育服务业空间关联与溢出效应分析 [J]. 商业经济研究，2017（16）：179 – 181.

⑧ 魏和清，冒小栋，李颖. 我国体育产业的空间分布及区位布局对策研究 [J]. 北京体育大学学报，2019，42（09）：29 – 39.

王成指出体育小镇是以就业为核心的生活方式，包括生产、消费、分配、流通、娱乐以及创业等。体育小镇融合生产与生活，并且以充分就业、福民富民为核心，展现出小镇的日常生活和小镇居民的社会交往与社会关系结构，从而形成了有品位、有特色的小镇"地点精神"。① 江小涓等论证了服务业与工业相比具有更高的就业弹性，收入水平对就业比重的影响要强于对增加值比重的影响。② 郑吉昌等从乘数效应、产业关联、技术进步、劳动力供需配对四个方面分析了现代服务业的隐性就业机制。③ 丁守海和丁守海等基于就业弹性的实证分析表明中国服务业就业弹性远高于工业部门，其中消费服务业就业弹性是工业部门的 2 倍左右，产出波动对就业传导时滞更长导致其就业粘性更大，因而服务业既能充当国民经济的"就业海绵"，也能充当稳定就业的"减震器"。④⑤ 张丽娜利用世界投入产出数据库分析表明制造业行业的就业人数和劳动收入带动效率均高于服务业，但是服务业对高技能劳动力的就业带动效率高于制造业，制造业不同技能水平劳动力的收入出现分化。⑥ 以上诸多理论和实证研究都为本书后续研究体育产业促进社会就业相关理论打下了基础。

三、文献评述

世界各国学者在研究分析体育产业发展对经济增长贡献方面，主要是

① 王成. 中外比较视域下的体育小镇认知反思与重构 [J]. 上海体育学院学报，2020，44 (01)：78－86＋94.
② 江小涓，李辉. 服务业与中国经济：相关性和加快增长的潜力 [J]. 经济研究，2004 (01)：4－15.
③ 郑吉昌，何万里，夏晴. 论现代服务业的隐性就业增长机制 [J]. 财贸经济，2007 (08)：94－98.
④ 丁守海. 中国就业弹性究竟有多大？——兼论金融危机对就业的滞后冲击 [J]. 管理世界，2009 (05)：36－46.
⑤ 丁守海，陈秀兰，许册. 服务业能长期促进中国就业增长吗 [J]. 财贸经济，2014 (08)：127－137.
⑥ 张丽娜. 基于国际投入产出关系的国内消费行业就业带动效率 [J]. 人口与经济，2016 (01)：78－88.

探讨体育产业在国民经济中的地位和作用，包括建立国民经济核算体系来衡量体育产业总产值（GDSP）占国内生产总值（GDP）的比重，判断体育产业对国民经济的贡献率大小，探讨体育产业参与部门在促进投资、就业与消费以及带动城市基础设施建设和相关产业发展等方面的经济价值。部分学者在产业层面研究体育产业内部各部门间的相互关系和发展的协调程度，包括体育产业内部各部门间的产值结构、就业结构、需求结构、进出口结构和产业关联强度，判断体育产业在国民经济中的竞争力大小。目前对于体育产业经济效应的论证仅仅处于理论层面以及仅有定量研究，深入探究两者关系的实证性研究仍然不多。

体育产业市场结构方面，国外文献主要集中于职业体育产业的市场最大化问题，包括竞争对手的存在和消费者偏好的不确定性，研究优胜不劣汰的竞争均衡对观众上座率的显著影响。国内文献研究方面，由于体育产业结构范围较广、层次复杂且形态多样，大多数研究成果从体育产业发展的均衡性和关联性层面分析探讨体育产业的结构问题，部分研究重点探讨了体育产业的市场结构、市场行为和市场绩效问题，用来揭示产业的内在联系和产业组织活动的内在规律性。

体育产业贸易方面，国内外学术界大多局限于体育用品出口贸易领域，包括体育用品贸易发展状况与宏观经济发展关系、体育贸易竞争性和互补性研究等方面，对于体育服务贸易领域缺乏系统的体系化、整体性研究，对跨国体育产业活动领域的研究并不普遍。

体育产业就业方面，目前学术界对于体育产业就业效应的问题研究并不多见，大多数视角仅局限于就业总量的研究层面，包括就业总规模、就业弹性等系列指标的测度用于评估体育产业的就业影响，较少涉及体育产业的结构性问题对劳动力资源的配置作用，比如体育产业内各细分行业在吸纳就业方面的结构性差异等。

以上有关体育产业经济增长效应、体育产业结构效应、体育产业贸易效应、体育产业就业效应的研究都相对分散和独立，而从整体系统研究这四个方面的文献相对较少，这也正是本书研究这四个经济效应构成的体育产业体系内在运行机理并加以分别论证的出发点。

第三节　研究思路、主要内容及研究方法

一、研究思路

在我国体育产业迎来结构性调整和转型升级的大背景下，本书指出新时代下体育产业高质量发展的重要趋势，归纳梳理出中美两国体育产业发展的时代背景和现实条件，从国际比较的角度回答两个方面的问题：一是我国体育产业的发展水平和发展特征是否合理？二是驱动体育产业发展的主导要素是什么？

为了有效验证第一个问题，本书将在定性分析中美两国体育产业发展水平和特征的基础上，从经济增长效应、产业结构效应、贸易效应和就业效应四个维度以及它们之间互相影响的运行机制出发，具体剖析我国体育产业与美国发达的体育产业之间存在差异的深层次原因，为后续给出我国体育产业发展对策思路做基础铺垫。随后定量地研究中美两个国家体育产业在经济增长、产业结构、贸易出口和就业规模质量等问题上的关键证据，进而说明我国体育产业的发展水平和发展特征是否合理的问题，以此发现调整的方向。

为了有效论证第二个问题，本书从规范分析与实证研究的角度，尝试分析和构建体育产业发展的主导要素驱动机制，通过实证分析确认体育产业发展改善的内在核心要素。在基于体育产业发展影响因素的众多研究成果基础上，实证分析影响体育产业发展水平的各项因素，以此论证结果，最后给出关于我国体育产业发展的若干对策建议，以期从体育产业内部运作与外部约束两个方面来共同促进我国体育产业的健康发展。

二、主要内容

本书的研究内容具体阐述如下。

绪论

本章系统梳理了国内外关于体育产业与经济增长、产业结构、出口贸易和就业效应等方面的文献以及体育产业的相关理论成果和实证研究。然后介绍本书的选题背景、研究意义、研究思路框架及研究方法四个层面，对后文论题的研究与撰写起到基石与统领的作用。

第一章　相关概念及理论基础

本章系统阐述了国内外对体育产业相关概念的界定和产业分类的研究成果体系。对体育产业的经济效应类型做了界定，并详细阐述四个体育产业经济效应的运行的互动关系，即以体育产业经济增长效应为目标，以优化调整体育产业结构效应为路径，促进体育产业贸易效应扩大升级，保障体育产业领域的就业，这四者之间是互相联系、互相影响和互相促进的有机体系。并在此基础上，提出体育产业经济效应运行过程中的主要驱动要素。在理论基础方面，整理归纳出马克思主义及其中国化的相关理论成果对体育产业的有关论述和指导意义，结合西方经济学中有关经济增长、产业结构、就业和世界贸易的相关理论，来作为研究体育产业发展问题的理论基础。

第二章　中美体育产业经济增长效应的比较研究

本章首先从理论研究进展的视角系统梳理体育产业与经济增长和经济发展的互动关系，特别指出在高质量发展的时期体育产业对促进人民健康发展、人口素质提高、生活方式改善和生活质量上升的重要性。在经济增长效应的比较研究方面，通过比较体育产业增加值、GDP 贡献率和拉动率等指标，借助 Leontief 投入产出模型衡量各国体育产业对国民经济增长的影响，计算其参数估计、边际额度、弹性系数和拐点特征，发现我国体育产业在促进经济增长上是否存在失衡问题，以期发现后续的改善方向。

第三章　中美体育产业结构效应的比较研究

本章首先从产值、增加值等角度归纳总结中美两国体育产业中总体和细分领域的发展概况，然后基于价值链构成、产业链融合两个维度阐述体育产业结构的合理化、高级化两大问题。围绕职业体育、大众体育、体育用品、体育衍生四大价值环节深入分析体育产业的价值链构成，指出需要寻找出主导产业发展的战略价值环节，从而采取战略行动构建起价值链独特的竞争优势，实现体育产业的价值链创新。其次，从产业外部关联特征、产业内部扩散效应以及产业市场结构表现形式和目标模式三个维度分析体育产业的带动效应，涉及体育产业内部间关联范围、关联程度和关联水平，通过主导产业扩散效应的前向、后向以及旁侧效应来评价体育产业结构。最后，采用灰色关联度分析法、投入产出法对中美体育产业内外部的产业关联效应进行定量研究，旨在发现我国体育产业结构中的相关问题及优化路径。

第四章　中美体育产业就业效应的比较研究

本章首先从理论层面阐述体育产业的直接和间接就业效应的表现形式，以及体育产业在调整社会劳动力结构、降低失业率等方面具有的重要性作用。在定量方面，对比中美体育产业在就业吸纳弹性系数、产业结构偏离度和就业薪酬水平上的差距，以及通过投入产出法测算中美两国体育部门的直接和完全就业贡献，发现中美两国体育产业就业效应传导机制的差异性。通过对比中美两国体育产业就业的发展特征，指出体育产业的发展需要把稳就业、促民生放在更加突出的位置，成为扩大社会就业的重要渠道。

第五章　中美体育产业贸易效应的比较研究

本章首先从体育贸易的基本内涵、交易模式来阐述体育用品贸易和服务贸易的若干要素形态。对比中美两国体育产业贸易的发展现状，发现由于专业化分工、比较优势以及自身经济结构、要素的动态变化存在差异，中美体育产业在不同发展阶段呈现出很强的竞争互补性，这种动态比较优势贯穿于体育产业发展的各个阶段。通过具体测度中美体育用品贸易的优劣势、竞争互补性，可以发现中国体育用品贸易在国际上处于贸易强优势的地位明显，而美国体育用品贸易整体由贸易的弱劣势向劣势转换，不同产品类别在跨时期呈现的竞争互补性关系均不相同。旨在发现我国体育产业贸易面对商业新环境如何进一步发展。

第六章　中美体育产业经济效应要素驱动的实证研究

本章在体育产业经济效应影响因素的众多研究成果基础上，首先提出体育产业经济效应的主导要素驱动理论，其中体育产业发展的外部动力机制涵盖推动机制、引导机制、支持机制和协同机制，内部动力是指以知识人力资本要素和消费升级要素的生产配置为核心的产业内生增长，推动体育产业的结构升级、要素培育和产品供给。通过分析影响体育产业发展的内外部变量，为提出体育产业发展的对策建议做理论铺垫。

第七章　促进体育产业可持续发展的对策建议

本章在总结中美体育产业经济效应之后，归纳出美国体育产业发展的经验。同时在体育产业发展影响因素的实证分析基础上，从供给侧、需求侧和对外开放的角度提出促进我国体育产业科学发展的对策建议，创新体育产业发展活力和拓展体育产业高质量发展新空间，建立符合我国体育产业发展的支撑体系。

第八章　研究结论、局限性及展望

本章主要对全书进行总结，归纳概括全书的主要研究发现，评述本书的研究局限和今后可扩展研究的方向。

本书的研究框架结构如图 0 - 1 所示。

三、研究方法

(一) 文献资料法

本研究通过查阅 CNKI 知网数据库、Google 学术等系统的主要期刊和论文参考资料，以"体育""体育产业""经济效应""经济增长""产业结构""贸易开放""就业、失业"等为题名或关键词进行文献检索，同时在图书馆查阅涉及体育产业的相关书籍资料，结合政府制定的相关体育产业发展纲要及相关的统计数据，在掌握中美两国体育产业研究现状的基础上提出研究框架、目标与研究方案。

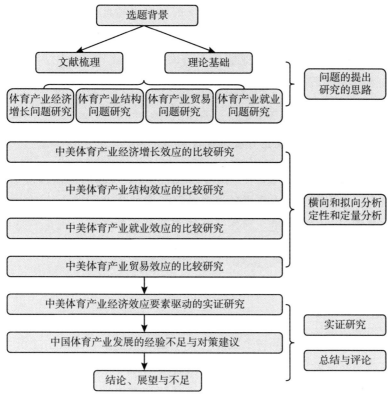

图 0 - 1　本书的研究框架结构

（二）比较研究法

以美国为代表的发达国家体育产业发展水平在全球体育产业发展及自身国民经济中占据着领导和支柱性的地位。本书在中美两国体育产业年鉴等相关的统计数据和分析基础上，对体育产业发展水平和影响因素等方面进行详细比较分析，从而具有针对性地指出我国与美国体育产业发展上的各方面差距，对于体育产业的发展改革思路和路径的选择方面具有一定的借鉴和参考价值。

（三）定性分析与定量分析结合法

本研究在定性分析层面，主要运用制度分析、历史比较、差异分析等方法，考察和比较中美两国体育产业发展的水平特征和结构差异。在定量分析方面，本研究将借鉴已有相关文献中的方法分析体育产业经济贡献、内外部结构、出口贸易、就业增长等方面的国际比较，使用灰色关联度、Logistic 模型和里昂惕夫模型研究体育产业的国民经济贡献度、产业结构的均衡性和关联强度等问题。

（四）实证研究和规范分析结合法

本研究将借助计量经济学的研究方法，通过构建面板回归分析模型，实证研究以知识人力资本要素和消费升级要素的生产配置为核心的体育产业核心要素驱动发展理论。另外还运用规范分析的方法，研究把握我国体育产业发展面临新环境下的发展方向及趋势，以此提出我国体育产业高质量发展的建议思路。

（五）实地调查法

由于体育产业涉及的各个细分门类领域纷繁复杂，以及由此衍生出的体育产业与数字技术、人工智能等有融合发展趋势，决定了体育产业新的商业模式发展层出不穷，笔者在进一步了解和掌握理论前沿的基础上，通过自身在跨国体育贸易服务企业的从业经历，掌握体育制造业和出口贸易的基本特点、竞争品牌的基本状况，对行业内专业人士进一步访谈，向其请教我国体育产业发展过程中突出的问题及成因，以此共同讨论寻找我国体育产业高质量发展的具体可行性路径，增强本书论证内容和过程的严谨可靠性。

第四节　本书的创新之处

本书的创新之处主要归纳为以下几个方面。

（1）本书通过中美两国体育产业的四个经济效应方面的比较，先研究世界上两个具有代表性国别经济体体育产业整体的生产特征变化以及内部各细分行业出现的结构性变化运行规律，再进一步研究不同阶段体育产业代表的劳动生产率变化，对其背后效率模式特征和演进方向作出进一步识别，论证建立以增长为目标，寻求结构合理，贸易平衡、就业高效的高质量增长的体育产业生态发展系统，最终形成我国体育产业高质量发展的对策建议。

（2）基于比较优势的研究视角，寻找论证体育产业发展的主要驱动要素，并以此构建体育产业发展的主导要素如何驱动产业发展的基础理论。围绕体育产业的结构变动和要素培育等内部化问题，重点阐述以知识人力资本要素和消费升级要素的生产配置为核心的体育产业要素驱动理论，确认体育产业发展的外部动力机制涵盖推动机制、引导机制、支撑机制和协同机制，而内部动力要素体现为"知识人力资本增进＋消费升级"的内部双轮驱动，以此启发我国体育产业在促进整体经济结构效率改进时迫切要求进行持续创新、发展新技术应用的创新型体育形态以及政府要更适当有效地发挥作用，促进市场协调发展。

（3）本书具体应用投入产出模型等更广泛细致的量化方法研究体育产业外部结构间质的联系和量的关系，以及体育产业内部结构各相关产业的关联关系、波及效果等问题。指出不同于发达国家体育产业发展所处的环境，当前依托于网络、数字和智能技术发展的体育产业商业模式的创新，在赋予包括智能体育、健身娱乐等在内多样化的体育产业新兴业态的同时，也与传统体育展开激烈竞争，我们需要统筹协调好体育产业的创造性、异质性和多样性。在此基础上，根据当前我国体育产业及其内部细分产业发展的现实条件和发展态势，提出我国体育产业发展的对策建议。

第一章　相关概念及理论基础

第一节　体育产业相关概念与分类

一、体育产业的概念

（一）国外对体育产业概念的界定

体育产业兴起于 20 世纪 40 年代市场经济较为发达的西方国家和地区，即与运动相关的产业，现在已经被很多国家列为国民经济体系中大文化产业的重要组成部分。经济学研究的产业对象，是将其作为经济活动的集合体，国外学术界由此发展出各种不同的体育产业定义及相应的分类模型。

有学者（Pitts，Fielding and Miller）将体育产业定义为提供与运动、健身、娱乐或休闲相关的产品的市场，产品可以是活动、商品、服务、人员、场所或创意。按照所划分的三部门模型，体育产业包括体育表演业、体育用品业和体育推广业，但是这一模型并没有勾勒出体育产业各体育生产单位之间的关系。① 还有学者（Meek）对体育产业提供了广泛的运营定义，不仅包括体育团队和休闲运动的经济活动，还包括与体育赛事有关的

① Pitts B. G.，Fielding L. W.，and Miller L. K. Industry segmentation theory and the sport industry. Developing a sport industry segment model ［J］. *Sport Marketing Quarterly*，1994，3（01）：15 – 24.

参与者、观众和赞助商的支出。① 用三因素模型归类为体育休闲和娱乐
（包括职业、业余体育运动团体、体育赛事、体育传媒和体育旅游相关的
经济活动）、体育产品和服务（包括体育用品设计、制造、零售以及与
体育有关的产品和服务的提供）、体育支持组织（包括职业和业余体育
组织，如体育联盟、体育营销、体育经纪人），但是对体育产业的平行划
分没有清楚地描述体育产业定义的产品或服务。也有学者（Ming Li,
Hofacre and Mahony）认为体育活动是体育产业生产许多其他产品和服务
的中心，将体育产业定义为开展体育活动、提供产品和服务、销售和贸
易与体育活动相关的公司和组织的集合，包括体育活动的生产部门和支
持部门两个主要构成，后者包括六个体育支持子行业：行政和监管体育
协会、体育用品制造商、批发商和零售商、体育设施和建筑物、体育媒
体、体育管理公司以及市县体育委员会当局。② 汉弗莱斯等（Humphreys
et al.）主要从估算体育运动的经济价值的角度，将体育产业定义为参与体
育活动、作为观众参与体育赛事、通过媒体观看体育赛事三个领域的所有
商品和服务的生产者。③

　　由于各国体育产业的发展历史、发展特征、产业构成及战略定位都不
尽相同，对于体育产业的内涵理解也就各不相同，存在界定范围不一、内
容结构各不相同的现象。从产业表现形态角度看，可以分为有形产品与无
形服务产业；从产业事物内部的属性出发，体育产业又表现为核心与支持
产业。比如体育产业统计分类，北美产业分类体系（NAICS）将体育产业
相关内容归类为"艺术、娱乐与休闲"的大类，并将其区分为竞赛表演观
赏和休闲娱乐参与两大类，而其中体育用品制造批发租赁、运动场地设施
建设和其他服务并未作为相关产业单独列出，体现出北美体育产业竞赛表
演的娱乐性、观赏性定位，以及休闲娱乐博彩运动的合法性和大众参与基

①　Meek A. An estimate of the size and supported economic activity of the sports industry in the United States [J]. *Sport Marketing Quarterly*, 1997, 6 (04): 15–21.

②　Li M., Hofacre S., and Mahony D. Economics of sport. Morgantown [M]. WV: Fitness Information Technology, 2001.

③　Humphreys B., Ruseski J. The Size and Scope of the Sports Industry in the United States// IASE Conference Papers [C]. International Association of Sports Economists, 2008.

础。因此，体育产业的概念界定和分类范围的适用，应基于实务中研究目的和产业发展战略定位的需要。

（二）国内对体育产业概念的辨析

国务院于 1985 年颁布了《国民生产总值计算方案》，首次提出体育产业这个概念，具体将体育部门列入第三产业。经过几年发展，国务院于 1992 年又正式颁布《关于加快发展第三产业的决定》①，原国家体育运动委员会（简称"原国家体委"）正式将体育产业界定为生产体育物质产品和精神产品，提供体育服务的各行业的总和。自 20 世纪 80 年代中期以来，随着体育市场的产业化，国内许多相关学者对体育产业的定义、内涵及外延等进行了诸多研讨，但观点不一。② 国内对于体育产业的界定，形成具有代表性的几种学说。

1. 体育产业的广义说

我们广义地定义体育产业，通常是指那些与体育有关的所有生产、经营活动部门的总和，不仅包括体育运动要使用的物质产品，还包括那些无法有形化的体育服务和劳务产品，这类产品的生产、经营也属于体育产业中的重要内涵。根据《当代中国经济大辞库》对"产业"这一概念明确的定义："所谓产业，是指介于宏观经济与微观经济之间的具有某种同一属性的企业的集合，它既不是宏观经济的单位国民经济，也不是微观经济的细胞企业或家庭消费。由于一个企业往往不只从事一种商品的生产经营活动，所以作为产业的企业的集合并非具体企业所有生产经营活动的集合，而是具有某种同一属性的企业经济活动的集合"③，因此，从广义的角度定义体育产业，就是指为全社会提供体育有形、无形产品生产的企业、组织、部门以及与此相关的活动的集合，具体归纳为体育服务业和体育相关产业这两大领域④。

---

① 国务院办公厅. 关于加快发展第三产业的决定[Z]. 1992.
② 鲍明晓. 体育概论新修[M]. 北京：首都师范大学出版社，1998.
③ 刘洪儒. 当代中国经济大辞库[M]. 北京：中国经济出版社，1993.
④ 钟天朗. 体育经济学概论（第三版）[M]. 上海：复旦大学出版社. 2016.

所谓"体育事业说"，大致可分为如下两种不同观点：一种观点认为体育产业就是体育事业，是社会主义市场经济体制下运行的体育事业①，持有这种观点的人更多的是把体育产业作为经济体制转型过程中体育事业形态功能的延伸，是特定历史条件下的产物。另一种观点则认为，体育产业是体育事业的一个组成部分，进而衍生出"可营利部分说"和"产业部分说"。"可营利部分说"是指体育事业中既可以进入市场，又可以盈利的部分，是体育事业中可进入市场并可获得经济利益的那部分经济活动的总和②，持有这种观点的人侧重从实用性的角度出发，阐述的是事物发展过程中的阶段性表象。"产业部分说"则认为，体育产业和体育事业不相容，体育产业是传统体育事业的产业化部分，没有产业化的部分为体育事业③，这种观点直接从产业化和事业化两种运营机制的角度把两者对立起来，错误的认为体育产业和体育产业化是等同的，而体育产业的产业化是有条件和范围的，是体育产业当中适于在市场机制下运作的领域。因此，体育产业既不等于体育事业，也不是体育事业的可营利部分或产业化部分。

体育产业和体育事业的概念混同使用，更多地反映出特定历史条件下一定时期或发展阶段中体育事业与体育产业关系的客观存在，两者既相互联系、相互促进，都普遍追求社会效益和经济效益的统一，同时又相互区别，在投资主体、组织形式、运行机制、经营目的和本质属性上存在本质差别。体育产业特别指那些从事体育经营活动的体育企业，它们以盈利性为自身活动的出发点，关注自身运营的经济效益回馈，其本质属于市场营利行为，具有盈利性、经营性的本质属性。而体育事业却特别指为了公共利益或者国民福利，由国家体育相关行政部门领导，主要是国家财政出资，来发展具有公益属性和福利性的大众体育服务公共品，主要考虑侧重发挥体育的社会效益，宣扬民族精神，传导正确价值观（见表1－1）。

①　鲍明晓. 体育产业：新的经济增长点［M］. 北京：人民体育出版社，2000：8－9.
②　胡昕. 经济学视角下的中国体育产业发展研究［M］. 青岛：中国海洋大学出版社，2019.
③　张岩. 论体育事业与体育产业的内涵继二者关系［J］. 成都体育学院学报，2002，28（02）.

表1-1   体育产业和体育事业的区别与联系

	项目	体育产业	体育事业
联系	经营目标	满足广大人民群众日益增长的体育消费需求	
区别	经营目的	侧重经济效益	侧重社会效益
	本质属性	营利性、经营性	公益性、福利性
	组织形式	企业、个人或其他社会机构	政府等事业性单位
	运行机制	市场机制	行政部门统一管理

2. 体育产业的狭义说

狭义的体育产业，是特指以活动、劳动的行为形态，为消费者提供各类体育相关服务或劳务产品以满足市场需求的法人企业、组织、部门的经营活动及其创造出的对有形或无形产品市场运行的集合。苏东水研究阐述生产经营体育商品的参与企业集合体就是体育产业。[①] 卢元镇等从体育产业经营主体和经营对象研究出发，把参与体育商业运营的经营主体，除了企业之外，其他各类从事体育经营业务的相关主体诸如事业单位、社会团体、家庭或个人，这类主体的集合，定义为体育产业的一部分。除此之外，由这些经营主体提供的相关体育有形或无形产品的集合，也是构成体育产业的主体部分。并认为在这两者基础上展开的经营活动串联起的活动集合，构成整个体育产业。[②] 钟天朗指出，狭义的体育产业是专指从事体育劳务（或服务）这种非实物形式的特殊消费品的产业部门。[③] 国家统计局发布的《体育产业统计分类（2019)》[④] 指出，体育产业是指为社会提供各种体育产品（货物和服务）和体育相关产品的生产活动的集合。

体育产业的这一定义，涵盖以下三个特征：（1）提供体育服务或劳务

---

① 苏东水. 产业经济学 [M]. 北京：高等教育出版社，2000.

② 卢元镇，郭云鹏，费琪，孔文清. 体育产业的基本理论问题研究 [J]. 体育学刊，2001（01）：41-44.

③ 钟天朗. 体育经济学概论（第三版）[M]. 上海：复旦大学出版社，2016.

④ 国家统计局，体育产业统计分类（2019）[Z]. 2019.

产品，强调体育产品的非实物性，这种服务形式属于第三产业的范畴；（2）以体育活动、劳动的形式存在，强调体育产业的经济贡献和身心娱乐等使用价值，满足体育的高层次需求；（3）提供各类体育劳务和服务产品的法人企业、组织、部门以及他们展开的相关活动的集合，明确规定体育产业的产品属性的同质性，是具有某种同一属性的参与主体实施开展的经济活动的集合。

（三）本书对体育产业概念的界定

综合分析国内外相关学者对体育产业概念的界定，广义的体育产业是指为全社会提供体育产品生产的企业、组织、部门和活动的集合；狭义的体育产业是指以活动、劳动的形式，为消费者提供各类有形体育产品和无形体育服务产品的企业、组织、部门及其展开的经营活动的集合。总之，本书认为体育产业就是生产和经营有形、无形体育商品的经济主体及其开展活动的经济集合。

因此体育产业除了具备狭义说中的三个特征之外，依据时代发展和科技进步的影响，也呈现出新的特征。在我国提出新时代体育强国建设发展阶段，体育产业已经呈现出高度的融合性特征，产业间的融合发展成为大势所趋，尤其是科技的发展，加速了体育产业融合发展的速度。产业划分标准已经在现代信息技术及互联网的广泛应用之后，超越了要素、场所、流程和组织形式等事先确定的形态和边界，非常多的跨界、跨行业创新层出不穷，加之人们参与度的不断提高，使得产业呈现无边界竞合跨越式发展的趋势。以体育运动为核心，体育产业与旅游、文化、健康、养老、娱乐、科技等其他产业渗透融合，逐渐形成一系列支撑性和衍生性的体育有形、无形产品，其逐渐形成新兴多样化的年轻经济形态，相对应的体育文化、体育旅游、体育健康、体育科技、体育娱乐、体育休闲等关联度不断增强而互相影响和促进的庞大的产业集群，不断拓宽原有产业链边界，形成新的体育产业发展形态，赋予体育产业新的内涵，在实践中也不断丰富和满足人们日益增长的体育运动健康文化娱乐的需求。

二、体育产业的分类

体育产业是国民经济的重要组成部分和产业门类之一，早在 1996 年，原国家体委就颁布了《体育产业发展纲要（1995 - 2010 年)》[①]，将体育产业分为三大类：（1）体育主体产业，指与体育运动相关的具有经济功能和价值的体育产业经营活动，包括体育竞赛表演、训练、健身、娱乐、咨询、培训等方面的经营；（2）为体育活动做相关服务的产业，包括场地、器械、服装、食品、饮料、广告传媒等生产经营等；（3）指体育部门为了创收和补助体育事业发展所开展的其他各类体育经营活动。原国家体委主要从体育部门管辖的范围进行分类，并未完全遵循科学的规律进行产业划分。

体育产业专项统计工作已经经历了无分类到 2008 年版、2015 年版、2019 年版四个阶段和 3 个版本文件。国家统计局在 2019 年 4 月又正式颁布《体育产业统计分类（2019)》，把体育产业的分类范围确定为包括体育管理活动等 11 个大类，在 2015 年版本基础上更多地反映和囊括体育产业活动的实际情况，新增体育服务综合体管理和分拆冰雪、足球产业等相关类别，充分考虑了体育产业发展中的新业态和新模式，进一步扩大了体育产业的外延（见表 1 - 2）。

表 1 - 2　　　　　　　　　　我国体育产业分类

代码	体育产业类别名称
01	体育管理活动
02	体育竞赛表演活动
03	体育健身休闲活动
04	体育场地和设施管理

---

① 原国家体委. 体育产业发展纲要（1995 - 2010 年）[G]. 北京：人民体育出版社，1995.

代码	体育产业类别名称
05	体育经纪与代理、广告与会展、表演与设计服务
06	体育教育与培训
07	体育传媒与信息服务
08	其他体育服务
09	体育用品及相关产品制造
10	体育用品及相关产品销售、出租与贸易代理
11	体育场地设施建设

资料来源：国家统计局．体育产业统计分类（2019）．

从体育产业的内容来看，主要涵盖本体产业、相关产业、延伸产业和边缘产业四个方面。首先体育本体产业是主要核心层，特指那些带有明显体育自身特性从事生产和服务的产业部门集群，主要涵盖健身娱乐业、竞赛表演业等。其次体育相关产业是以体育活动为资源和依托进行生产和服务的产业集群，包括体育用品制造业等。再次体育延伸产业和边缘产业处于外围层，前者是以体育产业周边形成的综合性网络，包括体育赛事门票、体育保险、体育旅游、体育经纪等，后者则是体育产业周边构成的衍生增值服务，包括体育饮食、住宿、纪念品等。另外，以体育产品为核心，围绕体育产品的生产经营活动可分类为体育服务业和体育配套业；以体育产业链为线索，上游健身娱乐业和竞赛表演业为产业发展的重心，中游和下游为一系列相应的配套和衍生产业（见图1-1）。

体育核心本体产业是体育产业链发展延伸的核心和起点，以体育竞赛表演活动和体育健身休闲活动为主导的核心产业，对后续节点上其他直接或间接相关的产业发展提出了要求，促使其业务结构、产品形态和生产组织关系相应变化。体育产业的发展，需要以其核心产业作为推动力，发挥主导产业的集聚效应和扩散效应，使其产业结构不断向合理化和高端品牌化转变，不断提升其在经济发展中的作用和地位，成为真正的朝阳产业。

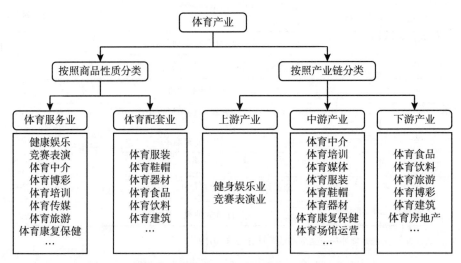

图1-1 按照商品性质和产业链结构的体育产业分类图示

三、体育产业经济效应的概念

"效应"一词，多用于描述自然科学或人文社会科学领域由某种动因或原因所产生的特定现象。作为人文社会科学领域的一个分支，在经济学研究领域中经济效应更多被理解为经济作用、经济后果或经济影响的同义词。《决策科学辞典》将经济效应解释为经济运行过程中，某些经济条件发生变化给经济生活带来的作用或影响。虽然学术界尚未对经济效应一词作出明确、规范的定义，但一般来说，可以把经济效应作为对经济发展要素影响机制的统称。

目前，国内学术界大多围绕某一研究类别进行以经济效应为主题的探讨。郑伟等从宏观经济、生产者、消费者、经济公平和转轨代价研究社会养老保险制度变迁的经济效应。[①] 胡晓鹏澄清和证明企业模块化的边界与模块产品的专用性程度具有显著的联系，指出企业模块化后将带来创新效应、多样化效应和市场效应。[②] 周永根从经济效率、产业结构和就业增长

---

① 郑伟，孙祁祥. 中国养老保险制度变迁的经济效应 [J]. 经济研究，2003 (10)：75-85.

② 胡晓鹏. 企业模块化的边界及其经济效应研究 [J]. 中国工业经济，2006 (01)：90-97.

三个方面，以文化创意产业的资本属性与经济增长机制、价值链与产业关联作用及对就业的直接影响与波及效应为基础，研究文化创意产业持续创新的经济动力。[①] 张增磊围绕政府投资基金的社会资本引导效应、经济增长效应、产业结构优化效应三大主线，以基金作用路径为落脚点，指出政府投资基金在企业发展效应、经济要素发展效应等方面存在路径约束。[②] 张亦然从经济增长、企业生产和居民生活三个维度研究交通基础设施的经济效应，探讨高铁的经济增长效应、空间布局效应和服务业发展效应，指出高铁开通对服务业就业的影响表现在市场边界扩张效应、生产要素供给效应和环境改善效应。[③]

　　本书所研究的体育产业经济效应，主要指参与体育运动及其相关活动的主体，包括企事业单位、组织、部门、个人等所开展的有形、无形体育产品经营性活动，从而对国家、地区在经济方面产生影响并研究其作用机制。体育产业经济效应内涵涉及的方面非常广泛，但也有其自身特有的运行规律，把握其运行的相关共性，可以有效地发掘体育产业发展的行业特点并运用于指导实践。本书将专门在第一章第二节全面具体论述体育产业经济效应的类型分类及其运行机理，以便确立研究相关主要体育产业的经济效应的思路。

第二节　体育产业的经济效应运行机理

一、体育产业的经济效应类型界定

　　前文定义了体育产业经济效应之后，本节将具体探讨体育产业经济效

---

① 周永根. 文化创意产业的经济效应 [D]. 北京：中国纺织出版社，2018.

② 张增磊. 政府投资基金经济效应及作用路径研究 [D]. 北京：中国财政科学研究院，2018.

③ 张亦然. 交通基础设施经济效应研究 [D]. 北京：对外经济贸易大学，2019.

应的类型及其运行机理。体育产业经济效应表现在多个领域以及不同的方面，这也反映出体育产业发展具有其自身特殊性。一方面由于产业的相关经济效应共性的存在，另一方面因为本书篇幅限制，以及研究角度的可得性，难以对体育产业所有相关经济效应进行逐一研究，所以根据体育产业提供的与生产领域有关的各种服务及产品，直接或者间接参与物质产品创造的这一特点，本书特别围绕体育产业对国家和社会的经济增长的贡献、消费行为的结构性变化、对外经济关系、知识人力资本素质与就业关系等直接或间接影响体育产业乃至国民经济发展的相关经济效应加以研究，旨在掌握体育产业在优化产业结构，增加出口创汇并扩大贸易，从而促进经济高质量增长，同时由于经济增长创造就业机会，实现稳定就业减少失业等经济效应统一协调发展，最终实现社会稳定运行的社会效应，所以本书从以下四个经济效应出发来进行具体比较研究，具体如表1-3所示。

表1-3 　　　　　　　　　　本书对体育产业经济效应的类型界定

序号	效应类型	主要内容
1	经济增长效应	产业自身所形成的规模化经济形态对国民经济发展产生的推动作用，主要表现为产业产值、增加值、产业增加值占 GDP 比重等层次，并在此数量基础上的体育产业对经济高质量发展的贡献程度
2	产业结构效应	衡量体育产业的产业体系、产业布局、产业发展效益方面，主要表现为产业内部结构的均衡性、产业外部结构的关联性，以及产品和服务、供给和需求的匹配性
3	就业效应	产业发展带来就业市场劳动力的直接变化和国民经济其他行业的就业水平变动，其中直接就业效应体现为就业人数的规模效应，以及就业结构、就业技能等就业质量效应的变化。间接就业效应是指体育产业的发展引起国民经济其他行业或产业的就业水平变动
4	贸易效应	一国法人或自然人在其境内或进入他国境内提供体育产品或服务的贸易行为，包括服务产品进出口（赛事转播）、跨国生产（海外举办赛事）、跨国消费（跨国观看赛事）和生产要素跨国流动（人力资本国外效力和海外资本投资）等若干形态

二、体育产业经济效应运行的互动关系

正如一个国家或地区宏观经济调控的目标是由若干个具体目标构成的一个体系，促进经济增长、增加就业、稳定物价、保持国际收支平衡四个维度是相互联系、相互制约、相互促进的有机关联体系。在中国特色社会主义市场经济体制下，政府运用各种宏观调控手段及对应的经济政策，对市场经济的运行过程实施着相应的调节和干预，实现微观经济活动与宏观经济发展的目标协调有序发展。

从体育产业这一中观层面来看，首先保持经济适度协调增长是体育产业发展的基本目标，同时产业自身的高质量增长对于整个宏观经济增长的贡献及影响也至关重要，决定着可能的潜在产业政策的走向。虽然目前产业政策在世界范围内还存在争议，但基于我国现有基本国情及日本等国产业政策实施的成功经验，我们依然对于产业发展采取相关政策支持，所以对于宏观经济增长，体育产业的经济增长效应也是首要目标。其次具体如何获取高质量的产业增长乃至整体经济的增长，需要研究体育产业的结构效应，以及体育产业之间的关联关系对整个产业增长的影响，因此调整优化体育产业结构是体育产业发展的基本途径，用于调节社会总供给与社会总需求的关系，使之达到基本平衡，以实现产业平衡持续发展，最终实现全面高质量增长。体育产业结构效应的调整主要包括产业结构、地区结构、企业结构、商品和劳务的供给与需求结构等各个方面，具体涉及体育产业内部之间关联以及外部与其他产业的关联效应研究；加强对于体育产业结构的研究以便寻找到更适合我国体育产业发展的有效路径。结构调整还只是产业发展的前提，结合我国资源禀赋优势，把握现行国际贸易环境，遵循现有国际贸易规则来调整体育产业贸易形式和发展方向，在当下也具有非常强烈的时代意义，同时作为我国新型贸易格局中的一个产业，体育产业的贸易效应的发展，尤其是其服务属性的全球性，具有天然的世界沟通桥梁的属性，成为国际贸易中重要的一方面，所以结构的调整与贸易方向息息相关，离开贸易战略方向谈结构调整可能会陷入狭隘的市场观

念之中，只有把体育产业放入国际市场的贸易格局中来研究结构的调整，最终才能实现产业乃至整个经济的有效高质量增长。根据我国社会主义国家性质，就业是人民群众改善生活的基本前提，体育产业的就业效应可以反映并体现体育产业发展实现经济增长之后所带来的社会价值。为了满足人民日益增长的物质文化需求，保障充分就业，提高居民收入，实现充分就业的社会主义国家经济增长目标，本书针对经济增长效应、产业结构效应、就业效应和贸易效应四大效应的这种相互作用关系的现实性展开研究论证，发现美国体育产业在这些方面发展的成功经验，同时找出其不足，让我们能扬长避短，汲取其优秀经验，避开其所产生的不良后果，以期发现具有中国特色的体育产业发展思路。

正如图1-2中体育产业的四大经济效应的运行发展机制所示，体育产业四大经济效应是相互联系、相互制约又相互促进的关系，在不同时期和不同情况下，体育产业四大经济效应的发展侧重点可能有所不同，但有其内在的相关性和统一性。一方面，体育产业的经济增长效应是体育产业发展的首要目标，通过分析体育产业经济增长的边际效应，把握合理的体育产业发展速度；对体育产业发展弹性和拐点分析，可以为结构及对应贸易的发展提供方向和时间节点方面的决策参考。为了实现经济增长，我们要从如何调整产业结构入手，对体育产业内部结构和外部产业的关联性进行研究分析，以便寻找到最匹配的增长路径。另一方面也需要对体育产业贸易状况进行研究，发现体育产业在世界分工格局里处于互补性还是重叠性贸易形式，以便促进贸易平衡发展，深度融入世界贸易体系。通过最重要的调整结构和促进贸易的方式来显性地促进体育产业的高质量增长。而经济增长效应能够推动就业效应的扩大，通过分析其就业弹性来带动就业增加，实现经济增长拉动就业后的社会效益。当然，经济增长效应也需要在调节社会总供给与社会总需求的关系中实现，是体育产业结构效应和贸易效应的物质基础；然而有时候体育产业的经济增长效应不一定能够实现充分的就业效应，从而在某些特定时期容易导致产业结构效应和就业效应出现失衡，需要调节产业内外部之间、地区间体育产品和服务、供给和需求的匹配性，以实现就业效应质量、数量上的提升，真正实现体育产业高质量发展后良好的社会效益。

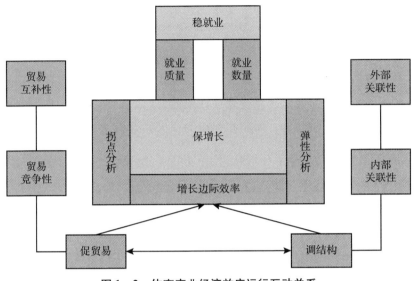

图1－2　体育产业经济效应运行互动关系

三、体育产业经济效应运行的驱动要素

马克思主义关于人的全面发展学说、精神劳动及精神生产理论、社会再生产理论、马克思主义中国化的体育发展理论成果，以及西方经济学中的相关经济增长理论，绝对优势、比较优势和资源禀赋等国际贸易理论，产业结构理论，产业转移理论为中美体育产业经济效应的比较研究奠定了理论基础，本书试图在该基础上深度研究体育产业经济效应的驱动要素构成，并将结论用于启示中国体育产业发展的对策思路。结合体育产业本身发展的趋势和特征，根据经济增长的内生性等理论基础，本书试图论证体育产业要素驱动的动力机制，各动力系统之间形成一个相互依托、相互协调且具有内在联系的有机整体，共同推动体育产业的发展。

体育产业的发展动力主要由经济驱动、社会支撑、文化融合和科技赋能四大外部要素构成，各个要素的作用方式、功能属性和内部结构存在差别，并且各个要素通过一定的联系构成一个有机的整体。体育产业发展的动力机制涵盖推动机制、引导机制、支撑机制和协同机制，各机制的作用路径包括：推动机制体现为经济驱动，一个国家和地区的经济发展水平是体育产业及其关联产业发展的坚实基础和根本动力；协同机制体现为文化融合，文化作为体育产品重要的价值源泉，是体育产业发展的重要动力，具体表现为市场对体育运动健康文化的普遍认同；支撑机制体现为社会支撑，社会可持续发展是体育产业发展的重要支撑，也表现为人民群众消费需求的不断发展；引导机制体现为科技赋能，科技对体育产业特别是体育创意的赋能作用日益凸显，体能和智能的双向结合有力地推动了体育产业的快速发展（见图1-3）。

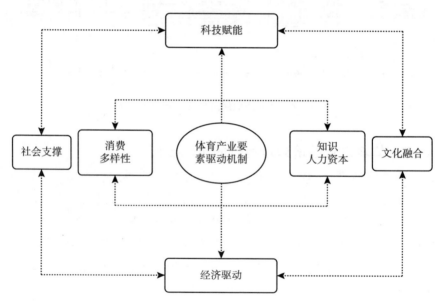

图1-3 体育产业经济效应的驱动要素机制

1. 经济驱动

经济基础决定上层建筑，一国的经济发展水平对体育产业的发展具有显著的促进作用。体育产业既是国民经济的重要部门和服务业的支柱产业，也是社会生产力提高和专业化分工提升的结果。人均GDP较高的国家，体育产业增加值比重和就业比重均相对较高，体育产业结构也同样呈现出高级化和合理化的特征。根据国际经验，当一个国家或地区人均 GDP 超过 5 000 美元，居民消费结构将由物质消费向享受型消费转变，体育休闲消费将进入快速增长的时期。随着后工业社会的到来或城市化进程的加速，居民收入水平显著提高，闲暇时间显著增加，生活方式、价值取向和消费观念等发生了深刻的变化，极大地促进了人的全面发展和社会全面进步，使得体育休闲成为一种常态化的生活方式。这一时期城市化、消费多样化和服务业增长日益联系紧密，经济开始朝着服务化、创新型方向发展，服务业开始取代传统制造业推动整体经济效率的持续改进。居民人均可支配收入的增加，使得体育产业开始融入创造力、知识溢价、人文符号和科技体验，原有的一系列支撑和衍生的价值链条得到扩展，形成的多样化新兴经济业态成为体育产业价值功能的体现。

2. 文化融合

文化是人类在社会历史发展过程中所创造出来的物质财富和精神财富的总和，体育从本质上来讲则是人类独有的一种社会活动乃至社会文化现象，是人类文化的一种物质载体。从休闲锻炼的状态维度来看，体育活动具备休闲娱乐、社会化交往、自我实现的情感化思维，这种自由精神和灵魂投入的心境和情怀发展形成一种具有人文情怀的模式，将商业、人文、自然等要素完美的融合为一体，构成体育产业发展的价值和基石；从社会活动的文化维度来看，体育知识、竞技水平、体育观念、文化底蕴、体育氛围等社会条件和基础要素构成了不同国家和地区体育产业发展差异化的来源。不同国家和地区的体育传统习俗、体育符号象征等深刻地影响着体育消费人口的精神状态、心理诉求乃至国民体育的消费观念，体育产品所表达的形象标识、意义形态所表征的文化内涵赋予了体育人口消费的多样化和层次性，是体育产品附加值的重要体现。而对于运动休闲需求的增加，也正是伴随着人民日益增长的文化需求而来，社会文化需求的增加，也为体育文化产品供给提出新的要求。

3. 社会支撑

从农耕时代到工业时代，再到如今的信息时代、智能时代，时代更迭下围绕着体育产业的解构、融合和创新，已经成为现代经济社会脉动中蓬勃发展的力量。当今社会已经从工业社会进入了后工业社会时期，其代表性事物就是城市中体育文化活动等标志事件，与之相伴随的是知识经济、体验经济和休闲社会的到来，人们日益不断增长的个性、多元化的物质消费和精神文化需求推动体育产业中产品和服务供给的持续扩张。随着城市化进程的不断推进，人口集聚、人力资源素质提高和产业结构的逐步合理化、高级化成为促进体育产业发展的必要条件。体育产业是城市化发展进程达到一定阶段的产物，体育产业消费人口在城市人口中占据绝对比例。虽然体育人口各年龄群体具有不同的消费偏好，但大多为中高等收入人群并具有一定的闲暇时间，而且国际接轨程度越高的城市其体育职业化素养越充分，体育产业管理人才、运营人才和策划人才的供给越充足，推动体育产业具有媲美欧美发达国家的潜在竞争优势。

4. 科技赋能

知识经济社会下科学技术的进步已经远超过劳动力和资本的经济增长贡献，催生了体育产业的商业模式创新，并赋予人们更自由支配和足够充沛的时间，体育休闲娱乐活动的需求和享受层级得到进一步的升华。在体育产业层面，移动互联网时代下的社群经济成就了体育产业的全新商业革命。传统体育媒体不再是原有的线性、单向传播，而是过渡到"跑友圈""体育新媒体"的扩散和裂变，并逐步向垂直化、小众化圈层进行细分和延伸。同时，社群经济对体育制造商的生产、流通、消费、营销等模式均产生了颠覆性影响。体育装备和体育器材开始融入科技和文化的创意理念，集聚、挖掘体育消费人口的需求，依托赛事运营、创意活动产品等高附加值、专业化服务构建新的社交圈层进行流量变现，创意的体育服务和体验成为真正构成差异化竞争的所在。

而除了这四个外部的驱动因素外，内部的驱动因素是知识人力资本要素和消费升级要素，这些内部驱动要素的内生力量促使外部要素发生作用，逐步传导来驱动体育产业经济增长，从而影响体育产业这四个经济效应的发挥，最终实现整个体育产业的发展。所以，本书整体上以经济增长作为目标入手，从调整产业结构、促进贸易平衡发展、稳定社会就业水平等路径来进行研究，并从具体驱动体育产业经济增长等路径的相关要素出发，论证体育产业增长及相关路径的微观驱动要素，构建体育产业高质量发展驱动体系，并使之真正运用于体育产业发展实践。

第三节　理论基础

一、马克思主义相关的体育发展理论

（一）马克思主义关于人的全面发展学说

马克思主义关于人的全面发展的思想，孕育于《1844 年经济学哲学手稿》形成的劳动异化理论。在机器大生产时代，马克思针对资本主义制度下不合理的分工指出："现代社会内部分工的特点，在于它产生了特长和专业，同时也产生了职业的痴呆。"[①] 马克思认为机器大时代对社会生产力的推动也变相解决了人的片面发展问题："当一切专门发展一旦停止，个人对普遍性的要求以及全面发展的趋势就开始显露出来"[②]，初步从科学的角度阐述全面发展将取代片面发展的客观必然性。同时，对于完整意义上的人，马克思同步指出，"一切肉体的和精神的感觉都被这一感觉的单纯异化即拥有感觉所代替"[③]，因此主张应当"以一种全面的方式"，"作为一个完整的人，占有自己的全面本质"[④]。因此，马克思主义提出人的全面发展学说，反对"完整的人"的异化，批判片面畸形的发展，将完整意义的人和全面发展统一起来，确立了以人为本的发展观，奠定了马克思主义体育观最普遍的人文价值标准和价值尺度。

马克思和恩格斯在 1845 年《德意志意识形态》一书中，首次明确提

[①]　马克思恩格斯文集（第 1 卷）［M］. 北京：人民出版社，2009：629.
[②]　马克思恩格斯文集（第 1 卷）［M］. 北京：人民出版社，2009：630.
[③]　马克思恩格斯文集（第 1 卷）［M］. 北京：人民出版社，2009：190.
[④]　马克思恩格斯文集（第 1 卷）［M］. 北京：人民出版社，2009：189.

出关于个人全面发展的思想，"个人全面发展的职责、使命、任务就是全面发展自己的一切能力，其中也包括思维能力"①，成为一个"具有丰富的、全面而深刻的感觉的人"②。马克思关于个人的全面发展思想的分析，涵盖以下基本点：

第一，确立"完整的人"的价值和地位。马克思指出，"一个种的整体特性、种的类特性就在于生命活动的性质，而自由的有意识的活动恰恰就是人的类特性"③。马克思始终以现实的、实践的人为出发点和归宿，认为人的本质是一切社会关系的总和，因而体育成为认识、发展、传衍、实现"完整的人"的身体活动手段，浸染着不同社会和时代的气息④，由此体育的边界也会根据人的能力进而拓展，随着不同时代的改变发生变迁。马克思主义指导下的当代中国体育观需要回归以人为本的价值取向，始终围绕体育如何为人的发展服务，满足现实绝大多数人的体育需求，重新确立起"完整的人"的价值和地位。

第二，实现自由和全面的发展：全面发展应是人的身心各个领域的广泛和充分的发展，保证劳动能力构成要素的智力和体力获得充分的、自由的发展和运用。马克思指出，英国工厂法教育条款的"成就第一次证明了智育和体育同体力劳动相结合的可能性，从而也证明了体力劳动同智育和体育相结合的可能性"⑤，"从工厂制度中萌发出了未来教育的幼芽，未来教育对所有已满一定年龄的儿童来说，就是生产劳动同智育和体育相结合，它不仅是提高社会生产的一种方法，而且是造就全面发展的人的唯一方法。"⑥ 马克思阐述的以劳动生产与教育相结合的方式来培养全面发展的人的问题，这种结合反映了社会化大生产发展的客观要求，是造就人的全面发展的客观需要。⑦ 马克思进一步提到，真正的财富是不直接消耗于生

① 马克思恩格斯全集（第3卷）[M]．北京：人民出版社，1960：330．
② 马克思恩格斯文集（第1卷）[M]．北京：人民出版社，2009：192．
③ 马克思恩格斯文集（第1卷）[M]．北京：人民出版社，2009：162．
④ 高强．从"人的全面发展"到"完整的人"—重释马克思主义体育观的理论基础 [J]．体育学刊，2013，20（1）．
⑤ 马克思恩格斯文集（第5卷）[M]．北京：人民出版社，2009：555–556．
⑥ 马克思恩格斯文集（第9卷）[M]．北京：人民出版社，2009：339–340．
⑦ 蒋岩岩．马克思主义哲学视野下体育价值观问题研究 [D] 北京：北京交通大学，2012．

产劳动中的娱乐以及消遣的自由时间，它为人类的自由发展开辟了道路。马克思认为娱乐、消遣手段的体育等生活方式，能有效地激发个人的创造力，有利于个人身心自由发展。而人作为社会化产物，其自身的自由和全面发展进而实现自身价值和社会价值的统一，是人类社会共同的理想及发展方向。

马克思主义倡导的体育价值观，是建立在人的全面发展的基础之上的，同时也以实现人的全面发展为目标，最终实现人的体力和智力获得充分自由的发展和运用。尽管马克思关于体育尚未形成系统的体育思想，体育仍然被作为资本主义早期阶段特定历史条件下的产物，但这并不妨碍马克思关于人的全面发展的学说特别是体育的人文价值观对当代体育发展的指导意义。

（二）马克思主义关于精神劳动及精神生产的理论

马克思主义关于精神劳动及精神生产的论述，散见于《德意志意识形态》《共产党宣言》以及《资本论》及其"手稿"中，对于了解精神生产的定义、特征、发展关系和规律奠定了理论基础。马克思认为，精神生产劳动是"比社会平均劳动较高级较复杂的劳动""高尚的劳动""最高的精神生产"，说明精神产品生产是社会精神劳动的最高层次，精神生产的数量、质量、规模和水平是衡量一个国家综合国力和文明程度的重要标志。精神产品生产对整个社会生活、经济发展和社会进步都发挥着重要作用，深入研究精神产品生产的本质及其发展趋势，可以促进经济结构优化和经济增长方式转变，可以进一步充实和深化产业划分理论，制定适应时代要求的精神产品生产的发展战略和规划，协调好精神产品生产、传播和消费的关系，促进"两个文明建设"的发展。

体育活动的特性决定了不管是现代竞技体育还是群众体育，都是精神劳动及精神生产的有机组成部分。作为个人，体育活动满足了个人精神调节、身心愉悦、性情陶冶等精神交往、享受和自我实现的需要；作为全社会，体育活动则是物质文明和精神文明建设的需要。体育历来就是文明建设和文化教育的重要组成部分，是民族精神的窗口。一个国家、一个民族体育运动状况如何，是民族康强、国家昌盛、文化发达的重要标志。体育商品的生产，能够促进我国产业结构向高端化、服务化方向发展，同样也需要坚持社会主义精神生产社会效益和经济效益的统一。研究马克思主义关于精神劳动及精神生产的理论，依托于精神生产产业化及其运行原则，为我们研究体育产业的发展规律提供了一个方向性指引。

（三）马克思主义关于社会再生产的理论

马克思主义关于社会再生产的理论孕育着其产业结构的雏形。从剩余价值规律和价值规律出发，马克思指出，社会再生产的核心问题是社会总产品的实现，即各种产品通过交换后，既要在价值上得到补偿，又要在实物上得到替换。通过论证简单再生产和扩大再生产两个条件下生产资料和消费资料两大部类的补偿和追加关系，分析阐明了社会再生产下两大部类均衡发展和比例协调的变动规律。在此基础上，马克思进一步提出产业优先增长的思想，即一个产业的优化升级不仅会带动其他产业的发展，还有可能衍生出新的产业。他认为"机器生产用相对少的工人人数所提供的原料、半成品、劳动工具等等的数量不断增加，与此相适应，对这些原料和半成品的加工也就分成无数的部门，因而社会生产部门的多样性也就增加"①。虽然机器在应用它的劳动部门必然排挤工人，但是它能引起其他劳动部门就业的增加，所以"一些全新的生产部门，从而一些新的劳动领域，或者直接在机器体系的基础上，或者在与机器体系相适应的一般工业变革的基础上形成起来"②。同时，谈论马克思再生产理论离不开价值规律对社会再生产的调节作用，通过价格的变动来引导社会资源在各生产部门间合理配置，实现产业结构的优化升级。

马克思对资本主义生产过程的研究表明，经济总量平衡和结构合理是社会经济持续、协调、健康发展的关键，产业部门的优先增长是整个产业结构优化升级的先导，而产业结构优化升级离不开市场机制的保障。发展体育产业，需要注重体育产业与其他产业、内部各部门间的相互关系和发

---

① 马克思恩格斯文集（第5卷）[M]．北京：人民出版社，2009：512．
② 马克思恩格斯文集（第5卷）[M]．北京：人民出版社，2009：513．

展的协调程度，发挥市场的基础性作用，深化改革、科学发展，推动产业结构调整、发展方式转变。

二、马克思主义中国化的体育发展理论成果

马克思主义是我国建设发展体育事业的指导思想。毛泽东思想、邓小平理论、"三个代表"重要思想和科学发展观是马克思列宁主义与中国具体实际相结合的实践理论成果，是具体中国化的马克思主义理论体系。诞生于新时代的体育发展思想，是在我国经济发展新时期，体育运动发展进入新阶段时，以习近平同志为核心的党中央，结合中国基本国情，具体运用马克思主义理论指导体育实践，形成相应适合我国体育事业发展特色的理论成果，在指导我们体育事业发展过程中发挥着极其重要的指导作用。

（一）毛泽东与体育有关的思想对我国体育建设的奠基作用

毛泽东对体育相关理论思想的思考，起源于 1917 年发表的《体育之研究》①，首次表明体育运动在"强筋骨、增知识、调感情、强意志"这四个方面的重要作用，把体育运动与增强民族体质、挽救民族危亡的爱国主义和民族主义相结合，奠定了毛泽东有关体育思想的社会基础。新中国成立后毛泽东在原有体育思想基础上提出"发展体育运动，增强人民体质"的新体育价值观，始终贯彻"以人民为中心"的价值主张，指明了社会主义体育事业的出发点，确立了社会主义国家发展体育运动的指导思想，对新时期我国体育基本框架的初步形成起到了奠基石的作用。

（二）邓小平理论建立起中国特色社会主义体育事业框架

改革开放后我国社会主义体育事业进入大发展时期，体育事业的发展紧紧围绕"建设有中国特色的社会主义"理论框架展开。邓小平理论指导下的体育理论发展，一方面，群众体育仍然作为体育事业发展的根本，体

---

① 尹韵公. 毛泽东作《体育之研究》的背后 [J]. 党的文献，2006（03）：79-80.

育事业建设需要把群众体育放在更加显要的位置；另一方面，群众体育与竞技体育具有相辅相成的关系，邓小平主张两者需要建立"普及与提高"螺旋式发展模式，这一竞技体育的思想也指导了后续奥运赛事规划与全民健身共同发展的体育事业双轨制，不仅使得我国体育在奥运竞赛中获得一流成绩，同时普及了全民健身的概念并形成了真正全民参与运动的思想动机。更重要的是，邓小平将体育运动与市场经济相结合，开创性地提出体育事业不能只是经济的附属品，也要为市场经济建设服务的体育相关思想，为中国体育产业、体育经济的形成和发展起到思想引领作用，成为中国体育事业发展的重要分水岭。

（三）"三个代表"重要思想与"体育兴国"战略

在"三个代表"重要思想的指导下，"全民健身、健康生活"被正式上升到国家战略高度，群众体育的重要地位得到进一步的突出。改革开放后以奥运竞技体育赛事为代表的体育运动项目，其发展已经远远领先于群众体育的发展，而这两者发展的不平衡成为我国那段时期体育事业发展的重要问题。"三个代表"重要思想提出"全民健身、利国利民、功在当代、利在千秋"的倡导，这种大体育观成为"体育兴国"战略的价值取向，加上北京奥运会的申办成功，使得群众体育与竞技体育形成良性互动、互为支撑的发展局面，中国特色社会主义体育事业呈现出良好的发展态势。

（四）科学发展观与"体育强国"战略

"后奥运时代"，发展群众体育、满足人民群众体育健身需求成为我国体育运动发展的目标，但因为各种原因，导致全民健身的实际开展并不理想。北京奥运会将中国竞技体育提升到前所未有的高度，民族的自信心、自豪感得到极大的增强，但同时也暴露出体育粗放式发展的弊端。奥运会成功举办后，胡锦涛代表党和国家提出"由体育大国向体育强国的迈进"的号召，科学发展观提出"推动我国从体育大国到体育强国的转变"的思想，体育强国建设成为国家战略。"体育强国"的提出，标志着中国开始由体育大国向体育强国迈进，体育事业由追求"量"向"质"进行转变，也正符合构建社会主义和谐社会、促进人的全面发展这一民族伟大目标。

（五）新时代体育强国建设与"健康中国"战略

党的十八大以来，以习近平同志为核心的党中央也特别关注体育的发展，党中央结合新时代体育发展特征，以马克思主义为指导，把马克思主义精髓思想与中国实际相结合用于指导体育发展而形成的理论体系，是马克思主义中国化的最新成果之一，高屋建瓴地指明了体育事业建设和高质量发展的具体方向。

党的十九大报告阐明，具有中国特色体育强国的建设是其中不可或缺的一环，是中国解决"人民日益增长的美好生活需要和不平衡不充分的发展之间的矛盾"① 和实现"在本世纪中叶建成富强民主文明和谐美丽的社会主义现代化强国"的重要驱动力。习近平总书记对我国体育发展做了相关论述，提出了体育强国建设的必要性，只有加强对具有中国特色体育强国建设思想的学习和认知，才能有效激励和指导体育相关工作。为此我们需要准确深入地把握体育强国建设的时代和科学内涵，把体育事业融入实现"两个一百年"奋斗目标的大格局中统筹谋划。

第一，坚持发展以人民为中心的体育。② 习近平主席 2022 年 1 月 4 日在北京考察 2022 年冬奥会、冬残奥会筹办备赛工作时强调，建设体育强国、健康中国，最根本的是增强人民体质、保障人民健康。这是全面建设社会主义现代化国家的一个重要方面。要充分利用举办北京冬奥会、冬残奥会形成的热潮，坚持竞技体育和群众体育一体推进，推动我国冰雪运动持续发展。只有人民全面参与，才能更好地促进人的全面发展，以此才会建立起我国体育事业的落脚点，促进体育工作顺利健康地展开。并且在此执行过程中，坚持以人民是否满意为评价标准来衡量相关体育工作的

---

① 决胜全面建成小康社会夺取新时代中国特色社会主义伟大胜利——中国共产党第十九次全国代表大会上的报告 [EB/OL]. 中国政府网，2017－10－27，http：//www. gov. cn/.

② 坚持发展以人民为中心的体育——论学习贯彻习近平总书记在会见全国体育先进代表时重要讲话精神 [EB/OL]. 人民网，2017－08－30，http：//sports. people. com. cn/gb/n1/2017/0830/c412458－29503609. html.

成败。

第二，坚持全民健身与竞技体育全面协调发展。习近平在沈阳会见全国体育先进单位和先进个人代表时提出"发展体育运动增强人民体质，促进群众体育和竞技体育全面发展"的体育发展思路。① 习近平在人民大会堂会见国际奥委会主席巴赫时明确表示，中国要"从全面建成小康社会、实现中华民族伟大复兴的战略高度重视发展体育事业，重视奥林匹克运动在社会发展中的重要作用……我们将按照中国共产党十八届三中全会的精神，努力提高人民健康水平，同步发展群众体育和竞技体育，由体育大国向体育强国迈进"②。习近平对体育发展的相关阐述，系统地表达了群众体育与竞技体育互相影响、互相联系，两者相辅相成的关系，群众体育的发展，为竞技体育提供后备人才基础，而竞技体育的发展，又能激发和引导群众体育更积极地进步，两者的发展需要统筹兼顾，全面协调推进。

第三，体育强国梦与中国梦紧密相连。习近平在天津第十三届全运会开幕式上强调，"加快建设体育强国，就要把握体育强国梦与中国梦息息相关的定位，把体育事业融入实现'两个一百年'奋斗目标大格局中去谋划，深化体育改革，更新体育理念，推动群众体育、竞技体育、体育产业协调发展"③。2017 年 8 月 27 日，习近平会见全国体育先进单位、先进个人代表以及获奖运动员代表时指出："体育承载着国家强盛、民族振兴的梦想。体育强则中国强，国运兴则体育兴。要把发展体育工作摆上重要日程，精心谋划，狠抓落实，不断开创我国体育事业发展新局面，加快把我国建设成为体育强国。"④

党的十九大报告中指出，未来五年中国体育产业以及体育事业的发展重点，是"广泛开展全民健身活动，加快推进体育强国建设，筹办好北京

---

① 发展体育运动增强人民体质促进群众体育和竞技体育全面发展 ［EB/OL］光明网，2013 - 08 - 31，http：//epaper. gmw. cn/gmrb/html/2013 - 09/01/nw. D110000gmrb_20130901_1 - 01. htm.

② 习近平会见国际奥委会主席巴赫并接受奥林匹克金质勋章 ［EB/OL］. 新华网，2013 - 11 - 19，http：//news. xinhuanel. com/polities/2013 - 11 - 19/n118207993. html.

③ 体育强则中国强！习近平为体育强国建设指明方向 ［EB/OL］. 新华网，2021 - 09 - 15，http：//www. xinhuanet. com/2021 - 09/15/c_1127866192. htm.

④ 习近平. 开创我国体育事业发展新局面加快把我国建设成为体育强国 ［EB/OL］. 人民网，2017 - 08 - 28，http：bbs1. people. com. cn/post/1/1/2/164194580. html.

冬奥会、冬残奥会"。在新时代、新思想、新矛盾、新目标的今天，体育产业已经站在新的历史起点，要成为实现伟大复兴中国梦的见证者、参与者和奉献者。2019年9月，国务院办公厅印发《体育强国建设纲要》，明确体育强国建设的时间表和路线图："到2020年，建立与全面建成小康社会相适应的体育发展新机制。到2035年，体育治理体系和治理能力实现现代化，全民健身更亲民、更便利、更普及，经常参加体育锻炼人数达到45%以上，人均体育场地面积达到2.5平方米，城乡居民达到《国民体质测定标准》合格以上的人数比例超过92%；青少年体育服务体系更加健全，身体素养极大提升；竞技体育综合实力和国际影响力大幅提升，体育产业成为新兴发展的朝阳产业，体育文化感召力、影响力、凝聚力极大提高，体育对外和对港澳台交往更活跃、更全面、更协调。到2050年，全面建成社会主义现代化体育强国，人民身体素养和健康水平、体育综合实力和国际影响力居于世界前列。"① 同期，国务院办公厅发布《关于促进全民健身和体育消费推动体育产业高质量发展的意见》②，从深化"放管服"改革、完善产业政策等十大方面提出35项具体措施，重点针对制约体育产业发展的顽疾。

在新冠肺炎疫情"黑天鹅"事件影响下，全球体育产业链、供应链面临重大冲击。党的十九届五中全会通过的《中共中央关于制定国民经济和社会发展第十四个五年规划和二〇三五年远景目标的建议》提出，要加快构建以国内大循环为主体、国内国际双循环相互促进的新发展格局。对体育产业来讲，全球运动品消费市场格局正在发生重大改变，但是我国拥有14亿人口、4亿多中等收入群体的全球最大、最有潜力市场，拥有全球最完整、规模最大的工业体系和完善的体育产业配套能力，体育产业同样具备实现内部大循环、促进内外双循环的诸多条件。

马克思关于人的全面发展学说及其相关体育思想，在中国的实际运用

---

① 国务院办公厅关于印发体育强国建设纲要的通知［EB/OL］. 中国政府网，2019－09－02，http：//www. gov. cn/zhengce/content/2019－09/02/content_5426485. htm.

② 国务院办公厅印发《关于促进全民健身和体育消费推动体育产业高质量发展的意见》［EB/OL］. 中国政府网，2019－09－17，http：//www. gov. cn/zhengce/content/2019－09/17/content_5430555. htm.

中形成指导树立体育强国目标的思想理论准则。马克思主义经济学的基本原理及其中国化运用，为本书对体育产业经济效应的研究奠定了坚实的理论基础。

三、西方经济学的相关理论

经济增长、产业结构、产业就业和产业贸易是世界经济发展进程中的重要经济现象，从西方古典经济学的分析框架发展到新经济地理学的研究范畴，理论研究视角从宏观层面向微观视角进行转变，对解释当下我国体育产业经济增长、结构调整、区域间产业转移和促进区域经济协调发展而稳定就业具有重要意义。

（一）经济增长相关理论

为了探索体育产业经济增长效应的理论基础，需要先研究经济为什么能增长和如何增长，增长规律在历史演进的过程中为我们提供理论方向。历史上经济的增长呈现起伏的波浪式周期前进，众多经济学家将对经济增长的研究视为毕生目标。近年来，随着我国经济的不断发展，有很多经济学家也发出"中等收入陷阱"的警示。

古典主义代表人物亚当·斯密认为劳动创造财富，建立了朴素的劳动价值论。马克思丰富并发展了劳动价值论，并沿着这条线索，揭露了资本主义经济制度的剥削性质。亚当·斯密在《国富论》中论述劳动分工时以"规模递增"解释了经济增长的逻辑。以庇古、帕累托等为代表的边际主义在近代兴起，其认为财富即效用，逐渐发展形成效用价值论的理论体系来论证说明经济增长的原始动力。后来凯恩斯认为国家增加货币供应，并不一定导致通货膨胀，这样既可以刺激有效需求，又能促进经济增长，从而形成了凯恩斯主义。早期古典主义经济学家将经济增长及财富创造归因为劳动，抓住了经济增长的根基，同时引导后来者应该从资源配置效率及其影响因素角度进行经济增长的研究。虽然亚当·斯密发现劳动分工促进经济增长，但还是美国经济学家阿林·杨格在1928年解释分析了分工取决于市场规模，而市场规模又取决于分工。为了避免循环论证的问题，他又引入了报酬递增的逻辑来进一步解释分工可能导致的垄断问题，但亚当·斯密强调分工加速只是积累引发的报酬递增，比如导致垄断的出现，而这一动态理论与静态的自由竞争均衡存在矛盾。后来者马歇尔对此进行了解释，他认为内部经济的差异瓦解竞争均衡导致垄断，但外部经济的发展决定了整个产业的规模，因此外部经济的自然增长反而成为报酬递增的唯一源泉。阿林·杨格借助马歇尔关于内外部经济的分析，认为"某一产业的增长率是以其他产业的增长率为条件的"外部经济又从何而来？什么因素导致报酬递增？阿林·杨格认为"其中最有力的因素可能是新自然资源及其应用的发现，科学知识的增加"，至此，斯密—杨格定理形成，它揭示了报酬递增的动态累计过程，也尝试论证经济增长的系统过程。

随着当时农业经济的发展，马尔萨斯认为粮食、农业增长呈现边际递减规律，但人口却呈现指数级的增长，两者的巨大矛盾冲突，必然导致人类面临增长极限，这就是著名的马尔萨斯陷阱。马尔萨斯之后的经济学家中，其信徒众多。随着西方社会工业经济的发展，经济学家们发现马尔萨斯陷阱并未出现，经济学进入了边际主义和新古典主义蓬勃发展的时代。他们擅长以数学分析及模型来论述经济增长过程中的完美均衡。1947年，罗伊·F.哈德罗爵士和埃林西·多马两位英国经济学家聚焦资本和劳动来解释经济增长，构建了"哈德罗—多马"模型，他们认为，经济增长取决于全社会投资水平的储蓄率和反映生产效率的资本产出比。但不久，索洛发现了"索洛残余"，他对经济增长的模型分析后发现，除了劳动、资本等要素之外，技术对于经济增长的价值也非常巨大，索洛认为与技术相关的经济增长高达87.5%，技术就是主要的外生变量。1962年，美国经济学家肯尼斯·约瑟夫·阿罗提出技术是可以通过学习获得的，干得越多，经验积累越多，技术越进步，人均生产率也就随着经验积累而提高；企业也可以学习通用知识来提高生产率，因此理论观点有力地支持了规模报酬递增的规律，破解了一般均衡规模收益递减的理论，相当于找到了技术内生性根据，开创了"内生增长"的新领域。1986年，保罗·罗默发表《收益递增与长期增长》一文，文章指出资本、劳动、人力资本和新思想（用专利衡量）等要素的经济增长范式，他明确地把知识全面纳入经济和技术的范畴之内，把其定义为经济增长的内生变量。后来卢卡斯又建立了人力资本外部性模型，证明人力资本增长率是非工作时间的现行函数，投资具有正向的溢出效应，这正反映出整个经济的生产获得了规模收益递增的结果，经济可以实现内生增长。从以上我们可以看出，经济学家们在研究经济增长的过程中，逐渐发现经济增长的逻辑：从农业经济社会的数量型增长到工业及信息时代的效率性增长方式演变。本书研究对比中美体育产业经济增长效应时，沿着经济增长内在知识技术推动的逻辑方向，着力分析中美体育产业经济增长的特征，为论证知识人力资本成为体育产业经济增长要素提供理论支持。

（二）国际贸易相关理论

1. 绝对优势理论

亚当·斯密在他的《国民财富的性质与原因的研究》一文中阐述，国与国之间发生贸易的原始动力在于追求生产的最大利益化。一国如果拥有生产某项商品的成本相对他国更低的绝对优势的话，就会出现将此类产品出口到成本更高的国家以获取更高利润；反之，成本消耗更高的国家就存在着需要从成本更低的国家进口的可能，国际贸易由此产生。亚当·斯密的分工理论建立在市场自由流动的基础之上，他强调不仅在一国之内，各不同产业之间存在着分工，国际上国与国之间因为生产商品成本的不同，也存在着国际分工。由于市场要素的自由流动，国际自由贸易也成为必然。因此，国家之间的分工内在逻辑取决于该国所具备的自身独有的绝对优势，只有具备绝对优势，从成本上降低耗费，在市场端价格表现上能加速相关要素流动，才能使得本国经济良好运转。

该理论发端于分工，指明分工的意义在于提高要素流通，促进生产率的发展，并且建立以国际化分工为基础的国际贸易起源。虽然亚当·斯密发现了产生国际贸易的部分原因，但也不能解释多数商品生产成本具有绝对优势的国家与生产成本毫无优势的国家之间实际发生的贸易往来的现象，此后的大卫·李嘉图补充完整了该理论。

2. 比较优势理论

比较优势理论源于英国古典经济学家大卫·李嘉图于1871年出版的《政治经济学及赋税原理》① 一书，李嘉图认为生产技术上的相对差别导致国与国之间产品和成本上存在相对差别，通过集中出口比较优势产品和进口比较劣势产品，比较优势的存在为国家间的产品服务贸易提供了可能。李嘉图提出的比较优势，主要借助相对劳动生产率、相对要素投入比率和机会成本进行衡量，直接揭示出亚当·斯密的绝对优势理论所不能解释的特殊情况，即一国只有拥有绝对优势才能通过进行国际贸易来获取利益。

比较优势理论从更普遍和现实意义的层面深化了绝对优势理论，揭示了国际贸易的有利属性，但其本身也存在一定的局限性：比较优势理论提出的假设条件无法全面解释现实世界复杂的经济现象；比较优势理论没有进一步解释造成各国劳动生产率差异的深层次原因；比较优势理论所认为的完全专业化生产在现实世界贸易中并不存在，一个国家可能会寻找与进口商品类似的替代产品来避免自身生产的专业化。

3. 要素禀赋理论

瑞典经济学家赫克歇尔和其学生俄林经过研究发现相对要素禀赋的丰裕程度和商品生产的要素资源配置比例的不同会导致国家之间生产要素的价格差异。这就是他们提出的要素禀赋理论，通常被称为赫克歇尔—俄林模型。根据这一理论发现，他们认为对于那些劳动力相对丰富的发展中国家而言，它们通常出口劳动密集型产品而进口资本密集型产品；那些资本优势明显的发达国家一般出口资本密集型产品，而进口劳动密集型产品。这正是由国家之间要素禀赋的不同导致的成本高低决定的。

要素禀赋理论更加深入和全面地发展了李嘉图的比较优势理论，指出生产要素特别是资本要素在国际贸易中的重要地位，成为现代国际贸易理论的开端。要素禀赋理论同样有其局限性，主要是相对静态分析无法解释当代国际贸易的复杂性，无法认清要素在各种因素的影响下不断流动变化，因此各国所具备的要素禀赋也在不断地形成转换，这就无法解释诸如

---

① ［英］李嘉图著，周洁译. 政治经济学及赋税原理［M］. 北京：华夏出版社，2005.

美国这类发达国家为什么要向日本进口汽车这种贸易现象。

4. 国际贸易理论的新发展

由绝对优势理论发展到比较优势理论，又由要素禀赋理论丰富完善，形成古典国际贸易理论体系。但后来的美国经济学家里昂惕夫发现，如果按照这一理论，美国应该从其他国家进口劳动密集型的产品，出口资本密集型产品，而事实却相反，美国当时出口更多的是一些农产品，在当时都认为农产品是劳动密集型的产品，而向日本进口汽车这类看似资金密集型的产品，这一现象在当时被称为"里昂惕夫之谜"。这些国际贸易理论根据时代的进步也在不断地发展和迭代。雷蒙德·弗农提出每个国家拥有的自身优势产品也具有产品生命周期的理论，波斯纳和胡夫鲍尔提出了国家之间对于同类产品的创新发展和模仿进步的理论，阿罗提出在不同国家间对于生产同类产品时"干中学"的理论，而罗默和克鲁格曼认为国外直接投资"技术外溢"对国际贸易分工产生影响。所有这些新的贸易理论无不反馈出时代进步到知识经济发展阶段时，所有的贸易竞争模式由原来的农业、工业时代发生了根本性的变化。一个国家只有在科学知识技术上处于绝对优势，才能在国际分工中占据有利位置。正如美国出口农产品，并非真正出口劳动密集型产品，而正是因为其农业科技的广泛运用，大规模耕种设备和化肥、虫害防治技术的绝对优势，使得这一生产领域演变为技术密集型，从而形成国际贸易中新的绝对优势。贸易理论中的生产要素由原来的劳动、土地、资本逐步扩充到了知识人力资本、技术、信息乃至管理等要素。而解决"里昂惕夫之谜"的也正是这类新增的生产要素促成了新的贸易方式，进而影响和改变着国际贸易理论的发展。贸易理论的发展脉络为本书研究中美体育产业贸易发展进程提供理论基础，并为本书在我国体育产业贸易效应发展建议上思考世界贸易新格局的发展态势起到指导作用。

（三）配第—克拉克定理与鲍莫尔—富克斯假说

1. 配第—克拉克定理

配第—克拉克定理由英国经济学家柯林·克拉克（Clark）在吸收借鉴

威廉·配第（Petty）关于劳动就业随经济发展而转移的理论基础上，提出产业结构演变的经济规律，发现产业结构和就业结构变动的内在关系。配第—克拉克理论认为，伴随居民人均收入水平的提高，社会结构中劳动力结构将会出现规律性变化，即劳动力将由第一产业到第二产业，再由第二产业向第三产业进行转移。这一理论为世界各国能动地调整产业结构制定就业政策提供了理论依据，揭示了经济发展过程中劳动力在三次产业中流动趋势的演变规律。

2. 鲍莫尔—富克斯假说

针对"二战"以来社会服务业产值比重和就业比重不断上升的情况，鲍莫尔认为服务业部门由于没有技术进步可以保持劳动生产率不变，同制造业部门相对产出保持不变的情况下将会导致劳动力从制造业部门转向服务业部门。美国经济学家维克托·R. 富克斯在鲍莫尔研究的基础上，重点研究战后美国服务部门就业人数增长情况及增长原因，统计出服务部门和货物生产部门每小时工资和周期性波动方面的差异，探索了服务经济增长对美国社会和经济的影响，研究发现"二战"以后的 40 年间社会对服务部门的服务和产品最终需求的高涨以及社会分工生产的专业化，推动美国服务部门就业人数超过全国就业人数的一半。工业部门的生产和就业的周期性波动比服务部门大，服务部门实际工资相对于工业部门比预期来的低，主要源于工业部门技术水平提升较快及工会的组织密切程度较高。服务部门需求收入弹性较工业部门来说更大，工资上涨将导致居民对服务业的最终需求上升，不仅提高其消费比重，也带动就业份额的增长。此理论为本书分析中美体育产业结构效应发展进程规律提供理论依据。

（四）标准结构理论与主导产业扩散效应理论

1. 标准结构理论

钱纳里（Chenery）在其 1975 年发表的《发展的型式：1950 - 1970》一文中，根据多个不同类型国家的产业结构变动的历史数据，建立起不同人均国内生产总值下三产价值比例和就业比例的标准产业结构模型。由于每个国家资源环境和经济条件的千差万别，标准结构理论并不能作为唯一判定一个国家的产业结构是否合理的指标。钱纳里还根据各国特别是准工业化国家的经济发展历程，研究发现不同收入水平下经济结构的状况不相同，并且经济结构转变能够加速经济的增长。

2. 主导产业扩散效应理论

美国经济学家罗斯托（Rostow）在其 1960 年发表的著作《经济成长阶段》中指出，经济增长表现为相关产业部门具体发展进步的结果，尤其是那些主导产业的创新对其他关联的产业部门具有扩散效应，进而推动产业结构的转换来带动经济增长，这种扩散效应以及罗斯托在其《政治与成长阶段》一书中指出人类社会经济的发展需要走过的六个阶段：传统社会阶段、起飞创造前提阶段、起飞阶段、向成熟推进阶段、高额大众消费阶段、追求生活质量阶段。每个经济成长阶段都有与其相适应的主导产业部门，通过新的生产函数使得经济从较低级别阶段逐步向较高级阶段推进，整个经济的增长是产业结构不断变化、功能不断提高的产物。此理论为本书研究中美体育产业就业相关问题提供相关理论分析工具。

第二章 中美体育产业经济增长效应的比较研究

近年来，随着人民生活水平、健康和生活质量的不断提高，大众体育健身和休闲运动娱乐的体育需求不断增加，体育产业的经济属性和精神属性日益凸显，体育产业在经济增长中的作用日趋增强且呈现出多元化特征。体育产业的发展，不仅局限于推动经济的持续增长，更要回归到体育产业发展的根本目的，即提高人民身体素质与精神素养的体育消费需求。相比来看，美国体育产业发展水平已经稳居世界第一梯队，体育产业规模和发展模式已经非常成熟，体育发展定位的多元化、生活化以及职业化，都启发着我们思考体育产业对于经济增长的作用。

第一节 中美体育产业发展进程比较

一、中美体育产业的发展历史进程

对中美两国体育产业发展进程进行比较研究，可以发现两国的体育产业发展路径，以及其中蕴含的各自文化偏好的发展脉络，有利于发现我国体育产业与其存在差异的部分原因。中美两国的体育产业发展进程呈现出明显的差异化特征，这种差异化源于两国在体育管理机制、发展时间、经济发展水平和传统体育消费文化思想及消费偏好习惯等方面的不同。美国清教主义思想、工业化和城市化进程、闲暇时间增加、中产阶级群体壮大、全球霸权主义文化渗透等各方面均对体育产业的发展进程产生了重要影响。中国体育产业发展则受制于体育管理机制的影响，采取举国体制发展竞技体育，市场经济体制不够成熟，竞技体育发展带来休闲体育等服务业结构的失衡，职业体育赛事、场馆、俱乐部等方面商业化程度低。中美两国体育产业发展进程的差异及政策的不同，有助于全面认识我国体育产业成长所需要的社会环境，并以此得出相应的启示。

（一）中国体育产业的发展进程

中国体育产业的发展进程与中国政治经济体制的变革密切相关，随着国家经济的不断发展，体育事业在举国体制的支持下，起到了特定时期弘扬民族文化，提升民族自尊心、自信心的良好作用。同时，随着资源市场配置更加自由，以前行政化色彩较为浓重的举国体制也在逐渐与市场接轨。同时，随着人民物质需求的不断满足，精神文化方面的需求在不断增加，市场端口逐渐形成巨大的体育消费市场，体育产业也随之不断成长。根据中国体育产业管理体制改革对体育产业发展历史的分期，可分为以下四个阶段。

1. 体育产业发展萌芽期（1978～1992年，体制改革阶段）

在计划经济时代"举国体制"的统筹管理下，体育产业的提法还没有正式形成，仅出现于与体育有关的经营活动中，其在国民经济中的作用还没有体现出来，相应地位也没有得到认可。体育事业的重心在于优先发展竞技体育，提高民族自尊心、自信心和自豪感，群众体育事业发展缓慢。这一时期体育产业的发展主要是为了解决竞技体育发展资金不足的问题，体育产业的运行机制尚未得到建立。当然，也跟当时经济发展水平相关，还没有在全国范围内解决温饱问题，还存在很多贫困地区，整个国家都需要优先发展工业。但因为当时举国体制的发展，使得我国在世界竞技体育赛事中取得一定的成绩，民族自信心随之增强，人民也开始外化寻求对体育活动的追求，以满足精神文化的需求，国家已经开始审视群众体育的发展。毛泽东提出的开展体育活动、增强人民体质，已经被国家重视并开始实施于具体全民健身的群众体育事业当中，与此同时，体育市场也开始萌芽。

2. 体育产业发展成长期（1993～2008 年，产业社会化阶段）

随着社会主义市场经济体制在我国的基本确立，体育产业化道路逐步明晰，体育产业发展正式进入市场化、社会化、产业化轨道。伴随着 2001 年中国加入世界贸易组织，以及 2008 年北京奥运会取得的辉煌成绩，一批体育用品生产企业从无到有，体育职业联赛由此起步，中国逐步成为全球服装鞋帽的出口大国和体育用品制造大国，体育产业发展逐渐成为中国经济新的增长点。此时，中国的体育产业增加值比重还远低于 1%，体育用品制造业缺乏自主品牌和核心竞争力，作为产业链的低端环节无法参与到跨国体育公司的市场竞争。中国体育用品业的蓬勃发展，也带动了体育相关服务业的成长，相关国际赛事不断被引进在中国举办。但随之而来的管理、人才、消费人口等问题逐渐产生乃至凸显。整个体育产业市场中只有体育用品作为突出的发展部分，显然不利于体育产业的发展和成长。中国体育产业管理体制在机构设置、权限划分、运行机制等方面开始尝试变革，由政府管理型向政府与社会结合管理型过渡，逐步克服了之前政企不分、管办不分的状况，中国体育的产业化进程开始形成充满活力的自我发展机制。

3. 体育产业发展成熟期（2009～2014 年，产业升级化阶段）

随着中国特色社会主义体育组织体系的初步建立，中国体育事业发展的重心开始由竞技体育转向竞技体育和群众体育协调发展，推动中国由体育大国向体育强国迈进。由此群众体育需求急剧上升。举国体制的竞技体育逐渐开始接受更多的市场资源的支持，之前主要由政府配给的资金支持体系，逐渐发展为市场适度参与的资金融资发展模式。同时，作为群众体育，随着全面健身战略的实施，国家也逐渐开发市场资源进入全民健身体育，以便形成市场多方发展促进体育事业发展的产业体系。因此，体育产业管理体制改革同步提上日程，体育产业统计开始纳入国家产业统计体系，体育产业相关法规、规章和规范性文件逐步得到健全完善。政府开始推动公共体育服务和公益性体育事业发展，努力提高体育服务水平。这一时期中国体育产业得到快速迅猛的发展，体育用品制造业和体育销售业在体育产业中占据绝对比重，部分细分领域出现产能过剩，体育制造业产品功能和服务的智能化转型较为迫切。以体育健身休闲业和体育竞赛表演业为主的体育服务业发展较为缓慢，职业体育赛事处于起步阶段，体育产业过渡到提质增效阶段。

4. 体育产业发展蜕变期（2015年至今，产业专业化阶段）

2014年国务院颁布的《关于加快发展体育产业促进体育消费的若干意见》拉开了体育产业化发展的序幕。全民健身上升为国家战略，市场大众开始关注那些能给他们带来健康、娱乐等精神文化满足感的体育消费。以体育竞赛表演、体育健身业、体育旅游和体育培训业为代表的体育服务业开始成为体育产业的主导产业。政府逐渐放开举国体制单一模式发展体育事业，开始引入市场在政府适度指导下进行资源配置，进一步搭建以"放管服"改革为核心目标的体育行政法治建设框架，推进服务型政府建设，提升体育公共服务水平，调动社会力量参与体育产业发展。各地不断出现以体育健身为概念的健身步道以及体育运动休闲运动中心，甚至很多陈旧厂房被改造成体育主体商业中心，不断带动周边餐饮、娱乐等业态的发展；在各地乡村也开始出现体育小镇等概念性体育地产，与适合大众健身的体育运动公园交相呼应，而且在城市的社区和农村的部分地区，也有国家和社会资金共同参与的便利的运动设施基础工程开始建设，大大地方便了群众随时随地开展体育运动。体育文化需求得到有效鼓励，并在市场形成过程中逐渐并入满足人民精神文化需求的大方向上来。国内的体育用品制造业也在不断升级，逐渐走向品牌化、规模化的道路。体育服务业逐渐形成体系，除了国外成熟的赛事品牌，国内也涌现出篮球、足球、排球等联赛体系；体育人才及中介服务已经在国内兴起，为中国体育产业的发展储备了动能，中国体育产业迎来发展的黄金时期。

（二）美国体育产业的发展进程

美国体育产业的发展是其社会政治、经济、文化和制度环境的一个重要产物。美国是当今世界公认的体育强国，体育已经成为美国人民生活中必不可少的重要元素，美国体育产业发展有其重要的社会基础。美国体育产业的发展进程，根据其现代工业文明进步的脚步，大致可分为以下四个阶段。

1. 体育产业萌芽阶段（19世纪末以前，商业化阶段）

美国体育产业的缘起深受清教主义思想的影响。清教主义是早期美国社会政治、工商业领域的主流思想，代表美国主流的一种社会精神文化。美国在1812年与英国发生的被称为第二次独立战争中获胜之后，英国的大量运动项目被传输到美国，贵族阶层首先开始用于他们的休闲生活，其中赛马俱乐部作为最早的商业化运作的俱乐部开始出现。随之而来的诸如足球、橄榄球、高尔夫及体操等先后在美国进行商业化发展。以营利为目的的体育赛事不断涌现出来。随着机器工业化大生产的蓬勃发展，生产力得到提高，大量工人也从繁重的体力劳动中解放出来，逐渐有了更多的闲暇时间，此时职业俱乐部就组建出现。1871年全美棒球协会正式成立。1890年"谢尔曼法案"诞生，成为职业体育保护的正式法规体系。总之在资本主义扩张时期，位居上层社会的清教主义者引进英国的赛马等体育运动赛事经验模式对体育竞赛进行产业化经营，职业体育赛事由此产生和发展。后续伴随棒球联赛的出现，职业体育以追求利润最大化作为发展定位，为联赛产业制度打下了市场化基础。体育产业随着工业化程度的不断提高也随之蓬勃发展。

2. 体育产业初步形成阶段（19世纪末至20世纪60年代，规模化阶段）

随着美国以工业化和城市化为主要特征的资本主义社会的到来，人们大量的闲暇时间需要得到合理的填充，大量中产阶级人口的出现，使得美国体育产业发展拥有其良好的社会消费经济基础。这一时期，职业体育赛事逐步走向商业化运作的轨道，职业赛事联盟快速发展。1901年，美国棒球联盟成立，随后各类专项赛事如雨后春笋。1921年，深受美国市场欢迎的美国职业橄榄球联盟正式成立。随之而来的专业化的体育管理公司开始出现，它们开始进行各种体育营销，体育赛事赞助、电视转播权出售、主流联盟吸纳国外成员使得美国职业体育赛事商业体系日益完备。第二次世界大战以后，美国休闲体育产业也同样步入快车道。这主要归功于人均收入的提高，同时人们有了更多的闲暇时间，为加入体育运动提供了条件，因此推动了健身服务等体育休闲产业的快速发展。城市体育休闲基础设施的建设使体育用品装备器材数量和质量得到提高，网球、高尔夫和冰雪运动等运动快速迎合了中产阶级群体的多样化需求。同时，美国的《社会保障法》，也确认了人们把体育作为享受健康的权益。对应这些体育产业发展形势的相关系列职业体育政策如《体育转播法》《版权法》《业余体育法》也全面推出，在为美国休闲体育产业注入新的活力的同时也为其健康发展保驾护航。

3. 体育产业快速发展阶段（20 世纪 60～90 年代，国际化阶段）

1980 年美国也意识到国民体质健康问题，促使其开始实行国家健康战略计划，间接刺激体育消费以获取全民健康。1984 年洛杉矶奥运会的成功商业化运作，推动了新一轮体育赛事商业模式的迅速推广。这一时期美国体育产业商业价值得到空前的重视和开发，这离不开"二战"以后美国霸权主义思想下的外延式扩张步伐，主要体现为：（1）职业体育赛事的全球化渗透：职业体育的观赏性使其天生具有传播的文化属性，借助新媒体产业平台快速在全球实行赛事营销战略，职业体育成为美国扩大文化影响力和对外战略的重要组成部分；观赏性赛事逐渐在市场中繁荣起来。美国职业篮球联赛通过"造星运动"推出乔丹等明星，使得体育营销成为更能吸引眼球的商业模式。（2）体育用品的国际化扩张：体育用品附带符号和审美倾向的文化属性，体育用品制造业借助职业体育的全球化进程，通过跨国公司、兼并收购等形式形成国际知名品牌，并且牢牢把握品牌研发的端口，把制造环节大量输出到其他人力资本密集的市场，形成多个知名品牌，在体育产业制造业中，通过品牌及市场的输出，不断扩大美国职业体育产业的世界影响力。除此之外，随着城市化进程的加快，人口在空间上得到快速集聚，体育休闲服务需求在有限地域内可以支撑起产业规模的集聚，体育休闲基础设施的健全进一步成为城市化的后续动力。1990 年颁布的"2000 年健康公民"促使市场对于体育消费呈现出极大热情，对应的四大职业联盟已经完全成型，并在这四大职业联盟的带动下，相关行业，诸如休闲、医疗、旅游、建筑、娱乐、竞赛等体育相关产业得到迅速发展。

4. 体育产业发展成熟阶段（20 世纪 90 年代至今，专业化阶段）

20 世纪 90 年代后，美国逐渐从经济危机中走出来，开始通过调整产业结构、大力发展新兴产业来确定国家经济发展的新方向、新动能。体育产业也就依托健康产业步入成熟稳定的发展阶段。职业体育已经形成结构庞大、内容丰富的产业链条，相关衍生品产业也得到专业化发展。户外运动人口急剧增加，2006～2014年，每年都有将近50%的美国人加入体育运动中来。① 其中"超级碗"等大型橄榄球职业赛事在美国市场不断做大，并且已经出现在世界范围内，海外市场的不断拓展也极大地促进了美国体育产业市场的急剧扩张。除了这类赛事的巨大成功外，相关其他体育产业业态也得到持续增长。2015年，美国体育产业增加值已经达到当年美国GDP的3.3%。② 美国联邦、州政府面对市场取得的成绩，继续保持对体育休闲服务产业政策的相对稳定性，从而保证了体育产业持续强劲的增长并使其被誉为"朝阳产业"。由此可以看出美国体育产业已经形成以市场竞争为核心的市场资源配置体系，职业体育和休闲体育高度市场化运营，对整个国家整体产业的发展也起着相关带动和促进作用。

中美两国体育产业发展的历史进程反映出两国之间文化传统习俗的不同，人们对于体育运动的偏好不同。但在其发展过程中，对于体育运动带来健康、锻炼拼搏意志，以及满足人民对于精神意志方面更高的追求是一致的。

二、中美体育产业的发展规模概况

伴随我国经济总量的快速增长和服务型经济的崛起，体育产业总量呈现出稳步增长的发展态势。体育产业结构方面，体育用品制造业、建筑业加快向体育服务业转型，与宏观产业结构由低级形态向高级形态的演进呈现出高度的一致性，但仍然存在产业结构不均衡且关联度不强、产品和服务供给不足等问题。

相比来看，美国体育产业发展规模与水平已经稳居世界第一梯队。据

① 美国体育制度治理研究热点与展望 [J]. 成都体育学院学报，2018，44（01）.

② Plunkett Reasearch. Sports Industry Statistics and Market Size Overview [EB/OL]. www. plunkettresearch. com/statistics/Industry – Statistics – Sports – Industry – Statistic-and – Market – Size – Overview/，2018.

Plunkett Research 数据统计，2018 年美国体育产业市场规模约为 5 397 亿美元，① 接近预估全球体育产业规模 13 339 亿美元的 41.5%，远高于美国 GDP 占全球 GDP 比重的 24.8%，而我国体育产业增加值仅占世界体育产业增加值的 11% 左右。② 美国体育产业结构已经形成以体育培训业为基础，以体育表演、体育竞赛以及健身娱乐为核心的内部结构，从产业外部来看，美国体育产业与其他产业间的良好关联关系已经建立。对比我国体育产业，发展水平首先在总量上就已经落后于美国，而从结构方面来看，与美国相比显然存在一定的差距。虽然表现在规模和水平上有差距，但从具体体育用品贸易的角度，作为世界工厂的中国，相关体育用品产业链的制造端很多都在中国，因此从体育贸易的角度看，我国在贸易体量上还是处于领先的，但由于我们处于产业链制造的底部，相对附加值低，没有品牌效应等问题依然存在。表 2 - 1 是 2006 ~ 2018 年中美两国国内生产总值和体育增加值的比较，从中可以看出体育产业增加值与国内生产总值发展的对应线索，也可以从体育产业增加值的变化，发现中美各自体育产业的增长脉络，随着我国国内生产总值的不断升高，对应着我国体育产业增加值在近年来的增速也不断攀升，而美国却一直处于小幅但较为平稳增长的局面。

表 2 - 1   中美体育产业增加值发展概况

年份	国内生产总值		体育产业增加值	
	中国（亿元）	美国（亿美元）	中国（亿元）	美国（亿美元）
2006	219 439	153 383	983	3 774
2007	270 092	156 260	1 265	3 933
2008	319 245	156 047	1 555	3 886
2009	348 518	152 088	1 922	3 725
2010	412 119	155 988	2 220	3 847

①② Plunkett Reasearch. Sports Industry Statistics and Market Size Overview ［EB/OL］. www. plunkettresearch. com/statistics/Industry – Statistics – Sports – Industry – Statistic-and – Market – Size – Overview/，2018.

年份	国内生产总值		体育产业增加值	
	中国（亿元）	美国（亿美元）	中国（亿元）	美国（亿美元）
2011	487 940	158 407	2 683	4 001
2012	538 580	161 970	3 136	4 177
2013	592 963	164 954	3 563	4 310
2014	643 563	169 120	4 041	4 498
2015	688 858	174 038	5 494	4 720
2016	746 395	176 889	6 475	4 946
2017	832 036	181 081	7 811	5 171
2018	919 281	186 382	10 078	5 397

资料来源：（1）中国体育产业增加值数据来自国家统计局和国家体育总局发布的《全国体育产业总规模和增加值数据公告》；（2）美国体育产业增加值数据来自 FRED 联邦储备经济数据库。

第二节 体育产业与经济增长和经济发展的互动关系

一、体育产业与经济增长关系的述评

经济增长通常是指一个国家或地区在一个较长的时间跨度内生产的产品和劳务总量的持续增加，通常用 GDP 来衡量总产出。从经济数量的角度来讲，体育产业已经成为国民经济的重要部门和服务业的支柱产业，对于经济增长的可持续性起到其特有贡献。考察发达国家体育产业的部门贡献率之后发现，北美、欧盟和日韩等主要发达国家或地区的体育产业产值占 GDP 比重已经达到 2% ~3%，体育产业已经成长为新兴的朝阳产业。作为现代经济社会高度发展的产物，体育产业将成为 21 世纪的朝阳产业，在推动国民经济发展中具有举足轻重的作用。

体育产业在促进经济增长的作用机制方面，主要是通过消费拉动、投资增加、就业促进、出口贸易、产业结构优化等几个方面来推动经济增长，本部分主要阐述体育产业在刺激消费拉动内需、投资方面带来的经济增长效应。

体育消费对经济增长的推动作用，一方面依托于社会生产力发展对居民收入规模的扩大和体育消费实际水平的提升，居民恩格尔系数的持续降低推动家庭收入中用于娱乐、教育、文化方面的消费支出持续增加，体育消费日趋大众化；另一方面在于居民体育消费支出逐年提高，体育边际消费倾向上升推动体育消费结构的优化升级。根据调查，2018年我国城镇居民的体育边际消费倾向是150%，即收入每增长1%，体育消费增长1.5%。① 居民对于观赏性、娱乐性体育活动、创意科技体育产品的热情日益高涨，产品功能内容、营销服务的不断细分，推动社会消费结构不断向高层次演变，生产者和消费者同步发生分化，边际消费倾向的提高带来消费乘数的增大，体育消费能够极大地带动经济水平的进一步提升。

体育投资对经济增长的推动作用，主要是基于体育场馆等基础设施投资对经济增长带来的直接促进作用，以及相关赛事后期的开发利用对周边经济的外部效应。大型体育赛事的举办一般会涉及酒店和交通基础设施的配套建设，带动更多的旅游消费、会展经济发展、就业机会和收入增多，其中无形的城市更新和环境改善会促进私营部门的投资，具有宏观调控的引导作用。因此，体育产业投资所引致的乘数效应主要源自初始投入带来经济系统的系列连锁反应，进而推动经济增长。

二、体育产业与经济发展关系的述评

经济发展相对于经济增长而言，通常是指数量基础上的经济质量的提升与改善，而不仅仅是GDP核算的经济增长，侧重于社会效益和经济效益的辩证统一。从经济生活质量的角度来看，首先要回归到体育运动本位这一产业的核心要素，体育是促进健康、提高生活质量的教育与文化活动，

---

① 王昆仑，王建华. 中美体育产业发展对比研究［J］. 湖北体育科技，2014，33（07）：575 – 576 + 570.

本质是增强体质、促进健康、改善生活方式和提高生活品质。① 体育产业的所有产品和服务的最初形态，主要围绕体育活动的锻炼健身这一功能本位展开。随着居民收入的提高和闲暇时间的增加，单一的体育消费形式和消费内容开始向多元化、差异性的体育消费层次转变，体育活动开始与媒体文化、艺术娱乐和创意科技结合，体育产业内涵从运动技能、健身锻炼向时尚、休闲、娱乐、精神生活等方面发展，充分释放出人的自然天性，休闲娱乐活动的观赏性和娱乐性也促进了人们心情的舒畅和精神的饱满。

在体育发展新时代下的经济社会，体育产业开始由运动本位走向文化纵深，成为以体育运动为核心，涵盖衍生性的一系列体育运动产品及服务构成的新兴经济形态的总和，使得体育运动的共情、共享、共鸣成为可能。体育运动的普及，使得人们对体育消费需求日益高涨，体育参与型消费、实物型消费和观赏型消费促进了经济的发展。体育产业的共情，是以体育产品的观赏性和娱乐性为特征，特别是体育竞技的对抗性和刺激性最为明显。而在这一运动过程中，要求个人发挥坚强意志，克服困难，能够很好地激发人们的顽强拼搏精神，因此不仅锻炼了体魄，也增强了意志，并在运动过程中发现快乐，以及尊重、团结合作、公平等体育精神和观念。以体育共同志趣和价值主张的体育运动，能够从体育竞技赛事、娱乐表演话题的沟通和交流中产生极强的幸福感和归属感。正是对于体育运动的情感联结创造了体育的体验氛围，构成了产业核心的用户群体，并成为体育产业的中坚力量。体育产业的共享，主要是去捕捉、挖掘、塑造以体育运动为核心的相关产品和服务链条，能够最大限度地释放体育运动爱好者在人际交往与沟通、人文关怀、自我价值实现等方面的深层次需求。通过将传统的研发、设计、制造、消费服务的产业链条嫁接到开放、融合、智能的互联网平台，找到合适的线下场景深度挖掘体育垂直人群的需求与习惯，能够建立起支撑性的体育产业商业和服务策略。体育生态的共鸣，主要是体育产业运营商应该成为整个生态体系的战略引导者，在多方的协同治理下确立起产业崇尚的规则和认定的标准。依托于开放的平台支持，

---

① 杨文轩. 体育原理 [M]. 北京：高等教育出版社，2004：15 + 37.

最大限度地发挥体育社群土壤、体育用品制造商、生活服务商以及其他自由连接体的合力，在治理模式、组织模式、创新模式方面进行多种有益的探讨和尝试，打造一个人人参与、活力增长的体育产业生态。

第三节　中美体育产业经济增长效应的比较分析

一、基于贡献率和拉动率的中美体育产业经济增长效应比较分析

宏观经济学研究领域一般用贡献率和拉动率来衡量国民经济某一部门对总体经济增长的增量。贡献率是部分增量与总体增量之间的结构相对数（比重），体现为总体增长的贡献；拉动率是要素增长拉动总体增长的百分比，体现为对总体增长的拉动，是要素对总体增长的贡献率与总体增长率的乘积，公式为：

$$拉动率 = \frac{某要素增量}{总体增量} \times \frac{总体增量}{总体基期水平} = 要素增量 \div 总体基期水平$$

通过测算中美体育产业发展对宏观经济增长的贡献率，可以看出我国体育产业对 GDP 的贡献率呈现稳步上升趋势。2006 年我国体育产业增加值对 GDP 贡献率仅为 0.45%，2018 年达到 1.10% 左右且首次超过 1%，而美国近年来 GDP 贡献率始终在 3% 左右波动，体育产业已经成为美国国民经济重要的增长点（见表 2-2）。

表 2-2　　　　　中美体育产业增加值对 GDP 贡献率情况

国别	2007年	2008年	2009年	2010年	2011年	2012年	2013年	2014年	2015年	2016年	2017年	2018年
中国	0.47	0.49	0.55	0.54	0.55	0.58	0.60	0.63	0.80	0.87	0.94	1.10
美国	2.52	2.49	2.45	2.47	2.53	2.58	2.61	2.66	2.71	2.80	2.86	2.90

通过测算中美体育产业发展对宏观经济增长的拉动率来看，总量上2007 年我国体育产业对 GDP 的拉动率为 0.13%，2018 年上升至 0.27%。我国体育产业对 GDP 的拉动率呈现波动上升的态势。2007~2014 年产业拉动率整体波动下降，主要是因为体育用品业对宏观经济增长拉动率的下滑，2015 年后体育服务业带动拉动率有效上行，与我国体育产业结构由制造业向服务业转型的趋势一致。美国体育产业对 GDP 的拉动率自 2014 年以来保持在 0.13% 左右，体育产业发展已经过渡到稳定发展的理性状态（见表 2-3）。

表 2-3　　　　　　　　中美体育产业增加值对 GDP 拉动率情况

国别	2007年	2008年	2009年	2010年	2011年	2012年	2013年	2014年	2015年	2016年	2017年	2018年
中国	0.13	0.11	0.11	0.09	0.11	0.09	0.08	0.08	0.23	0.14	0.18	0.27
美国	0.10	-0.03	-0.10	0.08	0.10	0.11	0.08	0.11	0.13	0.13	0.13	0.12

从中美两国体育产业增加值和 GDP 散点图可以看出，体育产业增加值和 GDP 走势分布符合 Logistic 模型 "S" 型增长曲线的成熟稳定特征。结合上文贡献率和拉动率来看，中国体育产业市场发展逐渐趋于饱和的背后是体育产业结构性失衡问题的表现，中美两国人均 GDP 及体育消费支出的比较意味着我国体育产业未来仍然具备很大的发展潜力（见图 2-1）。

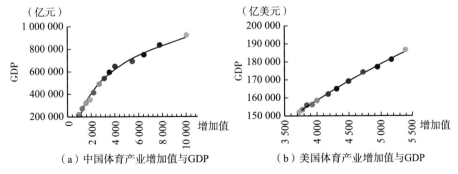

（a）中国体育产业增加值与 GDP　　　（b）美国体育产业增加值与 GDP

图 2-1　中国与美国体育产业增加值与 GDP 数据分布

二、基于 Logistic 模型的中美体育产业经济增长效应比较分析

本部分采用 Logistic 增长模型对 2006～2018 年中美体育产业增加值与 GDP 之间的发展关系进行数理统计，研究体育产业经济增长效应中的边际效应、弹性分析与拐点特征。这里，一个国家和地区的体育产业基于劳动力、产业资本和生产率等要素的变动，在产业发展初期由于资源的有限供给使得对于经济增长的贡献程度较低，随后发展逐步加快，而后因为资源的富余需求的有限使得产业发展的阻力增加，增长速度趋于缓和，因此 Logistic 模型适用于体育产业对经济增长效应的衡量。

1. Logistic 增长模型及其参数估计

Logistic 增长模型又称阻滞增长模型，主要用于解释自然资源、环境条件等系列因素对自然事物增长的阻滞作用，这种阻滞作用体现在增长率 r 的影响上，使得 r 随着数量 x 的增加而下降（见图 2 - 2）。Logistic 增长模型函数表达式为：$y = \dfrac{K}{1 + a\theta^{-\gamma x}}$ 其中 x 为自变量，y 为因变量，K 为饱和值，a 为常数，r 为增长率。

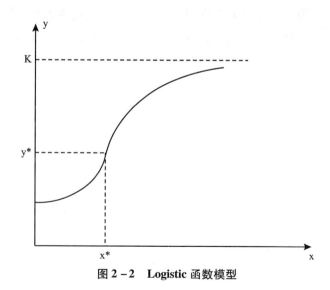

图 2 - 2 Logistic 函数模型

通过图 2-2 可知，Logistic 函数模型曲线呈现出"S"形走势，可进一步区分为 3 个阶段：当 x < x* 时，因为资源起初有限但自然事物数量较少导致瞬时增长率处于缓慢增长的状态；当 x = x* 时，自然事物瞬时增长率达到最大值；当 x > x* 时，由于资源环境相当有限瞬时增长率反而减小。

对体育产业而言，在产业发展的初级阶段，由于市场发展规模过小、体育生产的社会化和专业化程度不高、产业组织形式不规范和经营方式落后，体育产业产值对国民经济的贡献较小，在曲线上呈现缓慢温和增长的态势；随着居民收入水平提高和精神消费需求的觉醒，这一时期体育基础设施逐步完备、体育消费群体逐渐扩大，体育产业迎来快速发展阶段，对国民经济的贡献度快速上扬，在曲线上呈现明显加速上升趋势；随着体育产业发展过渡到一定阶段，体育用品企业竞争越来越激烈，创新发展滞后导致市场趋于饱和，体育产业对国民经济的贡献遭遇"瓶颈"。体育产业发展从早期缓慢增长、中期快速成长到后期稳定成熟的阶段，符合 Logistic 模型的"S"型增长曲线路径，观察中国和美国体育产业增加值与 GDP 数据分布散点图，可以发现 GDP 与体育产业增加值两者之间的数据分布呈现出明显的"S"型曲线特征。

为方便研究 Logistic 模型中体育产业增加值与 GDP 之间的关系，将 $y = \dfrac{K}{1 + a\theta^{-rx}}$ 进行线性化处理，即 $\dfrac{1}{y} = \dfrac{1 + a\theta^{-rx}}{K}$，两边取对数，得

$$\ln\left(\frac{K}{y} - 1\right) = \ln a - rx$$

可以获得线性方程：

$$Y = A + BX$$

其中 $Y = \ln\left(\dfrac{K}{y} - 1\right)$，$A = \ln a$，$B = -r$，$X = x$。

对于饱和值 K 的估计，由于 GDP 属于等距离间隔的时序且趋势可以得到很好的估计，可以借助 SPSS 统计软件选取可能的 K 值范围对 Logistic 曲线模型进行拟合，以样本值与模型计算值的标准离差是否趋于稳定作为饱和值选取的标准。标准离差计算公式为：

$$S = \sqrt{\frac{1}{n-2}\sum_{i=1}^{n}(y - y_i)^2}$$

其中 y 为因变量的样本值，y_i 为 y 的预测值，n 为样本数，当标准离差 S 值变化相对值趋于稳定时，可以选取对应的 K 值作为饱和值。

这里，采用 SPSS 发现 2040 年的 GDP 预测值为 2 125 510.97 亿元，标准离差 S 值变化相对值趋近于 0，通过 GDP 线性回归方程 y = 56 628.06x + 143 528.87（R^2 = 0.9934）确定 2040 年 GDP 预测值 2 125 510.97 亿元作为饱和值 K，由此可拟合出 Logistic 模型参数，即 A = lna = 1.95085，B = − r = − 0.00019，即：a = 7.0347，r = 0.00019，因此 GDP 与体育产业增加值的 Logistic 模型为：

$$y = \frac{2\ 125\ 510.97}{1 + 7.0347e^{-0.00019x}}$$

上述 Logistic 模型的拟合度 R^2 = 0.84，F 值 = 59.14，模型拟合效果较好。

同理可得，美国 GDP 与体育产业增加值的 Logistic 模型为：

$$y = \frac{242\ 680.5}{1 + 2.5798e^{-0.000395x}}$$

模型的拟合度 R^2 = 0.9976，F 值 = 1 077.42，模型拟合效果很好。

2. Logistic 增长模型分析及其结论

（1）边际分析。

边际分析用于研究一种可变经济变量的数量变动对其他可变经济变量的变化影响，主要是运用导数和微分方法研究经济运行中微增量的变化影响。这里的边际分析主要用于分析体育产业增加值的提升额度对 GDP 增长额度的贡献作用。我们对 Logistic 模型 $y = \dfrac{K}{1 + a\theta^{-rx}}$ 进行求导，可得边际分析函数为：

$$\frac{dy}{dx} = \frac{Kra\theta^{-rx}}{(1 + ae^{rx})^2}$$

由 k > 0、a > 0 及 r > 0 等参数估计可知 $\dfrac{dy}{dx}$ > 0，说明体育产业增加值对 GDP 的边际效应持续为正。

从表 2 − 4 可以看出，中国体育产业增加值对国民经济增长的边际效应在 2015 年实现大幅上升，主要源于传统体育制造业过度依赖劳动力要素、资本要素带来的经济贡献度开始出现下降，依托于人力资本、知识技术的体育服务业开始接力体育制造业实现产业的更新换代和升级转型；美国体育产业增加值对国民经济增长的边际效应在 2009 年达到最大值且其边际额度绝对值远远小于中国，一方面在于体育产业原有体量以及发达程度明显高于世界其他地区，体育资源丰富且体育产业体系十分成熟；另一方面美国体育产业的基础性优势使得其拥有嫁接全球体育资源的营运实力，资本固有的扩张属性在后金融危机时代加速全球体育产业的东移进程。

表 2－4 中美体育产业增加值与 GDP 的边际额度

年份	中国	美国
	边际额度（亿元）	边际额度（亿美元）
2006	51.3192	22.2710
2007	53.3132	21.8844
2008	55.3955	22.0022
2009	58.0778	22.3833
2010	60.2930	22.0977
2011	63.7755	21.7092
2012	67.2133	21.2301
2013	70.4641	20.8454
2014	74.0827	20.2720
2015	84.6058	19.5566
2016	90.8780	18.7948
2017	97.6422	18.0065
2018	102.5258	17.1999

（2）弹性分析。

弹性分析主要用于衡量两个可变经济变量之间增减率的比值，在前期边际分析数量关系基础上考察两个变量之间的变化特征和规律。一般来说，变量间弹性值越大关系越密切，弹性值越小变量间越是不相关。这里的弹性分析主要用于分析体育产业增加值增长 1% 时对 GDP 变化率的影响程度。弹性分析函数表达式为

$$\frac{Ey}{Ex} = \frac{\Delta y}{\Delta x} \times \frac{x}{y}$$

在上述边际分析函数基础上可获得

$$\frac{Ey}{Ex} = \frac{rax\theta^{-rx}}{(1 + ae^{-rx})}$$

从表 2-5 可以看出，中美体育产业增加值对国民经济增长的弹性系数均小于 1 且其变化趋势与边际分析结果大概一致。2015 年中国体育产业增加值每增加 1% GDP 变化率提高 0.7517%，而美国 2009 年体育产业增加值每增加 1% GDP 变化率提高 0.5473%，中国体育产业发展弹性效益的高度远远高于美国。从人均文化娱乐消费支出和人均 GDP 水平等方面比较，中国体育消费水平和层次远达不到发达国家的基本水平，在新的社会和经济基础条件下中国体育产业发展潜力和市场空间将得到逐步挖掘和拓宽。

表 2-5 　　　　　　　中美体育产业增加值与 GDP 的弹性系数

年份	中国	美国
	弹性系数	弹性系数
2006	0.1618	0.5478
2007	0.2066	0.5484
2008	0.2517	0.5484
2009	0.3074	0.5473
2010	0.3516	0.5483
2011	0.4180	0.5483
2012	0.4801	0.5467
2013	0.5360	0.5445
2014	0.5952	0.5400
2015	0.7517	0.5327
2016	0.8352	0.5233

续表

年份	中国	美国
	弹性系数	弹性系数
2017	0.9181	0.5123
2018	0.9753	0.4998

（3）拐点分析。

体育产业增加值与 GDP 的 Logistic 增长模型"S"型曲线拐点（x*，y*），代表体育产业增加值对 GDP 拉动作用达到最大值。我们令 Logistic 增长函数模型二阶导等于零，可得函数表达式为：

$$\frac{d^2y}{dx^2} = \frac{Kar^2\theta^{-rx}\left[2a\theta^{-rx}-\left(1+\alpha\theta^{-rx}\right)\right]}{\left(1+ae^{-rx}\right)^3}=0$$

通过代入相关参数估计值，可得 $X_{中}$ = 10 267.63 亿元，$X_{美}$ = 2 399.27 亿美元，表明 2018 年是中国体育产业增加值对 GDP 增长的贡献作用加速上升的重要拐点，而美国早已经步入体育产业的成熟阶段。随着体育产业逐步向成熟期演化，产业内部分工、消费群体、产品服务和内容逐步细化，如果将科技娱乐、文化艺术、休闲旅游等产业元素逐步融入体育产业的创意实践，新的产业基因逐渐被孵化，"S"形曲线向成熟期的演化将得以延长。

第四节　本 章 小 结

体育产业的发展是实现经济高质量发展的重要组成部分，也是增进社会和谐、增强国家凝聚力的重要举措，对于拉动经济增长、推进经济结构转型升级、促进就业再就业、实现人的全面发展和推动社会经济进步等方面都具有十分重要的意义。通过对比研究中美两国体育产业经济增长效应，可以看出我国体育产业发展仍然存在产业经济贡献不突出、产业质量发展不充分的现实问题。

　　我国体育产业产值及增加值比重较低，在国民经济中的地位和作用仍然不突出，对国民经济的贡献率和拉动率仍然较小。美国体育产业产值占GDP比重已经达到2.90%左右，体育产业已经进入国民经济的支柱性产业之列。尽管从经济增长方面来看，中美体育产业市场发展均逐渐趋于饱和，但中国的产业结构性失衡直接压制产业的发展潜力，而同期美国的体育产业结构已然过渡到稳定发展的理想状态，体育产业对GDP的拉动率自2014年以来保持在0.13%左右，体育产业规模和发展模式已经非常成熟。

　　体育产业质量发展方面，中国体育产业的社会效益远远没有得到有效发挥，人民身体素质与精神素养的体育消费需求不充分。中国体育产业发展弹性效益的高度远远高于美国，2018年是中国体育产业增加值对GDP增长的贡献作用加速上升的重要拐点，而美国早已经步入体育产业的成熟阶段，其边际效应、边际额度绝对值远远小于中国，美国体育产业体育资源丰富且体育产业体系健全的基础性优势使得其体育消费水平和消费层次得以更加强劲。随着新时代体育产业提质增效逐渐向高质量发展，我国体育产业需要把握好时间节点，在促进整体经济结构效率改进时迫切要求进行持续创新和接纳新的体育形态，推进体育产业结构性改革。

第三章　中美体育产业结构
效应的比较研究

自国家体育总局印发《体育产业发展"十三五"规划》以来，我国体育产业体系不断健全，规模不断扩大，产业结构体系得到明显优化，体育服务业比重稳步提升。而以美国为首的发达国家体育产业主导产业和相关产业布局分布合理，体育产业结构发展已经相对成熟。我国体育产业在结构、质量和效益方面相对于发达国家仍然存在很大差距，主要集中在产品和服务供给不足、市场主体活力和创造力不强、大众休闲健身和职业赛事表演等体育消费激发不够、体育产业供给侧结构性改革亟待推进。因此，本章通过对比中美两国体育产业结构现状，旨在为我国寻找体育产业结构优化路径提供启示。

第一节　中美体育产业结构的发展概况

一、中国体育产业结构的发展概况

（一）中国体育产业结构总体发展概况

我国在 2018 年全国体育产业总规模达到 26 579 亿元，增加值为 10 078 亿元，占国内生产总值的比重达到 1.1%。我国体育产业内部结构方面仍然以体育用品制造业为主，近年来随着体育服务业比重的持续上升，2018 年体育用品制造业比重已降到 33.7%（见表 3 - 1）。由于体育用品制造业相关的体育用品销售与贸易占比较高，体育服务业比重仍然明显低于欧美发达国家，体育产业发展仍然存在产业结构不均衡且关联度不强、产品和服务供给不足等问题。2019 年 9 月，《国务院办公厅关于印发体育强国建设纲要的通知》明确提出"打造现代体育产业体系，加快推动互联网、大数据、人工智能与体育实体经济深度融合，创新生产方式、服务方式和商业模式，促进体育制造业转型升级、体育服务业提质增效"。预计今后较长时期内，我国体育产业的体育用品制造业仍将维持相对较高的比重并保持一定增长，体育服务业增速比重得到进一步提升。体育产业迫切需要通过优化投入产出资源配置，提升产业结构的效率水平，从而促进体育产业快速发展。

表 3 - 1　　　　　　　　2015～2018 年国家体育产业增加值一览

体育产业类别名称	增加值							
	总量（亿元）				结构（%）			
	2015 年	2016 年	2017 年	2018 年	2015 年	2016 年	2017 年	2018 年
体育产业	5 494.4	6 474.8	7 811.4	10 078	100.0	100.0	100.0	100.0
体育服务业	2 703.7	3 560.7	4 448.7	6 530	49.21	54.99	56.95	64.8
体育管理活动	115.0	143.8	262.6	390	2.09	2.2	3.4	3.9
体育竞赛表演活动	52.6	65.5	91.2	103	0.96	1.0	1.2	1.0
体育健身休闲活动	129.4	172.9	254.9	477	2.36	2.7	3.3	4.7
体育场地和设施管理	458.1	567.6	678.2	855	8.34	8.8	8.7	8.5
体育经纪与代理、广告与会展、表演与设计服务	14.0	17.8	24.6	106	0.25	0.3	0.3	1.1
体育教育与培训	191.8	230.6	266.5	1 425	3.49	3.6	3.4	14.1
体育传媒与信息服务	40.8	44.1	57.7	230	0.74	0.7	0.7	2.3
体育用品及相关产品销售、出租与贸易代理	1 562.4	2 138.7	2 615.8	2 327	28.44	33.0	33.5	23.1
其他体育服务	139.6	179.7	197.2	616	2.54	2.8	2.5	6.1

体育产业类别名称	增加值							
	总量（亿元）				结构（%）			
	2015 年	2016 年	2017 年	2018 年	2015 年	2016 年	2017 年	2018 年
体育用品及相关产品制造	2 755.5	2 863.9	3 264.6	3 399	50.15	44.2	41.8	33.7
体育场地设施建设	35.3	50.3	97.8	150	0.64	0.8	1.3	1.5

资料来源：国家统计局：《全国体育产业总规模与增加值数据公告》（2015~2018 年）。

（二）中国体育服务业发展概况

国家统计局发布的《第四次全国经济普查系列报告之十五》数据显示，我国体育服务业主要包括体育健身休闲、体育竞赛等 8 个体育产业的核心领域，具有群众参与范围广、关注度高、市场前景广阔等特征。2018 年体育服务业在法人单位、从业人员、资产总额占体育产业比重分别达到 59.0%、27.1% 和 49.8%，健身休闲活动和竞赛表演活动增速均超过 20%，体育消费的结构不断优化。其中体育健身休闲活动在单位数量和从业人员方面居于首位，体育传媒与信息服务在营业收入利润率方面居第一位，以体育管理活动为代表的公共体育服务体系得到不断完善（见表 3 - 2）。

表 3 - 2　　　　2018 年体育服务业及主要细分子行业发展情况

分产业	法人单位（万个）	从业人员（万人）	资产总计（亿元）	营业收入（亿元）	营业利润（亿元）
体育服务业	14.0	120.1	15 686.0	—	—
体育健身休闲活动	4.7	38.0	3 149.7	—	—
体育传媒与信息服务	0.7	—	—	427.3	80.2
体育管理活动	3.2	24.1	2 248.8	—	—

资料来源：国家统计局：《第四次全国经济普查系列报告之十五》。

（三）中国体育制造业发展概况

我国仍旧是体育用品及相关产品的制造大国，体育用品制造业具备种类多、全球化程度高、规模优势强的特征。尽管近年来体育用品及相关产品制造的总产出和增加值增速出现小幅下滑，但体育制造业在我国体育产业中仍占有较大比重，发挥着举足轻重的作用。2018 年我国体育制造业在法人单位、从业人员和资产总额方面占体育产业的比重分别达到 18.0%、53.2% 和 29.0%，营业收入和利润占体育产业比重分别为 53.7% 和 67.5%，在从业人员、营业收入和营业利润方面占比均超五成。其中运动服装和运动鞋帽制造领域单位数量、从业人员和资产总额占比分别为 51.4%、68.1% 和 57.3%（见表 3-3）。

表 3-3 　　　　　 **2018 年体育制造业及主要细分子行业发展情况**

分产业	法人单位（万个）	从业人员（万人）	资产总计（亿元）	营业收入（亿元）	营业利润（亿元）
体育制造业	4.3	236.3	9 136.0	12 587.2	856
运动服装和运动鞋帽制造	2.2	160.9	5 233.6	—	—

资料来源：国家统计局：《第四次全国经济普查系列报告之十五》。

（四）中国体育贸易业发展概况

我国体育出口贸易主要发生在体育用品制造业，体育相关赛事及电视转播等进口体育服务贸易近年来也在迅速发展。体育贸易是体育产业中从研发、生产到最后销售的市场实现过程的关键环节，对于体育产品供给及需求侧的双方链接起着非常关键的作用。尽管 2018 年由于中美贸易摩擦、生活成本提升等因素影响，体育用品零售市场出现显著放缓，但预期未来几年国内体育用品行业仍将保持平稳快速增长。2018 年体育用品及器材销售在单位数量、从业人员和资产总额等方面占体育贸易业比重分别为 66.9%、29.7% 和 25.8%，其中运动服装销售、运动鞋帽销售领域贡献七成利润（见表 3 – 4）。

表 3 – 4　　　　　2018 年体育贸易业及主要细分子行业发展情况

分产业	法人单位（万个）	从业人员（万人）	资产总计（亿元）	营业收入（亿元）	营业利润（亿元）
体育用品及相关产品销售、出租与贸易代理	5.1	54.5	4 426.8	—	—
体育用品及器材销售	3.4	16.2	1 143.6	—	—
运动服装销售、运动鞋帽销售	—	—	—	3 181.5	236.7

资料来源：国家统计局：《第四次全国经济普查系列报告之十五》。

除此之外，体育场地设施建设增加值同比增长 53.57%，体育场馆服务内容、运营主体和新模式新业态不断丰富。根据 2023 年 3 月 11 日，国家体育总局体育经济司发布的《2023 年全国体育场地统计调查数据》显示：2023 年全国有体育场地 459.27 万个，体育场地面积达 40.71 亿平方米，全国人均体育场地面积为 2.89 平方米。体育场馆已由单一场地租赁模式向教育培训、健身休闲和文化演艺等多种商业业态转型，全国不同区域内开展的体育小镇、健康运动中心、老旧厂区改造的新的体育综合体、体育运动公园等各类体育运动基础硬件平台迅速发展，体育产业由点到线、由线及面的集聚区发展趋势日益凸显。

二、美国体育产业结构的发展概况

（一）美国体育产业结构总体发展概况

在过去的一个世纪里，体育运动已经成为美国文化的重要组成部分。美国体育产业的分类具体包括职业体育、体育健身、休闲体育、体育用品和体育经纪等部门，根据北美产业分类体系（NAICS）中的第 71 大类"艺术、娱乐与休闲"中涉及体育产业的统计分类，以观赏体育、赛事推广、体育经纪、休闲体育为主的体育服务业产值已经成为体育主体产业的核心部门，在体育产业中占比超过30%。美国体育服务业较为发达，发展变化不大，根据可获得的美国国家统计局2012年公布的美国统计摘要也可以反馈出服务业类别并没有太多变化。观赏体育和休闲体育产值规模最大，赛事推广仅次于职业体育产值每年保持较快速度增长，极大地带动了周边关联产业的发展（见表3–5）。

表3–5　　　　　　　　　　美国体育服务业产值一览　　　　　　单位：亿美元

艺术、娱乐与休闲中相关门类	代码	2004年	2005年	2006年	2007年	2008年	2009年
观赏性体育	7112	239.04	248.50	274.93	304.03	318.24	316.90
职业或半职业运动队与俱乐部	711211	143.91	145.64	164.01	187.94	202.51	206.42
赛车	711212	70.27	73.66	79.68	81.97	77.01	72.01
个人职业或半职业运动员	711219	24.86	29.20	31.24	34.12	38.72	38.47
表演艺术、体育相关推广商	7113	124.85	128.75	150.59	161.22	163.82	164.35
艺术家、运动员、艺人和其他相关的代理人和经纪人	7114	40.65	41.76	45.21	49.19	52.06	49.33
其他体育休闲产业	7139	503.75	527.08	561.35	596.81	603.85	582.16
高尔夫球场和乡村俱乐部	71391	184.69	193.56	205.23	211.95	210.44	203.26
滑雪场	71392	19.56	19.89	21.78	22.57	24.76	24.38
游艇船坞	71393	33.16	35.30	38.05	40.42	37.64	33.05
健身与休闲体育中心	71394	171.74	182.86	194.47	214.16	223.36	219.07
保龄球中心	71395	33.79	32.32	30.94	34.03	33.38	31.14
其他相关体育休闲产业	71399	60.81	63.15	70.88	73.68	74.27	71.26
合计		908.29	946.09	1 032.1	1 111.3	1 137.9	1 112.7

资料来源：U. S. Census Bureau, Statistical Abstract of the United States：2012.

（二）职业赛事成为美国体育主导产业，收入方式日益多元化

职业体育是观赏体育产业中的核心部门，产值规模占观赏体育的比重超过60%。美国主要的体育运动包括美式足球、篮球、棒球、冰球和足

球，收入规模较大、运营较为成熟的职业体育联盟已有数十个，其中美国国家橄榄球联盟（NFL）、美国职业棒球联盟（MLB）、美国职业篮球联盟（NBA）、美国国家冰球联盟（NHL）远远超过其他职业体育联盟，根据Statista 数据显示，2017 年四大职业联盟总收入分别为 136.8 亿、94.6 亿、80 亿、48.6 亿美元，四大职业联盟平均每年约贡献 330 亿美元的联盟总收入①，另外美国职业足球大联盟（MLS）也发展尤其迅速。美国职业体育赛事的职业化、商业化运作，带动包括传媒、装备、博彩、经纪等产业的快速发展，为从事职业运动的教练、运动员和俱乐部提供了可观的经济回报，实现了门票、转播、赞助和商业收入的规模增长，同时在社会教化、文化认同和社会稳定等方面创造出良好的社会效益（见表 3 – 6）。

表 3 – 6　　　　　　　　2017 年美国主要体育联盟数据一览

主要项目	棒球（MLB）	橄榄球（NFL）	篮球（NBA）	冰球（NHL）	足球（MLS）
联盟总收入（亿美元）	79	96	48	37	6
全部运营收入（亿美元）	6.170	17.000	6.920	4.534	—
球队数量（个）	30	32	30	30	—
平均现场观众数（人）	30 450	68 775	17 809	17 502	—
球队平均价值（亿美元）	12.00	14.00	11.00	4.90	1.03

资料来源：Plunkett Research. Sports Industry，Teams，Leagues & Recreation Market Research ［EB/OL］. https：//www. plunkettresearch. com/industries/sports-recreation-leisure-market-research/，2017.

（三）健身休闲体育具备广泛的群众参与基础

休闲体育作为体育服务业的第二大主导产业，具备十分广泛的群众参与基础，其中高尔夫球场和乡村俱乐部、健身与休闲体育中心规模所占比重最大。根据 NAICS 的统计摘要数据，2023 年美国健身和休闲中心的数量

---

① Plunkett Research. Sports Industry，Teams，Leagues & Recreation Market Research ［EB/OL］. https：//www. plunkettresearch. com/industries/sports-recreation-leisure-market-research/，2017.

超过 3 000 家，健身会员数量超过 5 000 万人，健身房的数量也超过了 3 000 家，休闲体育作业成为休闲体育中机构和雇佣员工数量最大的子行业。由于精品健身俱乐部系列技术普及对市场的驱动作用，以全美会员规模最大的连锁健身企业 Planet Fitness 为代表的商业模式不断拓展，因此改变了人们获取健身体验的方式。根据美国体育与健身产业协会（SFIA）数据，健身俱乐部会员人数从 2016 年的 5 730 万增长到 2017 年的 6 090 万，自 2012 年的 5 020 万会员数实现 21.3% 的增长。尽管近年来美国体育老牌零售商 Sports Authority 和 MC Sports、世界最大的高尔夫运动用品零售商 Golfsmith 宣布破产，美国体育用品行业总体上仍处于较好的状态（见表 3-7）。

表 3-7   全美各年龄段顶级健身活动一览   单位：%

"Y 世代"十大健身运动排名 （17～36 岁）		"Z 世代"十大健身运动排名 （6～16 岁）	
徒步健身	31.70	跑步/慢跑	17.60
跑步/慢跑	26.20	徒步健身	16.30
哑铃/负重器械	24.30	游泳健身	12.20
跑步机健身	22.40	舞蹈、舞步和其他随音乐编排的运动	10.90
重量/抗阻力健身器材	15.30	跑步机健身	6.80
椭圆运动/多功能健身器	15.10	哑铃/负重器械	6.80
瑜伽	15.00	拉伸	6.00
拉伸	13.80	高冲力/高强度训练	5.70
杠铃	13.30	瑜伽	4.40
高冲力/高强度训练	12.90	体重锻炼/辅助训练	4.30

资料来源：2018 Tracking the Fitness Movement Report，SFIA.

第二节　中美体育产业内部结构效应的理论依据和比较研究

一个国家或地区的经济系统，依托于劳动力、资本和技术基础上的各个组成部分及产业间的相互依赖和相互作用关系。产业结构的合理化，即产业体系内各个组成部分在相互之间关联水平的不断提高下，能够促使经济最优增长的协调比例。产业结构的高级化，则是以劳动力密集为表征的低端和初级的低层次产业结构，向知识、技术和资本密集型为表征的高级和先进的高层次水平的产业结构不断演进的过程，往往表现为产业链延伸、新业态衍生或产业多元化融合升级。体育产业具备附加值高、渗透率强和辐射广等特征，经过几十年的发展，我国体育产业已基本形成以竞赛表演、健身休闲为引领，体育制造业和体育服务业共同发展的产业体系。从体育产业发展的条件和动能来看，创新的商业模式和技术手段创造出新的市场需求和盈利模式，极大地改变了体育产品和服务原有的形态及其在市场中的地位，推动了全行业尤其是体育服务业生产率的显著提高。江小涓指出，由于现代信息技术尤其是互联网网络技术的不断进步，传统服务业底层逻辑都在经历着改变，其中产业链上的各相关要素主体正在科技的跨越式发展中不断被改变，乃至整个服务模式的重组迭代，不断涌现出新的体育服务样式，深刻地改变着人们的体育运动参与方式。①

一、基于价值链构成的体育产业内部结构效应分析

价值是一个对象所具备的功能与获得该功能的成本之比，价值链是企业为顾客创造价值所进行的一系列活动的组合。体育产业的价值链是指以顾客为中心，体育产业组织基于自身盈利能力和发展潜力，为客户提供系列高附加值产品和服务的经济活动群组。结合国家统计局对我国体育产业11 个细分产业的划分，我们将体育产业的价值链划分成体育用品、职业体育、大众体育和体育衍生四大环节，在此基础上形成以大众休闲体育为根基、以职业赛事体育为核心、以体育用品制造为基础的业态结构，各环节之间相互关联、彼此影响，如图 3 - 1 所示。

---

① 江小涓. 高度联通社会中的资源重组与服务业增长［J］. 经济研究，2017，52（03）：4 -
17.

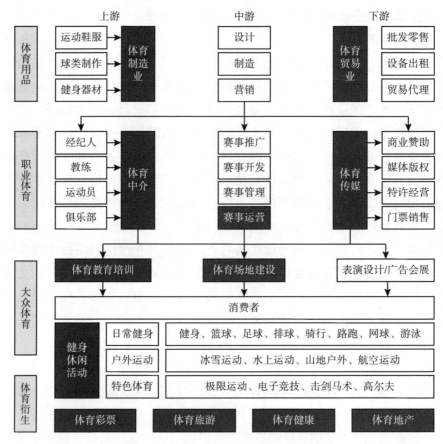

图 3-1　我国体育产业价值链构成一览

（一）体育产业的价值链构成

1. 体育用品价值环节

体育用品制造是体育产业价值链的基础部分，主要涵盖体育用品制造、销售、贸易代理与出租等细分产业，盈利来源主要为体育用品的研发、生产及销售和出租收益，品牌运营、产品外观和功能性定位和渠道管理直接决定行业内企业的经营壁垒。随着大众体育消费的不断升级，体育制造业和体育服务业将能够相互促进、共同发展，体育用品迫切需要从传统的走量和低附加值模式中找到突破口，向信息技术和数字化的赋能、多业态的融合方向转型。

2. 职业体育价值环节

职业体育是体育产业价值链的核心组成部分，产业上游主要为经纪人、运动员、教练和俱乐部，中游为赛事的推广、开发和管理，下游通过多种传媒渠道面向消费者。职业体育主要是以体育赛事联盟和俱乐部为载体，通过运动项目职业化发展、赛事商业化运营，带动包括体育用品、传媒、中介、场馆、彩票和大众体育等细分产业发展，形成门票、赞助、广告、转播权和衍生品在内的多种盈利来源，具备广泛的经济效益和社会效益。

从职业体育价值链的表现形式来看，其直接产品和服务主要为各类标志性产品、冠名权、票务、场地广告、转播权、专有权（名称、会徽、吉祥物）、纪念品等赛事周边产品。内容一般包括各大职业联赛、国际重大体育赛事、大众体育赛事等具备核心赛事 IP 资源类的项目，需要依托于具备资金实力和产业资源的大型休闲娱乐集团，一般拥有大量核心赛事的独家版权，因此以竞技体育赛事为核心的职业体育是体育产业的核心组成部分。

从职业体育价值的实现渠道来看，职业体育赛事具备极强的文化属性和娱乐属性，其价值实现依赖于演出赛事的观赏属性，包括赛事竞技水平、产品关注热度，因而要求具备优质赛事培育和运营能力的公司开发出具有穿透力、渗透力和影响力的赛事，赢得观众、赞助商和媒体的满意，从而获得价值增值。

3. 大众体育价值环节

大众体育是体育产业价值链的重要组成部分，主要涵盖健身休闲、体育培训与教育和场馆服务等细分产业，具有良好的群众基础。立足于庞大的体育人口，大众体育与社会生活紧密融合，多元化、生活化的价值定位成为推动大众体育产业发展的社会基础。

从大众体育价值链的表现形式来看，其直接产品和服务基本围绕消费者体验来获取收益，主要包括健身房运营、全民健身体育活动场所、户外运动服务、设备租赁、综合健康恢复中心、青少年体育培训等。由于大众体育在健康、休闲、娱乐、经济、生活等领域的多元定位，与体育用品、体育传媒、体育旅游等产业密切相关，其产品和服务已经成为居民科学健康生活方式的重要部分。

从大众体育价值的实现渠道来看，其价值实现依赖于以生活化为中心的场地设施布局，盈利模式包括会员费、课程费、设备租赁费用、场地服务费、培训费等，变现方式较为直接。体育人口的需求偏好和消费品质提升，将进一步拓展户外休闲活动的品类，对于二、三线城市将存在高确定性的渗透率提升机会。

4. 体育衍生价值环节

微观经济商业主体划分过程中，对于具体的产业价值链上的某个环节通常有主次之分。除了上述的各主要环节之外，体育产业价值链中的辅助部分归纳为其衍生价值环节，其内容主要包括那些不直接以运动形式呈现但跟体育运动相关的业态形式：体育彩票、体育旅游、体育健康康复服务、体育金融资产服务、主题地产等，都属于体育衍生价值环节，它们共同作用进一步反哺中上游产业链的相关市场价值。

（二）商业模式创新创造价值

体育产业的价值链创新，需要辨明某一体育细分产业在产业环节中的地位和作用，寻找出主导产业发展的战略环节，从而采取战略行动构建起价值链独特的竞争优势。一般来讲，价值链的战略环节具备以下特征。

1. 高度单向带动效应

战略环节能够主导产业发展，意味着其与产业链条其他环节具备高度的关联性，对其他环节具有无可替代的带动效应。这种效应可能体现在价值链的上下游关联、功能性匹配、资源互补、产品协调等方面，而且其带动作用往往具有强烈的单向性。

2. 高度增值效应

产业链条中的战略环节拥有对其他环节高度的带动效应，往往在一定程度上对各个环节具有足够的议价能力，使得该环节的利润率往往高于价值链条中的其他环节，同时其单向性决定其反哺产业链条具备足够的增值能力，使得整体拥有较强的竞争能力。

3. 可变性

由于科技进步和制度规则的变动，产业链条中不同环节的地位和作用需要重新衡量，产业内不同组织采取的策略和行动会对竞争均衡构成重大影响，因此产业链内的战略环节不是一成不变的，且其战略环节不仅仅只有一个。

体育产业具备附加值高、渗透率强和辐射广等多重特征，持续的商业化运作是保持体育产业活力的价值源泉，不断创新的商业模式激发了体育价值链条的活力。体育产业内组织在构建价值链的竞争优势时，需要根据竞争范围、自身的竞争优劣势确立独特的战略定位，建立不断优化的商业化运行机制协调利益相关者关系，能力的聚焦和竞争资源的获得往往根据不同产业环节、市场纵深程度和产业关联等条件匹配不同的商业模式。

以体育票务代理环节为例，体育票务需要协调主办方、场馆方、赞助商、媒体等多个渠道票务，可以作为体育全链条整合的突破口。相对于上游的赛事方和下游的场馆方而言行业集中度最高，票务机构可以利用海量、多维度的用户数据分析消费者行为特征（包括消费倾向、消费频率、消费能力）以及各类型体育活动的市场发展特征，挖掘用户需求和布局上下游提供多元化服务，促进流通各环节效率提升。但是相对于赛事稀缺的头部资源，控票权和定价权基本掌握在赛事主办方手中，供求关系不均衡容易导致高票价和抢票难现象。即使掌握独家票务代理权，但 B2C 自营票务平台更多地局限于"服务"的角色，靠商务拓展团队等人力堆积来做增量难以为继，并且赛事属于高价票、低频次的消费，票务市场化程度不足易导致其利润相对较低，无法通过上市募资聚拢资本获取产业链相关资源。

为打破这种单一票务代理环节的竞争劣势，体育票务机构可以转型成为集内容分发、用户服务、智能营销、项目策划、内容制投、场馆解决方案执行落地于一体的全产业链综合服务提供商。在内容承接服务方面，逐步从体育赛事观赏扩展到电竞赛事、文娱演出和休闲展览等更具规模化、专业化、多元化的品类领域；在产业链闭环方面，发力粉丝经济、赛事商业价值开发和合作培育、票务营销、在线购票、智慧场馆布局，实现由票务代理升级为城市娱乐消费平台；在技术服务支持方面，运用数字化、智能化改造赛事行业的理念打造连通线上、线下的票务技术体系，通过电子票、人脸识别、区块链等技术手段提升服务质感和平台的信誉，解决行业内"黄牛"灰产侵蚀行业竞争力的问题。

这种娱乐商业平台的定位转变，将用户娱乐需求与产业链"内容＋资金＋场地＋运营"拓展模式结合，能够发现用户的深层次需求、解决行业的痛点、降低交易成本、实现商业交易关系的转变，并最终建立全新的商家和消费者的利益保护机制，这种创新性的商业模式持续转变是一家企业长期竞争优势的来源。

二、中美体育产业内部结构效应的比较研究

灰色关联度分析法是灰色系统理论的定量研究方法，通过研究各因素变化曲线几何形状的相似程度来判断事物动态关联的特征与程度。灰色系统理论是由著名学者邓聚龙教授首创的一种系统科学理论，用于研究客观事物的结构、参数以及特征等内部机理，为对社会、经济等抽象系统进行分析、建模、预测、决策和控制提供了一种有效的工具。由于一般性的多元回归分析要求足够数量的样本、样本分布规律较好，而现有关于体育产业的数据统计不全，且它无法分析因素间动态的关联程度。为克服以上问题，本部分主要应用灰色关联度分析的办法，对中美体育产业内部结构的动态发展态势进行量化比较分析。

（一）原始序列和基准序列的选择

1. 原始序列的选择

根据国家统计局发布的全国体育产业总规模与增加值数据公告，选取2015～2018年体育产业内部各细分产业部门的增加值作为待分析序列（见表3-8），满足灰色关联分析对样本连续分析时样本容量最低要求4年的

数据要求，其中 2018 年统计分类的调整基本延续原有分类的分类原则、方法和框架，其统计口径和统计方法与后续统计时基本相同。

表 3 - 8　　　　　　　体育产业增加值灰色关联分析的原始序列　　　　单位：亿元

指标名称	编号	2018 年	2017 年	2016 年	2015 年
体育管理活动	X_0	390.0	262.6	143.8	115.0
体育竞赛表演活动	X_1	103.0	91.2	65.5	52.6
体育健身休闲活动	X_2	477.0	254.9	172.9	129.4
体育场馆服务	X_3	855.0	678.2	567.6	458.1
体育中介服务	X_4	106.0	24.6	17.8	14.0
体育培训与教育	X_5	1 425.0	266.5	230.6	191.8
体育传媒与信息服务	X_6	230.0	57.7	44.1	40.8
其他与体育相关服务	X_7	616.0	197.2	179.7	139.6
体育用品及相关产品制造	X_8	3 399.0	3 264.6	2 863.9	2 755.5
体育用品及相关产品销售、贸易代理与出租	X_9	2 327.0	2 615.8	2 138.7	1 562.4
体育场地设施建设	X_{10}	150.0	97.8	50.3	35.3

2. 基准序列的选择

基准序列的选择需要参考体育产业相关部门增加值与国民经济各指标之间关联度的强弱。一般来说，体育产业增加值与国内生产总值（GDP）的灰色关联度最高，运用国内生产总值作为体育产业与国民经济关联分析的考察指标代表性显著。

（二）中美体育产业内部结构效应的灰色关联度分析

1. 原始数列和基准序列的无量纲化处理

为保证数据建模的质量和可比性，需要对原始和基准序列的数值进行无量纲化、无极性的处理，通过采用均值化和极大值极性处理获得 2016～2018 年的无量纲和无极性的比较序列，如表 3 - 9 所示。

表 3-9 体育产业增加值灰色关联分析的比较序列

指标名称	编号	2018 年	2017 年	2016 年
体育管理活动	X_0	1	0.536727	0.104727
体育竞赛表演活动	X_1	1	0.765873	0.255952
体育健身休闲活动	X_2	1	0.361047	0.125144
体育场馆服务	X_3	1	0.554548	0.275888
体育中介服务	X_4	1	0.115217	0.041304
体育培训与教育	X_5	1	0.060574	0.031463
体育传媒与信息服务	X_6	1	0.089323	0.017442
其他与体育相关服务	X_7	1	0.120907	0.084173
体育用品及相关产品制造	X_8	1	0.791142	0.168454
体育用品及相关产品销售、贸易代理与出租	X_9	1	1.377714	0.753727
体育场地设施建设	X_{10}	1	0.544900	0.130776
国内生产总值	—	1	0.775654	0.559746

2. 计算原始数列和基准序列的灰色关联系数

运用灰色关联的分析方法，对基准序列和原始序列求差绝对值的极大值和极小值，计算出各时期体育产业各细分行业增加值与 GDP 的灰色关联度。

$$\varepsilon_i(k) = \frac{\min_i\min_K \Delta_i(k) + \rho \max_i\max_K \Delta_i(k)}{\Delta_i(k) + \rho \max_i\max_K \Delta_i(k)}$$

ρ 为分辨系数，一般取值 0.5；其中 $\Delta_i(k) = |x_0(k) - x_i(k)|$，指的是参考数列与比较序列间差额的绝对值；$\min_i\min_k \Delta_i(k)$，指的是两极最小差；$\max_i\max_k \Delta_i(k)$ 指的是两极最大差；$r_i(k) = \frac{1}{n}\sum_{i=1}^{n}\varepsilon_i(k)$，通过取关联系数的平均值，可以得出我国体育产业各细分产业部门与 GDP 的灰色关联度（见表 3-10）。

表 3 - 10 我国体育产业各细分行业增加值与 GDP 的灰色关联度

细分行业	体育竞赛表演活动	体育用品制造	体育用品销售	体育管理活动	体育场地设施建设	其他体育相关服务	体育培训教育	体育场馆服务	体育中介服务	体育传媒信息服务	体育健身休闲活动
关联度	0.81821	0.81499	0.73537	0.70527	0.70377	0.68526	0.68424	0.68107	0.68061	0.68022	0.66930
排序	1	2	3	4	5	6	7	8	9	10	11

在此基础上，对美国体育产业内部细分产业部分与国内生产总值的关联度进行比较分析。由于数据的可得性，我们选取 1999～2009 年美国体育服务业各部门的增加值与国内生产总值进行比较（见表 3 - 11）。

表 3 - 11 美国体育服务业增加值灰色关联分析的比较序列

年份	观赏体育	赛事推广	体育经纪	休闲体育	国内生产总值
2009	1	1	1	1	1
2008	1.009478	0.992381	1.141451	1.127521	1.152369
2007	0.908969	0.955003	0.992746	1.086131	1.160567
2006	0.703140	0.802185	0.786528	0.877653	1.049840
2005	0.516197	0.488212	0.607772	0.676171	0.885964
2004	0.449286	0.432145	0.550259	0.539009	0.691183
2003	0.346089	0.487780	0.311399	0.376507	0.488242
2002	0.336681	0.386573	0.310363	0.321418	0.339684
2001	0.200877	0.217654	0.195855	0.164913	0.250779
2000	0.126397	0.088988	0.093782	0.095596	0.200323

通过对基准序列和原始序列求差的绝对值的极大值和极小值，获得美国体育产业各细分行业增加值与 GDP 的灰色关联度（见表 3 - 12）。

表 3 - 12 美国体育服务业各细分行业增加值与 GDP 的灰色关联度

项目	观赏体育	赛事推广	体育经纪	休闲体育
关联度	0.650285	0.68765	0.645954	0.627232
排序	2	1	3	4

（三）灰色关联度的结论分析

从灰色关联度层次来看，我国体育竞赛表演活动和体育用品制造业、体育用品销售业与国民经济关联程度最高，关联度系数均大于 0.8。而美国服务业各细分行业关联度系数处于较为均衡的状态，关联度系数均处于 0.65 左右。总体来看，虽然体育竞赛表演活动增加值绝对值不如体育用品制造业和体育用品销售业，但其对国民经济的贡献度最为突出。

第三节　中美体育产业外部结构效应的理论依据和比较研究

一、基于产业链融合的体育产业外部结构效应分析

体育产业的外部结构效应不仅体现在体育用品制造部门对于传统鞋帽服装、运动器材等实物制造部门的发展，更多的体现在对于城市观光旅游业、文化传媒业和商贸服务业等服务部门的发展。体育产业作为一个关联性较强的产业，自 2014 年 10 月国务院发布《关于加快发展体育产业促进体育消费的若干意见》后，体育产业首次被定位于拉动内需和经济转型升级的"特殊"产业，并被赋予国家战略性支柱产业地位。美国经济学家罗斯托（Rostow）认为，传统经济向现代经济的转型和起飞，一方面取决于主导产业部门的迅速成长，另一方面还取决于主导产业部门对相关产业的带动程度，即扩散效应。[①] 体育产业具有附加值高、渗透率强和辐射广等多重特征，特别是职业竞技赛事、休闲健身等体育服务业具备较强的主导产业扩散效应，具有成为中长期经济增长点和发展新动力的潜力，在社会

---

① Thompson W. R. Worldwide survey reveals fitness trends for 2007 [J]. *ACSM's Health Fitness Journal*, 2006, 10（06）: 8 – 14.

经济发展、产业结构调整中将发挥重要作用。

社会经济系统各个部门之间存在着错综复杂的关系，不同经济部门之间关联效应的波及和影响的范围、程度各有不同，按照要素投入之间的联系和依存关系可以区分为前向关联效应、后向关联效应和旁侧关联效应（见表3－13）。

表3－13　　　　　　　　体育产业对应投入产出表关联行业

后向关联行业	旁侧关联行业	前向关联行业
教育	交通运输	信息传输软件和信息技术服务业
公共管理行业	邮政业（邮电通信）	文化娱乐业
建筑业	住宿和餐饮业	金融业
制造业	旅游业	批发和零售
—	租赁和商务服务业	科学研究和技术服务业

（一）后向关联效应

后向关联效应指的是各个产业部门与供给其劳务、原材料和设备的生产部门之间存在的联系和依存关系，主要反映产业投入要素的利用率高低，包括产业运作效率和中间投入品成本的节省。体育产业的要素投入，包括体育人才的培养、体育场馆与基础设施的建设、体育用品材料的制造和研发、体育事业的政策制定和管理等，可以带动包括教育、公共管理、建筑业、制造业等在内的后向关联产业的发展。

（二）旁侧关联效应

旁侧关联效应指的是一个产业部门的发展会导致周围较多部门的系列变化，可能存在资源互为补充的协同性旁侧关联，或是资源既制约又限制的竞争性旁侧关联。体育产业的旁侧效应是指对于一个国家或地区经济结构、交通基础设施、城市更新开发、餐饮旅游住宿及商业的影响。体育产业中的一个经济体从工业化向城市化、信息化的转型过程中，强化着体育与城市经济、科技文化等方面的融合，在很大程度上促进移入区域整个经济的发展。

（三）前向关联效应

前向关联效应指的是产业部门与使用其产品的部门之间存在的联系和依存关系，即体育部门向其他部门提供中间产品或最终产品服务所形成的效应。体育产业的前向关联效应，主要通过增加有效产品或服务的供给，降低其他部门的中间投入成本。尤其是体育服务业中的休闲健身、电子竞技等新产品以及中介经纪、特许代理、赛事表演等新服务，与信息服务业、文化娱乐业、金融业、批发和零售、科学研究和技术服务业等行业的关联程度将逐步加深，消费场景的创造、消费模式的改变有可能诱发出新的经济活动和新的经济部门。体育服务业作为体育产业中商业模式创新和技术研发的核心链条，将极大地改变体育产业的原有业务形态以及产业中的市场地位，促进体育产品研发、信息服务、技术推广、金融服务、法律咨询、品牌营销等全服务链条的完善。

二、中美体育产业外部结构效应的比较研究

本部分主要采用投入产出法，对中美体育产业与各行业的产业关联效应进行定量研究。投入产出法由美国里昂惕夫首先提出概念并开始编制，属于一般均衡的理论范畴，用于核算复杂经济体系中各部门间的相互依存关系，在此基础上对经济活动进行定量研究。通过研究体育产业与关联产业间的关联水平，可以发现体育产业部门在国民经济体系中的地位和作用，建立体育产业结构的关联模式。

（一）中国体育产业外部结构效应比较研究

1. 体育产业部门投入产出表的编制及说明

根据国家统计局颁布的《体育产业统计分类（2019）》及其对应《国民经济行业分类》（GB/T 4754—2017）的具体范围和说明，参考中国体育

科学学会体育产业分会编著的《中国体育及相关产业统计》，本部分对 2017 年国家投入产出表 149×149 的部门划分标准进行重新分类。2017 年投入产出表中体育部门对应体育产业统计分类中的体育管理活动、体育竞赛表演活动、体育健身休闲活动、体育场地和设施管理四个大类，占当年总产出比重达到 85%。由表 3-14 可知，投入产出表中的体育部门是整个体育产业的核心组成部分，尤其对于分析体育产业的外部结构效应具有重要的代表性意义。因此，在建立体育投入产出表时，可直接将体育部门独立出来进行核算。

表 3-14　　　　体育产业统计分类对应投入产出表相应部门一览

体育产业统计分类		2017 年投入产出表对应部门及代码	
代码	大类名称	代码	部门名称
1	体育管理活动	89146	体育
		91149	公共管理和社会组织
2	体育竞赛表演活动	89146	体育
		88145	文化艺术
3	体育健身休闲活动	89146	体育
4	体育场地和设施管理	89146	体育
5	体育经纪与代理、广告与会展、表演与设计服务	90147	娱乐
6	体育教育与培训	83140	教育
7	体育传媒与信息服务	86143	新闻和出版
		87144	广播、电视、电影和影视录音制作
		65125	信息技术服务
8	其他体育服务	90147	娱乐
		72131	商务服务
9	体育用品及相关产品制造	19033	皮革、毛皮、羽毛及其制品
		19034	鞋

续表

体育产业统计分类		2017 年投入产出表对应部门及代码	
代码	大类名称	代码	部门名称
9	体育用品及相关产品制造	24040	文教、体育和娱乐用品
		29052	橡胶制品
		29053	塑料制品
10	体育用品及相关产品销售、出租与贸易代理	51105	批发
		52106	零售
11	体育场地设施建设	47101	房屋建筑
		48102	土木工程建筑
		50104	建筑装饰、装修和其他建筑服务

在此基础上，可以获得 20 × 20 的体育部门投入产出表，如表 3 - 15 所示。

2. 中国体育产业的产业关联效应分析

参考刘起运[①]和中国投入产出学会课题组[②]对于投入产出系数结构的调整分析，计算体育产业的投入产出变化对其他部门的影响程度。产业关联效应一般通过影响力系数和感应度系数来衡量。

投入产出分析的基本公式为 $X = (I - A)^{-1}Y$，其中 X 表示总产出列向量，Y 表示最终产品列向量，里昂惕夫逆矩阵为 $B = (I - A)^{-1}$，其中 A 代表直接消耗（分配）系数矩阵，元素为 $b_{ij}(i, j = 1, 2, \cdots, n)$。

直接消耗系数是指某一生产单位总产出需要直接消耗其他产业中间投入的数量，公式表示为 $a_{ij} = \dfrac{x_{ij}}{X_j}$，其中 x_{ij} 指第 j 产业对第 i 产业的消耗量；X_j 为第 j 产业的总投入。

① 刘起运. 关于投入产出系数结构分析方法的研究 [J]. 统计研究，2002 (02)：40 - 42.
② 中国投入产出学会课题组，许宪春，齐舒畅，杨翠红，赵同录. 我国目前产业关联度分析——2002 年投入产出表系列分析报告之一 [J]. 统计研究，2006 (11)：3 - 8.

表 3-15（a）

中国体育部门 20×20 投入产出（1）

行业	农林牧渔业	采矿业	制造业	电力热力燃气及水生产和供应业	建筑业	批发和零售	交通运输仓储和邮政业	住宿和餐饮	信息传输软件和信息技术服务业	金融业
农林牧渔业	146 837 892	247 531	627 640 972	65 444	18 961 515	11 816	101 265	37 331 258	365 162	91 474
采矿业	618 682	69 460 690	564 690 113	108 789 112	19 148 450	73 917	158 875	62 207	37	27 398
制造业	206 723 306	96 811 106	5 078 319 445	75 875 584	1 069 972 763	33 394 652	201 982 028	130 147 461	65 421 956	42 621 240
电力热力燃气及水生产和供应业	10 039 870	26 114 229	241 351 792	173 314 032	30 838 601	11 079 726	25 935 058	7 454 538	6 286 061	5 313 172
建筑业	750 296	207 319	2 482 472	1 999 023	73 070 274	1 164 737	1 380 263	869 534	578 150	3 145 821
批发和零售	23 666 376	19 771 429	800 279 714	824 788 664	1 004 231 007	7 363 285	1 062 209 480	1 083 901 233	109 453 744	6 056 833
交通运输仓储和邮政业	25 032 765	10 805 313	312 363 193	10 962 472	71 837 911	72 359 901	110 433 489	13 629 064	8 563 918	16 563 482
住宿和餐饮	2 400 856	2 412 719	48 425 994	1 950 969	15 844 998	6 307 876	16 601 492	973 804	3 624 893	33 359 921
信息传输软件和信息技术服务业	1 590 600	1 024 734	39 140 592	2 879 547	29 032 163	6 937 367	17 657 424	2 201 537	92 569 254	30 641 441
金融业	14 510 865	18 811 423	146 380 818	28 020 959	88 410 070	47 729 194	110 540 259	4 033 777	11 694 811	79 120 195
房地产	14 457	190 269	3 352 614	132 389	323 232	71 263 228	7 775 885	13 620 119	29 146 646	76 581 300
租赁和商务服务业	2 688 340	12 812 529	170 251 358	4 425 106	34 805 677	108 866 240	20 956 554	7 871 539	37 233 839	84 123 318
科学研究和技术服务业	7 843 026	5 179 167	47 942 464	2 880 014	163 809 382	8 404 702	2 452 048	187 316	1 763 946	1 104 498
水利环境和公共设施管理业	1 957 613	554 897	5 825 354	3 702 241	629 899	1 702 812	1 592 409	285 666	543 352	2 355 372
居民服务修理和其他服务业	1 279 092	2 535 488	30 503 857	2 643 848	14 996 445	8 827 659	15 652 098	2 708 926	1 620 886	5 919 441

续表

行业	农林牧渔业	采矿业	制造业	电力热力燃气及水生产和供应业	建筑业	批发和零售	交通运输仓储和邮政业	住宿和餐饮业	信息传输软件和信息技术服务业	金融业
教育	144 093	118 066	1 283 477	34 915	453 996	1 120 060	725 645	269 291	360 369	3 737 853
卫生和社会工作	116 723	274 718	2 944 284	259 266	895 974	338 759	250 103	11 261	13 633	340 709
文化娱乐业	91 048	621 135	10 394 242	795 241	1 625 529	1 153 939	1 261 130	668 479	1 796 138	11 123 439
体育部门	0	0	0	0	0	0	0	0	0	0
公共管理社会保障和社会组织	410 907	173 921	3 255 563	185 384	322 159	205 576	385 686	127 983	301 166	846 665

表3-15（b）　中国体育部门 20×20 投入产出（2）

行业	房地产	租赁和商务服务业	科学研究和技术服务业	水利环境和公共设施管理业	居民服务修理和其他服务业	教育	卫生和社会工作	文化娱乐业	体育部门	公共管理社会保障和社会组织
农林牧渔业	218 373	5 153 258	2 918 028	7 749 871	1 879 263	400 432	362 216	241 570	91 393	0
采矿业	49 018	1 026	458 474	58 821	330 820	473 227	451 005	36 133	4 431	499 160
制造业	13 395 262	186 742 678	128 766 401	17 162 399	63 141 225	33 679 078	175 703 734	21 971 053	2 123 586	47 300 459
电力热力燃气及水生产和供应业	5 232 834	3 196 809	4 223 435	2 988 042	4 731 754	2 918 722	3 316 892	1 356 608	406 567	5 419 216
建筑业	6 974 739	285 138	537 323	919 576	453 385	2 071 922	886 992	671 542	112 933	6 440 249
批发和零售	2 068 149	24 088 150	59 491 709	2 154 240	7 041 217	3 828 584	68 653 276	73 632 784	256 609	7 053 892

续表

行业	房地产	租赁和商务服务业	科学研究和技术服务业	水利环境和公共设施管理业	居民服务修理和其他服务业	教育	卫生和社会工作	文化娱乐业	体育部门	公共管理社会保障和社会组织
交通运输仓储和邮政业	3 575 661	45 098 037	23 275 380	3 526 091	7 667 130	12 348 473	12 865 598	4 186 243	870 972	22 961 090
住宿和餐饮业	3 257 631	41 247 006	19 342 419	1 017 166	3 253 645	8 227 460	2 058 208	3 918 493	942 775	29 418 032
信息传输软件和信息技术服务业	4 512 385	6 858 546	6 143 790	1 260 689	1 254 649	5 426 461	6 554 358	1 612 520	171 988	23 027 034
金融业	87 328 325	48 865 938	14 080 679	4 259 704	3 358 439	9 813 623	3 312 749	2 513 989	847 088	13 540 946
房地产	26 822 094	35 555 275	6 773 798	1 001 374	22 590 005	9 767 957	5 063 595	3 568 186	571 841	8 180 075
租赁和商务服务业	41 249 622	72 407 562	20 659 018	2 654 355	6 050 576	3 493 858	2 166 214	4 545 207	879 767	14 283 486
科学研究和技术服务业	634 784	83 826	57 383 892	327 161	13 049	978 099	264 306	20 696	7 011	283 510
水利环境和公共设施管理业	283 849	2 732 529	767 929	3 106 296	454 486	380 406	411 169	143 506	157 084	1 221 413
居民服务修理和其他服务业	1 522 546	6 897 644	6 432 121	4 538 182	5 190 424	4 685 285	3 480 171	1 560 820	547 626	12 987 523
教育	180 463	369 266	370 920	54 395	161 859	4 200 361	767 719	173 856	16 564	4 876 579
卫生和社会工作	1 746	4 389	38 389	20 217	67 361	144 897	2 264 309	25 305	21 916	1 851 294
文化娱乐业	870 107	2 359 687	1 472 918	250 137	900 376	2 149 979	306 861	5 500 350	193 572	6 273 494
体育部门	0	0	0	0	0	0	0	0	2 231 616	0
公共管理社会保障和社会组织	937 751	924 987	455 936	89 976	155 909	656 516	142 301	108 335	27 315	13 656 553

直接分配系数是指某一生产单位提供的产品和服务被各部门中间使用的比例，公式表示为 $a_{ji} = \dfrac{x_{ji}}{X_i}$ $(i, j = 1, 2, \cdots, n)$，其中 x_{ji} 指第 i 产业对第 j 产业的消耗量；X_i 为第 i 产业的总产出。

影响力系数，是指国民经济某一部门增加一个单位最终使用时，对国民经济各部门所产生的生产需求波及程度。计算公式表示为 $\delta_j = \dfrac{\sum\limits_{i=1}^{n} b_{ij}}{\dfrac{1}{n} \sum\limits_{j=1}^{n} \sum\limits_{i=1}^{n} b_{ij}}$，即产业的后向关联效应。$\delta_j > 1$，表明第 j 部门的生产对其他部门所产生的波及影响程度（拉动作用）超过社会平均影响水平。

感应度系数，是指国民经济某一部门受其他各部门的影响作用大小，计算公式为 $\theta_i = \dfrac{\sum\limits_{i=1}^{n} g_{ij}}{\dfrac{1}{n} \sum\limits_{j=1}^{n} \sum\limits_{i=1}^{n} g_{ij}}$，即产业的前向关联效应。$\theta_i > 1$，表明第 i 部门的生产对其他部门所产生的波及影响程度（推动作用）超过社会平均影响水平。

通过表 3 - 16 可知，制造业、建筑业、电力热力燃气及水生产和供应业、租赁和商务服务业等 10 个国民经济部门的影响力系数大于 1，对国民经济的拉动作用高于社会平均水平。而体育部门影响力系数为 0.91，对上游产业的带动能力还比较弱，具备一定的上升空间。

表 3 - 16　　　　　中国国民经济各部门影响力系数一览

经济部门	系数	经济部门	系数
制造业	1.37	采矿业	0.97
建筑业	1.32	居民服务修理和其他服务业	0.96
电力热力燃气及水生产和供应业	1.19	体育部门	0.91
租赁和商务服务业	1.19	农林牧渔业	0.88
卫生和社会工作	1.16	公共管理社会保障和社会组织	0.85
科学研究和技术服务业	1.14	金融业	0.85

续表

经济部门	系数	经济部门	系数
交通运输仓储和邮政业	1.12	批发和零售	0.77
信息传输软件和信息技术服务业	1.11	教育	0.74
住宿和餐饮业	1.07	文化娱乐业	0.68
水利环境和公共设施管理业	1.06	房地产	0.67

通过表 3 - 17 可知，批发和零售、租赁和商务服务业、采矿业、交通运输仓储和邮政业、电力热力燃气及水生产和供应业、金融业、房地产 7个国民经济部门的感应度系数大于 1，对国民经济各部门的推动作用高于社会平均水平，而体育部门的推动作用比较弱。

表 3 - 17　　　　　　　中国国民经济各部门感应度系数一览

经济部门	系数	经济部门	系数
批发和零售	4.7238	居民服务修理和其他服务业	0.7699
租赁和商务服务业	1.7088	信息传输软件和信息技术服务业	0.6611
采矿业	1.6172	文化娱乐业	0.6497
交通运输仓储和邮政业	1.1988	水利环境和公共设施管理业	0.6151
电力热力燃气及水生产和供应业	1.1927	科学研究和技术服务业	0.6122
金融业	1.1856	教育	0.2921
房地产	1.0011	体育部门	0.2736
农林牧渔业	0.9188	公共管理社会保障和社会组织	0.2709
住宿和餐饮业	0.9032	建筑业	0.2679
制造业	0.8735	卫生和社会工作	0.264

根据赫希曼基准，将横轴作为影响力系数以及纵轴作为感应度系数，结合上述两大维度可以把产业类型划分为四个象限，用以衡量某一国民经济部门对经济的拉动和推动作用。

从图 3 - 2 可知，租赁和商务服务业、交通运输仓储和邮政业、电力热力燃气及水生产和供应业位于第Ⅰ象限，属于策略性或者关键性的产业类型，能够有效带动上下游产业的发展；批发和零售业、金融业、房地产业和采矿业属于第Ⅱ象限的基础性产业，前向关联程度高，能够较好地推动下游产业发展；体育、教育、文化娱乐业、居民服务修理和其他服务业、公共管理社会保障和社会组织、农林牧渔业、水利环境和公共设施管理业等第Ⅲ象限产业影响力和感应度相对较低，对上下游产业的推动和拉动作用较小；第Ⅳ象限主要包括住宿和餐饮业、制造业、信息传输软件和信息技术服务业、科学研究和技术服务业、建筑业、卫生和社会工作，这些部门影响力系数大于1，能够有效带动上游产业的发展，属于领导型产业部门。体育部门位于第Ⅲ象限，影响力和感应度相对较弱，表明产业的前向和后向关联程度较低，对上游产业的拉动能力远高于对下游产业的推动作用。

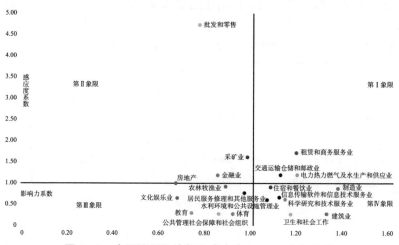

图 3 - 2　中国国民经济投入产出表 20×20 产业关联

（二）美国体育产业外部结构效应比较研究

根据美国国民经济分析局（BEA）网站获得的 2018 年美国投入产出表数据（见表 3 - 18），将第 7 类"艺术、娱乐、休闲、住宿和餐饮服务"区分为"艺术、娱乐与休闲"与"住宿和餐饮服务"两大类别，由表 3 - 5 可知前者主要涵盖美国体育产业中的"观赏性体育、赛事推广、体育经纪、休闲体育"为主的体育服务业，与中国投入产出表中的体育部门可进行对比研究，具有一定的代表性意义。

表 3-18　美国体育部门 16×16 投入产出

单位：百万美元

行业	农林牧渔业	采矿业	公用事业	建筑业	制造业	批发业	零售业	交通仓储业	信息业	金融、保险、地产租赁业	专业性和商业服务	教育服务、卫生保健社会援助	艺术娱乐与休闲	住宿餐饮服务	政府以外其他服务	政府
农林牧渔业	106 322	185	0	3 480	318 005	1 736	5 549	173	0	17	5 602	227	1 176	8 668	343	9 259
采矿业	2 773	66 076	50 932	25 260	427 187	24	4	221	743	42	2 041	450	1 005	647	780	41 143
公用事业	4 638	7 694	23 739	4 615	57 469	15 942	33 882	12 695	4 506	110 582	15 198	17 481	2 580	26 600	3 791	26 747
建筑业	1 826	4 132	7 384	202	15 448	1 984	4 308	5 330	2 294	157 376	1 631	1 424	530	2 284	3 480	94 261
制造业	116 374	88 607	31 390	579 275	2 426 562	95 138	92 709	149 986	120 801	121 978	208 558	261 533	20 936	133 552	81 957	536 060
批发业	1 408	172	1 180	55	26 101	46 051	15 914	226	2 261	7 805	268	379	105	37	24	34
零售业	0	0	0	0	0	0	1 786	0	0	0	0	0	0	0	3	0
交通仓储业	762	2 793	9 115	844	51 388	80 965	70 183	139 832	17 851	36 627	57 262	20 805	4 329	4 974	5 218	41 487
信息业	608	2 204	2 875	7 759	21 803	25 026	26 063	13 192	223 584	69 244	117 431	42 179	4 005	17 503	19 131	96 729
金融、保险、地产租赁业	38 415	42 440	13 262	51 311	101 340	184 427	219 374	117 701	84 801	1 375 539	291 894	313 479	35 323	115 360	86 979	192 148
专业性和商业服务	4 261	58 198	29 183	83 167	356 683	313 630	220 650	91 476	242 306	611 987	696 171	303 319	32 214	163 455	61 213	269 412
教育服务、卫生保健和社会援助	20	0	196	8	109	2 631	7 101	327	332	58	1 586	41 302	2 329	0	4 587	31 757
艺术、娱乐与休闲	70	38	117	185	1 088	2 438	2 145	917	33 926	10 358	14 599	4 184	22 723	2 900	3 472	3 240
住宿和餐饮服务	502	878	2 258	803	9 028	7 498	6 636	18 295	10 777	67 606	66 476	55 362	2 925	12 821	5 278	18 208
政府以外其他服务	823	1 180	515	7 762	20 996	29 619	18 250	16 616	7 662	39 089	32 938	26 121	2 609	15 014	10 351	36 084
政府	19	4	2 909	6	4 312	15 410	6 499	12 251	2 749	18 089	9 738	8 848	581	5 948	2 578	8 856

对比表 3 – 19 可知，中美制造业和建筑业对国民经济的拉动作用均显著高于社会平均水平，除此之外农林牧渔业、住宿和餐饮服务、交通仓储业、采矿业等经济部门的影响力系数都大于 1。艺术、娱乐与休闲部门相同影响力系数为 0.913773，与我国体育部门相同，相对来说对上游产业的带动能力较弱。

表 3 – 19　　　　　　　　美国国民经济各部门影响力系数一览

经济部门	系数	经济部门	系数
制造业	1.272512	信息业	0.9514
农林牧渔业	1.268943	政府以外的其他服务	0.944122
建筑业	1.104912	教育服务、卫生保健和社会援助	0.919459
住宿和餐饮服务	1.020935	政府	0.916605
交通仓储业	1.020816	艺术、娱乐与休闲	0.913773
采矿业	1.013393	公用事业	0.912237
批发业	0.977454	专业性和商业服务	0.90041
零售业	0.970233	金融、保险、地产租赁业	0.892796

对比表 3 – 20 可知，中美在批发业、租赁和商务服务业、采矿业、交通仓储业、公共事业、金融业等 6 个部门对国民经济的推动作用高于社会平均水平，除此之外农林牧渔业的感应度系数大于 1，美国的艺术、娱乐与休闲部门感应度系数为 0.801349，显著高于我国体育部门的 0.2736。

表 3 – 20　　　　　　　　美国国民经济各部门感应度系数一览

经济部门	系数	经济部门	系数
批发业	1.854923	制造业	0.956517
专业性和商业服务	1.290114	政府以外的其他服务	0.845425
交通仓储业	1.278512	艺术、娱乐与休闲	0.801349
采矿业	1.257127	住宿和餐饮服务	0.781131
农林牧渔业	1.245542	零售业	0.717419

续表

经济部门	系数	经济部门	系数
公用事业	1.101881	建筑业	0.714772
金融、保险、地产租赁业	1.012841	政府	0.5912
信息业	0.97551	教育服务、卫生保健和社会援助	0.575738
批发业	1.854923	制造业	0.956517
专业性和商业服务	1.290114	政府以外的其他服务	0.845425

对比中美国民经济各部门的产业关联效应，体育部门均处于第Ⅲ象限，影响力和感应度均相对较低，但美国体育部门明显在前向关联程度上更高，能够较好地推动下游产业发展（见图3-3）。

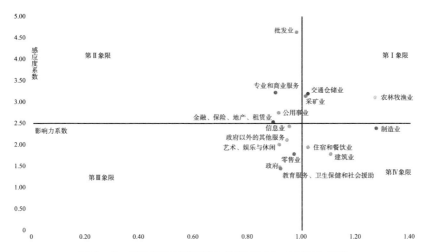

图 3 - 3　美国国民经济投入产出表 16×16 产业关联

第四节　本 章 小 结

近年来，我国体育产业内部结构中，体育用品制造业呈现多年繁荣景象，同时其他相关的体育竞赛表演业、体育健身休闲业、体育中介服务业、体育营销等业态都逐步发展起来，呈现出多业并举的发展格局。但是，体育用品销售、体育管理活动等传统商业活动贡献较大。而美国已经形成以观赏体育、赛事推广、体育经纪、休闲体育为主的体育服务业，产值在体育产业中占比超过30%，成为体育主体产业的核心部门。我国体育产业结构普遍存在内部业态不均衡、外部结构关联度不强、产品和服务供给不匹配等问题。我国体育竞赛表演活动和体育用品制造业、体育用品销售业与国民经济关联程度最高，关联度系数均大于0.8。而美国服务业各细分行业关联度系数处于较为均衡的状态，关联度系数均处于0.65左右。美国体育产业主导产业和相关产业布局分布合理，以观赏体育、赛事推广、体育经纪、休闲体育为主的体育服务业已经成为体育主体产业的核心产业，体育产业结构发展已经相对成熟。

体育产业外部结构方面，我国体育产业外部关联水平不高，创新性的消费场景和商业模式需要不断更新，全行业尤其是体育服务业的生产率需要进一步提高。对比中美国民经济各部门的产业关联效应，美国艺术、娱乐与休闲部门的影响力系数和感应度系数分别为0.913773、0.801349，而我国体育部门的影响力系数和感应度系数分别为0.91、0.2736，尽管体育部门均处于第Ⅲ象限，影响力和感应度均相对较低，但美国体育部门明显在前向关联程度上更高，能够较好地推动下游产业发展。我国体育产业迫切需要通过优化投入产出资源配置，提升产业结构的效率水平，从而促进体育产业快速发展。

第四章　中美体育产业就业
效应的比较研究

体育产业发展与劳动力就业增长的关系，是产业经济学、社会学和劳动经济学等多个学科结合的重要研究领域。体育产业发展带来劳动力的市场变化，主要体现在体育产业的直接就业吸纳效应和间接就业拉动效应。服务业通常属于劳动密集型产业，其对解决社会就业问题承担着非常重要的作用。而体育产业具有服务业的属性，因而国内针对体育产业的服务属性展开的就业研究已经相当普遍。这些理论也发现体育产业逐渐成为现代服务业的重要支柱，对于调整社会劳动力结构、提高就业率具有非常重要的作用。

第一节　体育产业的就业效应及其表现形式

一、体育产业的直接就业效应

体育产业对扩大社会就业所产生的直接影响就是体育产业的直接就业效应。随着体育产业的不断发展，体育产业的直接就业效应不仅仅体现在就业人员数量等就业规模效应的变化上，而且还体现在就业结构、就业技能等就业质量效应的变化上。

（一）就业规模效应

从体育产业的就业规模效应角度来看，由于体育产业具备典型劳动密集型的产业属性,产业进入门槛相对较低,对促进社会就业的作用明显。一方面,体育产业涵盖门类较广,体育健身休闲、体育用品批发零售、体育建筑设施管理等细分行业的劳动力需求旺盛,可以向社会提供大量就业岗位,还能在吸收剩余劳动力、消解非自愿性失业方面发挥重要作用。并且随着产业关联和波及效应的发挥,体育产业对劳动力需求的广度得到进一步拓展。另一方面,体育传统制造业在就业人数和劳动收入带动效率方面均高于服务业,但其带动的主要是中低技能劳动力的就业,而体育服务业中的细分行业对高技能劳动力就业带动效率较高,未来一段时间体育制造业和批发零售业仍是解决新增劳动力就业问题的重要途径。而新兴体育服务项目具备强大的产业外正外部性和产业融合特性,可以在发挥体育产业总体带动效率相当的情况下,优先发展溢出效应较大的体育细分服务行业。

(二) 就业质量效应

从体育产业的就业质量效应角度来看,体育产业对就业的有效促进应该包括就业结构、就业薪酬和就业稳定性等方面的改善,就业质量效应的高低反过来能够影响就业规模效应的扩大。刘素华指出就业质量包括工作环境、能力、薪酬、工作时间等与劳动者个体就业情况相关的因素。[1] 舒马赫(Schumacher)指出就业结构主要指以受教育年限等为特征的就业知识结构。[2] 当前体育产业中职业赛事、健身休闲和用品装备制造等环节更加凸显对相关知识、技术密集型的高素质人才的需求,对体育就业结构层次的优化具有积极的作用。随着科学进步、技术创新带来的体育产业与相关产业的融合加深,产业内自身结构水平和发展质量效益逐步提升,相关就业中高技术、高素质岗位需求呈逐渐上涨趋势,并能广泛带动相关高技术含量、高附加值行业部门的就业增长。

---

① 刘素华. 建立我国就业质量量化评价体系的步骤与方法 [J]. 人口与经济, 2005(06): 36-40.

② Schumacher, Harold R. *Introduction to Laboratory Hematology and Hematopathology* [M]. Alan R. Liss, inc, 1984.

二、体育产业的间接就业效应

体育产业的间接就业效应是指体育产业的发展引起国民经济其他行业或产业的就业水平变动。由于现代经济体系中产业间的相互依存和市场的不断完善，一个产业的发展会通过这样或那样的传导机制带动整个国民经济体系中其他行业的发展，从而影响整体的就业水平。体育产业的间接就业效应主要体现在以下几个传导路径。

（一）经济增长路径

美国经济学家奥肯（A. M. Okun）在 1962 年提出著名的奥肯定律，指出失业率与经济增长呈现出一定的负相关关系，当实际 GDP 水平超过充分就业状态下的 GDP 时，失业率会在一定时期内出现下降。因此，体育产业发展对就业的促进存在以经济增长为中介变量的间接拉动效应。而一国的经济增长主要由消费、投资和出口"三驾马车"驱动，体育产业在消费、投资和出口方面均能够对经济增长产生正向影响，从而拉动就业增长。

在促进就业增长的消费路径方面，主要在于体育产业具备广泛的群众基础，体育产品和服务的有效供给、体育业态和模式的创新升级、体育消费体验和设施条件的改善提升，对促进体育消费市场扩大和保障消费的长期稳定具有正向作用。①② 随着社会的发展，该领域中创造出越来越多的就业机会。从培育体育消费需求的角度来看，体育产业发展在促进青少年健康、预防中老年人慢性疾病和减少个人医疗支出等方面都有提高劳动力质量的作用，在促进社会生产效率提高等方面均能发挥重要作用。以职业赛

---

① Kennelly M. "We've never measured it, but it brings in a lot of business"：Participatory sport events and tourism［J］. *International Journal of Contemporary Hospitacity Management*，2017，29（03）：883 – 899.

② Margaryan L, fredman P. Bridging outdoor recreation and nature-based tourism in a commercial context：Insights from the Swedish service providers［J］. *Journal of Outdoor Recreation and Tourism – Research Planning and Management*，2017（17）：84 – 92.

事、竞赛表演和健身休闲引领的体育消费需求，能够有效促进消费升级和需求价格的上行，为培育体育消费奠定人群基础，激励体育企业扩大生产规模，化解社会就业压力。

体育产业在促进就业增长的投资路径方面，主要是以体育场馆、休闲基础设施的配置和建设来带动城市更新和产业转型，从而驱动具有优良教育背景和高技能劳动力来城市定居。普鲁斯（Preuss）认为私人部门将因为举办大型体育赛事而受益，城市基础设施和新体育设施的改造升级使得城市更加具有吸引力，并吸引更多企业投资，为当地创造就业机会和收入。① 卡里诺和赛斯（Carlino and Saiz）实证发现休闲体育娱乐设施较多的城市人口增长平均比其他城市高出 3%，地方政府在休闲娱乐项目和相关设施方面的投资可以大大提升城市对游客的吸引力。②

体育产业在促进就业增长的出口路径方面，研究显示出口对就业具有正向拉动作用，加工贸易产品具备显著的劳动力竞争优势，能够创造大量的就业岗位和培养高素质的熟练劳动力。③④ 相反的是，瑞特（Wright）分析认为由于贸易开放度增加导致英国制造业的劳动需求下降。⑤ 罗杰（Roger）发现美国制造业进口渗透的增加会导致生产和非生产领域就业率的下降⑥，盛斌等认为中间产品进口对中国工业体与分部门的劳动力需求变化呈负向影响。⑦ 我国体育用品出口贸易在国际贸易中具有举足轻重的

① Preuss，H.（2004）."Olympische Spiele 2012 in Deutschland. Der starkste Bewerbungswetbewerb in der olympischen Geschichte"，in H. – D. Horch，J. Heydel，and A. Sierau（Eds.），Events im Sport. Marketing，Management，Finanzierung（pp. 225 – 238）. Koln：Deutsche Sporthochschule Koeln.

② Gerald A. Carlino，Albert Saiz. Beautiful City：Leisure Amenities and Urban Growth ［R］. FRB of Philadelphia Working Paper，2008.

③ 张华初，李永杰. 论我国加工贸易的就业效应 ［J］. 财贸经济，2004（6）：87 – 89.

④ 胡昭玲，刘旭. 中国工业品贸易的就业效应——基于 32 个行业面板数据的实证分析 ［J］. 财贸经济，2007（08）：88 – 93 + 129.

⑤ Milner C，Wright P. Modelling Labour Market Adjustment to Trade Liberalisation in an Industrialising Economy ［J］. *Economic Journal*，1998，447（108）：509 – 528.

⑥ White R. Import Source Reallocation And U. s. Manufacturing Employment，1972 – 2001 ［J］. *Open Economies Review*，2008，19（3）：403 – 410.

⑦ 盛斌，马涛. 中间产品贸易对中国劳动力需求变化的影响：基于工业部门动态面板数据的分析 ［J］. 世界经济，2008（03）：12 – 20.

作用，加入世界贸易组织以来以加工贸易型为主的体育用品出口，推动廉价的简单劳动力逐渐向技术含量高、劳动效率高的新型劳动力转变，对体育产业的就业效应具有显著的正向促进作用。

（二）产业集聚与城市化路径

体育产业是具备高渗透性、交叉性和拉动性的朝阳产业，加上自身具有的文化联结性等特征，推动体育产业呈现出明显的产业集聚趋势。一方面，传统的比较优势理论能够很好地解释劳动力要素禀赋、技术差距在地区专业化分工中的决定性作用。新经济地理理论认为产业的自我集聚效应源于规模经济、市场扩大效应和外部性[①]，体育产业的发展规律也呈现出一定的相似性和差异性。体育产业的内在集聚功能，推动体育产业价值链的集群化发展，有助于提高产业整合创新能力和产业信息的交流程度。[②]同时体育产业涉及生产制造、贸易流通、场馆建筑、教育培训等多个细分行业，近年来体育小镇，体育地产、体育旅游等产业的兴起，改变了体育产业的空间结构乃至聚集特征，尤其是老旧厂房改造成体育运动中心形成的新型体育运动商业中心，都呈现出新型就业的带动作用。国家体育总局2023 年公布的到期自动撤销资格的国家体育产业基地名单显示，国家体育总局于 2017 年底前命名、认定深圳国家体育产业示范基地等 36 个国家体育产业示范基地、天津市奥林匹克体育中心场馆群等 54 个国家体育产业示范单位、环青海湖国际公路自行车赛等 27 个国家体育产业示范项目。2017年我国体育产业示范基地新兴服务业态吸纳从业人员 18 251 人，创造增加值占体育服务业的 20. 62%，以新型融合业态为主的国家体育产业示范单位吸纳从业人员 2 262 人，营业收入同比增长 161. 21%（见表 4 - 1）。另一方面，重大国际体育赛事的成功举办大大推动了城市基础设施的兴建和城市更新再生，带动包括商业体育赛事开发、竞赛表演、传媒经纪、广告

---

① Krugman P. Increasing Returns and Economic Geography ［J］. *Journal of Political Economy*, 1991, 99: 483 - 499.

② 徐茂卫，管文潮. 我国体育产业集聚的动力机制［J］. 上海体育学院学报，2012，36（03）: 57 - 60.

和培训等在内的体育产业的集聚效应。科茨（Coates）研究发现美国大型体育设施建设和特许经营能够为区域提供就业机会、促进经济环境改善。近年来涌现的各类城市马拉松赛事，作为城市宣传名片，不仅吸引了更多运动爱好者的参与，而且也不同程度地带动了相关门票、旅游、交通、运动装备销售等业态发展，强化了产业聚集效应，促进城市空间的拓展，帮助城市转型升级。在第三产业持续快速发展的前提下，体育产业将取得前所未有的发展，进而为社会提供更多的就业机会。

表4-1　2017年国家体育产业示范基地各行业增加值与从业人员增速　单位：%

行业	增加值增速	从业人员增速
体育管理活动	5.74	9.20
体育竞赛表演活动	30.10	22.00
体育健身休闲活动	10.02	24.54
体育场馆服务	7.13	24.78
体育中介服务	14.78	4.76
体育培训与教育	14.65	14.64
体育传媒与信息服务	9.07	4.96
其他体育相关服务	11.52	12.21
体育用品及相关产品制造	-8.31	9.95
体育用品及相关产品销售、出租与贸易代理	-5.10	11.89
体育场地设施建设	67.14	23.41

资料来源：体育蓝皮书：国家体育产业基地发展报告（2017~2018）［R］.北京：社会科学文献出版社，2019.

第二节　中美体育产业就业效应的比较研究

当前，我国经济发展已经进入调结构、促转型的新常态阶段，产业结构的调整优化必然会涉及劳动力的就业水平和就业结构问题，第三产业开始取代制造业成为吸纳劳动力的重要途径。体育产业呈现出现代服务业的各项特征，代表了新型现代化产业业态，经过改革开放以来多年的发展，我国已经大幅提高了体育产业总产值和增加值，同时体育服务业比重持续上升，吸纳城镇新增就业的能力显著增强。从主要发达国家体育产业就业的发展特征来看，体育产业就业人数占总就业人口比重普遍达到1%以上，体育产业成为吸纳就业的重要行业，体育从业者社会认同极高，体育职业报酬水平得到快速提升。根据美国劳工部劳动统计局（BLS）发布的数据显示，具体来说，2024年美国体育产业的就业人数约为400万人，这个数字包括了各种体育相关的职业，如运动员、教练、裁判、体育管理人员等。其中从事娱乐休闲产业就业人数达到约355万人，约15万人从事体育用品批发贸易，约30万人从事零售体育用品零售。根据2021年国家体育总局对外公布的《"十四五"体育发展规划》，"十四五"时期，我国体育产业总规模预计达到5万亿元，增加值占国内生产总值比重达到2%，居民体育消费总规模超过2.8万亿元，从业人员超过800万人。国家统计局最新数据显示，从产业规模来看，2021年全国体育产业总规模（总产出）为31 175亿元，增加值为12 245亿元，而2018年我国体育产业就业人口仅为443.9万，体育产业从业人员在数量规模上存在着巨大缺口（见表4-2）。特别是在当前经济下行压力加大，体育产业成为国民经济的支柱性产业的情况下，体育产业的发展将在稳就业、促民生方面处于更加突出的位置，成为扩大社会就业的重要渠道。

表4-2　　　　　　　　中美体育产业就业人数发展情况

年份	总就业人数（万人）		体育产业就业人数（万人）		体育产业就业占总就业人数比重（%）	
	中国	美国	中国	美国	中国	美国
2013	76 977	14 442	396	154	0.51	1.07
2014	77 253	14 719	426	158	0.55	1.08
2015	77 451	14 970	400	161	0.52	1.08
2016	77 603	15 180	440	169	0.57	1.11

年份	总就业人数 （万人）		体育产业就业人数 （万人）		体育产业就业占总就业 人数比重（%）	
	中国	美国	中国	美国	中国	美国
2017	77 640	15 360	442	175	0.57	1.14
2018	77 586	15 648	444	181	0.57	1.16

资料来源：（1）中国体育就业人数数据主要来自国家统计局和国家体育总局发布的《全国体育产业总规模和增加值数据公告》，其中 2013 年和 2017 年体育产业从业人员数依据基础数据差值估算得到；总就业人数来自国家统计局公布的各年度统计年鉴；（2）2014 年美国体育产业就业数据主要来自美国劳工部劳动统计局（BLS），其他年份数据来自美国国民经济分析局（BEA）提供的《美国户外娱乐卫星账户和各州原型（2017）》（Outdoor Recreation Satellite Account，U. S. and Prototype for States，2017），根据"艺术、娱乐和休闲"中 2012～2017 年的就业数据对剩余年份的就业人数调整获得；总就业人数来自美国劳工局统计局（BLS）发布的 16 岁及以上人口总计（非季调）。

一、中美体育产业就业直接效应的比较分析

（一）就业规模效应分析

一般情况下，衡量某一产业或行业的就业水平主要采用就业增长率和就业吸纳弹性系数。就业增长率是指某一行业或产业在单位时间内就业增加量占总体就业量的比例，但其只考虑时间序列下的就业增长速度而忽视了产值的变化。就业吸纳弹性系数是衡量某一时期行业拉动就业增长量变化的一个指标。体育产业的就业吸纳弹性是指体育产业产出增长的单位变动所带动的就业增长变动的大小，一般用就业吸纳弹性来衡量体育产业吸纳就业的能力和变化趋势。就业吸纳弹性系数的公式如下所示：

$$E_i = \frac{\Delta L_i / L_i}{\Delta Y_i / Y_i}$$

其中，E_i 表示就业吸纳弹性系数，ΔL_i 表示体育产业单位时间就业增量，$\Delta L_i / L_i$ 表示体育产业就业人数增长率；ΔY_i 表示体育产业单位时间产值增量，$\Delta Y_i / Y_i$ 表示体育产业产值增长率。这里，就业吸纳弹性系数 E_i 越大，表示产业单位经济增长带动就业增长的能力更强，产业的吸纳就业能力更

好，反之说明产业经济增长对就业并不会有明显的拉动作用。利用中美两国体育产业的就业人数和增加值数据，测算得出中美体育产业就业吸纳弹性系数如表4-3所示。

表4-3　　　　　　　　　中美体育产业就业吸纳弹性系数比较

年份	体育产业就业增长率 $\Delta L_i/L_i$（％）		体育产业产值增长率 $\Delta Y_i/Y_i$（％）		就业吸纳弹性系数（E）	
	中国	美国	中国	美国	中国	美国
2014	7.58	13.41	2.53	4.36	0.5650	0.5797
2015	-6.10	35.97	1.60	4.94	-0.1697	0.3240
2016	10.00	17.84	4.83	4.78	0.5604	1.0096
2017	0.45	20.64	3.70	4.56	0.0220	0.8117
2018	0.43	29.02	3.57	4.36	0.0148	0.8184

从以上中美体育产业的就业吸纳弹性系数的变动趋势可知：

（1）除2015年外，中美体育产业的就业吸纳弹性系数皆为正数，表明体育产业吸纳劳动力的能力与其发展水平呈正相关关系，体育产业的就业规模效应为正。

（2）美国体育产业的就业吸纳弹性系数明显强于中国，说明美国体育产业具有显著的直接就业吸纳效应。而中国处于体育制造业向体育服务业转型阶段，产业的提质增效伴随的是劳动力资源的重新配置，存在业态调整、规模扩张、内部结构重组等因素带来就业总量增长停滞的问题，但内部存在吸纳就业方面的结构性差异。

（二）就业质量效应分析

1. 产业结构偏离度分析

为进一步研究中美体育产业直接吸纳劳动力的效应和劳动力就业增长的趋势（见图4-1），引入产业结构偏离度系数来衡量体育产业结构与就业结构之间的匹配程度。一般来讲，产业产值结构的变化会引起劳动力就业结构之间的相应变化，但两者之间可能会存在不对称的状态，产业结构偏离度系数可以用来判断体育产业结构状况与劳动力就业状况之间是否协调。产业结构偏离度系数可用某一产业的增加值比重与相应的劳动力比重之比与 1 的差表示，公式如下所示：

$$P_i = \frac{Y_i/GDP}{L_i/L} - 1$$

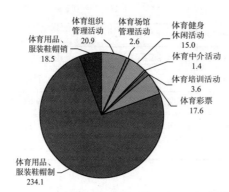

主要体育产业	法人单位（万个）	从业人员（万人）
体育服务业	14	120.1
体育健身休闲活动	4.7	38
体育传媒与信息服务	0.7	—
体育管理活动	3.2	24.1
体育制造业	4.3	236.3
运动服装和运动鞋帽制造	2.2	160.9
体育用品及相关产品销售、出租与贸易代理	5.1	54.5
体育用品及器材销售	3.4	16.2

图 4 - 1　2008 年、2018 年中国体育产业细分行业从业人员情况

资料来源：国家统计局．中华人民共和国 2017 年国民经济和社会发展统计公报；国家体育总局．2017 年全国体育行业职业技能鉴定工作报告。

其中，P_i 表示某一产业的产业结构偏离度系数，Y_i/GDP 表示某一产业占总产值的比重；L_i/L 表示某一产业就业人数占总就业人数的比重。体育产业的产业结构偏离度主要用来反映体育产业总产出对劳动力就业吸纳的潜力。若结构偏离度大于 0，说明体育产业产值份额大于就业份额，表示产业有进一步吸纳就业的潜力；若结构偏离度小于 0，则说明产业产值份额低于就业份额，表示产业可能存在着劳动力过剩；若结构偏离度为零，即产业产值份额与就业份额持平，表示行业结构没有偏离。市场经济体系下的完全竞争环境下，如果不存在税收等产业壁垒，劳动力处于完全自由流动，产业结构偏离度将逐渐趋向于零，最终达到产值结构与就业结构的均衡。

从以上中美体育产业的行业结构偏离度的变动趋势（见表 4 - 4）可知：

（1）中美体育产业的结构偏离度均为正值且持续增长，表明体育产业的生产效率较高，产值比重均高于就业比重，说明体育产业吸纳劳动力的潜力较大，中美体育产业对就业具有显著的正向直接吸纳效应；

（2）美国体育产业的结构偏离度较大且相对稳定，在 2015 年达到峰值后出现缓慢的下降趋势，表明体育产业产出对就业的相对吸纳能力处于稳定水平。中国体育产业的结构偏离度在 2015 年出现大幅上升，主要在于体育服务业的快速发展对劳动力就业的需求上升，使得就业结构偏离度不断上升，结合弹性系数的分析结果看，体育产业在未来一段时期内仍是解决我国新增劳动力就业的重要途径。

表 4 - 4 　　　　　　中美体育产业的行业结构偏离度比较

年份	中国	美国
2013	0.1681	1.4425
2014	0.1387	1.4714
2015	0.5444	1.5228
2016	0.5300	1.5158
2017	0.6491	1.5073
2018	0.9161	1.5007

2. 就业薪酬水平分析

劳动力的薪酬水平与薪酬竞争力，也是反映就业质量的一个重要评价指标。一方面在于工资水平反映了劳动力市场上的供求关系，劳动力自身素质、技能与工作岗位的匹配导致不同岗位员工的薪酬结构存在较大的差异性；另一方面，产业发展带来的效率提升带动了新型就业岗位的出现，市场发展日益成熟推动从业人员的薪酬稳步上升。根据美国劳工部公布的薪酬水平，2017 年美国体育产业相关职业报酬实现 17.6% 的增长，其中运动员和相关体育比赛参与者实现 9% 的增长率，远高于同期全社会年薪增长率 8.2%（见表 4 - 5）。我国体育产业在赛事运营、体育中介服务等专业岗位上普遍存在较大的人才缺口，尤其是与那些已经拥有发达职业体育赛事的国家相比，他们的体育产业一直都是吸纳劳动力的重要产业渠道。我国特别是在赛事经验、过往业绩等考察重点的高端体育商业化人才最为稀缺。根据科锐国际发布的《2019 人才市场洞察及薪酬指南》，健身、体育培训、世界杯营销、体娱结合方向的人才需求较为强烈，一线城市体育人才开始逐渐流向二三线新兴城市带，体育产业在扩大就业和带动相关产业就业方面仍然具备很大的发展潜能。

表 4-5　　　　2011 年、2017 年美国体育产业相关职业报酬

主要职业	职业代码	2011 年		2017 年	
		从业人数（千人）	平均年薪（美元）	从业人数（千人）	平均年薪（美元）
运动员、教练、裁判和相关工作者	27-2020	12.6	79 830	10.8	87 030
运动员和体育比赛参与者	27-2021	193.8	36 340	234.0	43 870
教练员和球探	27-2022	15.6	29 640	19.1	36 440
裁判员和其他体育官员	27-2023	222.1	38 342	266.9	45 085

资料来源：美国劳工部劳动统计局（BLS）.2017 年美国非农业就业人数报告［R］.

二、基于投入产出法的中美体育产业就业带动效应比较分析

以投入产出表的经济含义为依据，选取中美体育部门劳动者报酬替代就业人数作为指标，以体育部门与其他产业部门间的直接和间接关联为基础，可以测算出体育部门的直接、间接就业贡献。由于体育产业就业人数在统计上可能存在一定的误差，劳动力报酬能够更加清楚地反映各产业部门对劳动力的消耗，同时与市场呈现出一定的波动关系，是劳动需求的真实反映，因而能够反映产业部门的实际就业贡献。

直接就业贡献 DE_j 主要用来测算第 j 产业部门单位总投入需要的单位劳动者报酬，直接反映劳动者创造的实际就业贡献。公式表示为：

$$DE_j = \frac{W_j}{X_j},\ j = 1,\ 2,\ 3,\ \cdots,\ n$$

其中，W_j 表示第 j 部门的劳动者报酬，X_j 表示第 j 部门的总投入。间接就业贡献 IE_j 主要用来测算由于产业各部门间的关联带来的间接就业贡献，

进一步可理解为第 j 产业部门单位产出增加带动其他产业部门需求量增加，与各自产业部门完全就业贡献的乘积的和。公式表示为：

$$IE_j = \sum_{k=1}^{n} E_k a_{jk} , \quad j = 1, 2, 3, \cdots, n$$

因此，完全就业贡献可表示为

$$E_j = DE_j + IE_j$$

其中 $E = (E_1, E_2, \cdots, E_n)^T$，$DE = (DE_1, DE_2, \cdots, DE_n)^T$ 分别表示直接就业贡献、间接就业贡献向量。因此

$$E = DE + A \times E = (I - A)^{-1} DE$$

根据上文获得的中国体育部门 20×20 投入产出表，以及美国体育部门 16×16 投入产出表，这里中国体育部门主要对应体育管理活动、体育竞赛表演活动、体育健身休闲活动、体育场地和设施管理四个大类，美国体育产业中的"艺术、娱乐和休闲"涵盖"观赏体育、赛事推广、体育经纪、休闲体育"为主的体育服务业，通过测算可得中美两国体育部门的直接和完全就业贡献（见表 4 - 6）。

表 4 - 6　　　　　中美两国体育部门的直接和完全就业贡献

中国	直接就业贡献	完全就业贡献	美国	直接就业贡献	完全就业贡献
农林牧渔业	0.5927	0.9879	农林牧渔业	0.1298	0.4020
采矿业	0.1805	0.8258	采矿业	0.1382	0.4315
制造业	0.0848	0.4109	公用事业	0.1782	0.4479
电力热力燃气及水生产和供应业	0.0463	0.5132	建筑业	0.3447	0.4238
建筑业	0.1072	0.1198	制造业	0.1786	0.3802
批发和零售	0.3027	2.5251	批发业	0.3012	0.9376
交通运输仓储和邮政业	0.1070	0.6373	零售业	0.3823	0.4930
住宿和餐饮业	0.0452	0.4690	交通仓储业	0.3039	0.7075
信息传输软件和信息技术服务业	0.0658	0.3098	信息业	0.2099	0.4497

续表

中国	直接就业贡献	完全就业贡献	美国	直接就业贡献	完全就业贡献
金融业	0.2571	0.7874	金融、保险、地产租赁业	0.1407	0.3750
房地产	0.1136	0.5586	专业性和商业服务	0.4569	0.8685
租赁和商务服务业	0.2587	1.0759	教育服务、卫生保健和社会援助	0.5004	0.5160
科学研究和技术服务业	0.2262	0.4282	艺术、娱乐与休闲	0.3434	0.4790
水利环境和公共设施管理业	0.1999	0.4204	住宿和餐饮服务	0.3701	0.5033
居民服务修理和其他服务业	0.4117	0.7300	政府以外的其他服务	0.4419	0.6101
教育	0.5288	0.5651	政府	0.5044	0.5238
卫生和社会工作	0.3015	0.3134			
文化娱乐业	0.0789	0.3392			
体育部门	0.3787	0.4203			
公共管理社会保障和社会组织	0.5040	0.5277			

从直接就业贡献来看，体育部门在服务业中仅次于教育、公共管理和居民服务业，体育行业每增加 1 万元总投入会直接拉动劳动者报酬增加 0.3787 万元，而间接就业贡献为 0.0416 万元，直接就业贡献与间接就业贡献之比为 9.1∶1，表明体育行业的间接就业效应较弱，在未来的产业关联带动就业中有较大提升空间。

相比来看，美国艺术、娱乐与休闲行业直接就业贡献为 0.3434，但由于其涵盖文化和娱乐行业，以观赏体育、赛事推广、体育经纪、休闲体育为主的体育服务业其直接就业贡献应该更高。艺术、娱乐与休闲行业间接就业贡献为 0.1356，直接就业贡献与间接就业贡献之比为 2.53∶1，美国体育产业的联动就业效应远大于中国。

第三节　本章小结

体育产业在拓宽就业渠道、带动社会就业方面一直扮演着重要角色。以美国为首的发达国家体育产业特别是职业体育赛事创造了大量的就业岗位，具有产业进入门槛相对较低和劳动密集度高的特征，能够吸收剩余的劳动力，消解非自愿性失业。我国体育产业就业市场仍然存在直接就业吸纳能力不强、产业关联就业贡献不足的问题。

体育产业是现代服务业的重要组成部分，对于调整社会劳动力结构、提高就业率具有非常重要的作用。我国体育产业吸纳就业能力不强，体育从业者社会认同度有待提升，体育职业报酬水平需要得到进一步提高，体育产业特别是体育服务业从业人员在数量规模上存在着巨大缺口。中国处于体育制造业向体育服务业转型的阶段，2018 年中美体育产业就业占总就业人数比重分别为 0.51%、1.07%，就业吸纳弹性系数分别为 0.0148、0.8184，行业结构偏离度分别为 0.9161、1.5007，美国体育产业的就业吸纳弹性系数、行业结构偏离度明显强于中国，并且体育产业产出对就业的相对吸纳能力处于稳定水平。

从体育产业就业带动效应来看，中美体育产业直接就业贡献分别为 0.3787、0.3434，间接就业贡献分别为 0.0416、0.1356，直接就业贡献与间接就业贡献之比两者差距巨大，美国体育产业联动就业效应远大于中国。

第五章　中美体育产业贸易效应的比较研究

从欧美发达国家参与体育产业的全球化竞争来看，一批大型全球化体育公司在世界各地参与体育跨国投资、生产体育用品、举办大型知名体育赛事并参与赛事转播和场馆运营，一些体育爱好者在境外以观看国际赛事、享受体育康复保健服务等方式参与体育消费，围绕运动员、执业教练等人力资本以及金融资本的体育生产要素加速在全球流动，多元且强劲的推动力量使得体育产业成为全球化进展飞速的产业之一。国家体育总局在2021年对外发布的《"十四五"体育发展规划》，着重指明要继续拓宽体育服务贸易领域，在自由贸易试验区探索开展体育产业政策创新试点，培育一批体育服务贸易示范区。中美作为世界最大的两个经济体，在全球体育贸易市场中占据较多市场份额。以体育服务贸易为核心的体育产业开放发展，需要发挥我国体育产业制造基地的龙头带动作用，营造有利于体育服务业技术创新和人才汇聚的环境，促进产业集聚和规模效应，形成体育服务业相对集中的开放平台，实现我国体育产业由市场化加深阶段向规模扩大、结构升级阶段的转变。

第一节　体育贸易概念及相关分类界定

体育国际贸易实务中，并不会对体育贸易某个产品的分类或内涵外延进行界定，不同体育产品服务在提供方式之间也可能存在有机的经济关联。体育活动在跨国贸易中可以区分为两种形态，一种是以体育经济和价值功能为特征的体育贸易活动，包括体育竞赛表演、培训或健身、娱乐、经纪等内容；另一种是以体育组织为主体进行的贸易活动，包括体育用品贸易等内容。本书认为，体育贸易主要区分为实物贸易和服务贸易，是指一国的法人或自然人在其境内或进入他国境内提供体育产品或服务的贸易行为，包括两个基本内涵：（1）体育服务贸易，包括体育竞赛表演活动、健身休闲活动、场馆运营、经纪与代理、广告与会展、表演与设计、体育教育与培训、传媒与信息服务等其他与体育相关的服务为内容的贸易；（2）体育用品贸易，包括运动鞋、运动服饰、装备、器材、球类及其他健身器材等体育运动用品和相关产品的贸易。随着体育产业领域的拓展，体育贸易的边界和外延也将得到更大的丰富。

　　体育贸易的行为可以借鉴世界贸易组织《服务贸易总协定》（GATS）从流通、交易的角度所定义的四种模式。一个国家或地区的体育经济参与国际贸易，在产品和服务层面均可以体现为跨境交付、境外消费、商业存在和自然人流动四种交易模式（见表 5-1）。除此之外，体育产业资本的跨境投融资也可视为体育服务贸易的重要组成部分，服务于一国的跨国体育产业活动中。江小涓借鉴服务全球化的定义，从国际经济学的角度将职业体育全球化定义为以赛事提供和消费为目的而产生的国际交易，包括服务产品进出口（赛事转播）、跨国生产（海外举办赛事）、跨国消费（跨国观看赛事）和生产要素跨国流动（人力资本国外效力和海外资本投资）等若干形态，对于理解体育服务贸易具有一定的参考意义。①

表 5-1　　　　　　　　　　跨国体育活动的四种交易模式

序号	交易模式	主要内容和表现形式
1	跨境交付 （cross-border supply）	产品和服务提供者通过邮政、网络、电信等方式跨越一方所在领土提供体育相关产品和服务的方式，包括赛事转播、票务销售、体育用品收寄等

---

①　江小涓. 体育产业的经济学分析：国际经验及中国案例［M］. 北京：中信出版社，2018.

续表

序号	交易模式	主要内容和表现形式
2	境外消费 （consumption abroad）	服务提供者在所在领土内向其他领土的成员提供体育服务的方式，包括境外短暂居留期间观看外国赛事、体育旅游、休闲垂钓或享受体育康复保健服务等
3	商业存在 （consumption presence）	服务提供者在其他领土成员国内，通过设立代表处和分支机构等形式提供体育相关服务的方式，包括跨国体育传媒广告公司为他国体育企业提供赞助服务、跨国开设体育培训机构、以资本交易为贸易对象的跨国体育投融资活动等
4	自然人流动 （presence of natural persons）	服务提供者以自然人存在的方式在其他领土成员国内提供体育相关服务的方式，包括外国教练执教、运动员外援在国内体育俱乐部工作或进行商业比赛等

联合国教科文组织文化统计框架（UNESCO）作为目前国际较为通行的统计标准，认为体育活动是具有文化特征但其主要组成部分不是文化的活动，包括事业性、竞技型体育活动以及健身、保健和娱乐活动，特定的体育运动与其文化身份、社会传统结构密切相关。欧盟分类中将观看体育赛事也视为文化活动，因此将其作为文化相关领域（related domains）纳入统计框架中。这里 UNESCO 主要包括 HS 9504、HS 9506、HS 8903、HS 9508 等体育运动和体育娱乐两大类别。

第二节 中美体育产业贸易效应的比较分析

一、中美体育产业贸易发展现状分析

（一）中国体育产业贸易发展现状分析

我国是全球体育用品及相关产品的制造大国，同时也是全球规模最大、门类最齐全的体育用品出口大国。近年来，我国体育产业对外贸易已经取得长足的发展，体育用品进出口贸易在国际贸易中仍然发挥着举足轻重的作用。但是，除中超、中网、CBA 等赛事具有较高商业价值外，目前国内具备全球竞争力的体育顶级赛事品牌寥寥无几，国内体育产业资本参与跨国并购以及签约赞助多项国际赛事获取市场营销权及媒体版权等具有一定的盲目性，对跨国体育版权等体育贸易认识仍然不够深刻。因此，只有加快国内体育市场的服务供给和提升我国体育服务业的对外开放水平，引进全球优质资源参与国际竞争，才能推动体育产业由大到强并形成全球核心竞争能力，实现由贸易大国向贸易强国、体育大国向体育强国的不断发展。

1. 中国体育用品贸易概况

体育用品进出口规模方面，根据中国体育用品业联合会数据，2017 年我国体育用品进出口形势有所回暖，全年进出口总额 177.4 亿美元，同比增长 4.2%，实现贸易顺差 159.2 亿美元，同比增长 4.1%。出口方面，自 2006 年我国出口各类体育用品首次突破 100 亿美元以来，由于国际市场环境恶化需求受阻，中国体育用品进出口总额在 2016 年出现大幅下滑，同比下降 17.3%。2017 年我国体育用品出口 168.3 亿美元，同比增长 4.1%。进口方面，2016 年体育用品进口额达到 8.6 亿美元，同比下降 9.5%，2017 年体育用品进口额 9.1 亿美元，同比增长 5.8%。整体来看，我国体育用品对外贸易仍然以出口导向型为主，进出口各分项呈现"同增同减"的特征，进口增长率逐年高于同期体育用品出口增长率，体育用品对外贸易仍然保持稳定的增长态势（见表 5 – 2）。

表 5 – 2　　　　　　2015～2017 年中国体育用品进出口状况　　　　单位：亿美元

项目	2014 年	2015 年	2016 年	2017 年
进口额	11.1	9.5	8.6	9.1
出口额	189.7	195.4	161.6	168.3
进出口总额	200.8	204.9	170.2	177.4
贸易顺差	178.6	185.9	153.0	159.2

资料来源：中国体育用品业联合会：《2018 年中国体育用品产业发展报告》。

从体育用品各分类进口、出口额及占比来看，排名前列的产品类别主要包括训练健身器材、高尔夫运动用品、运动鞋和运动服装四大类别。按照中国海关数据显示，我国运动器材类出口常年居于首位。2018年，我国训练、健身、竞赛类运动器材及设备出口总额达到67.72亿美元，实现贸易顺差64.96亿美元，其中归属健身器材部分的出口总额为32.13亿美元，同比增长11.98%，实现贸易顺差30.25亿美元，其中跑步机的进出口总额约占该类商品进出总额的10.88%（见表5-3）。

表5-3　　　　　　2018年中国体育用品各分项进出口状况　　　单位：亿美元

序号	分类名称	进口额	出口额	贸易顺差
1	运动服装	3 358.82	20.91	20.58
2	运动鞋	2.22	21.91	19.69
3	户外装备（除服装、鞋靴及其他衣着配件）	484.75	18.64	18.59
4	球类运动用品（含球拍）	7 830.37	13.58	12.8
5	训练、健身、竞赛类运动器材及设备	27 500	67.72	64.96
6	滑雪装备（除服装及鞋靴）	1 585.02	1.69	1.53
7	高尔夫运动用品（除服装及鞋靴）	23 000	27.28	24.98
8	水上运动商品	11 400	11.27	10.13
9	自行车运动商品（不含头盔眼镜等配件）	3 359.39	10.21	9.88
10	航空飞行运动商品（不含头盔眼镜等配件）	21.99	164.94	142.94
11	射击运动商品（枪械及配件）	185.09	2 691.41	2 506.33
12	保龄球运动商品	298.68	1 805.39	1 506.70
13	棋牌运动商品	2 931.40	10.56	10.56
14	垂钓运动商品	6 739.41	14.70	14.03
15	运动防护用品（肢体防护为主）	1 231.85	1.67	1.54
16	滑板运动用品	260.20	1.29	1.26
17	台球运动用品	384.08	1.31	1.27

资料来源：中国体育用品业联合会：《2018年中国体育用品产业发展报告》。

出口产品结构和市场方面，2018 年我国体育用品外销占比 38.6%，内销占比逐年提升至 61.4%，内销占比较 2012 年已提升 11.2%。我国体育用品出口市场主要集中在美国和欧盟，两者的出口额占比超过一半。尽管近年来劳动密集型产业逐步转移至非洲、东南亚等劳动力更为廉价的地区，我国体育用品出口类型仍然以劳动密集型为主，部分航海等大型商用和专用器材等设备密集型产品技术含量有待提高，表明我国在全球价值链中仍然处于"微笑曲线"的底部，在研发、设计端等高附加值领域仍不具备足够的竞争力。

2. 中国体育服务贸易概况

我国体育服务贸易发展仍处于初级阶段，新型体育服务贸易业态呈现出快速增长的态势。当前，体育服务贸易已经成为体育全球化进程中最为活跃的单元，直接体现为一个国家或地区体育产业发展的核心竞争力，以体育职业赛事（引进赛事和自主赛事）、体育中介（职业经纪和专业咨询）和体育知识产权服务（赛事版权和无形资产）为核心内容的体育服务贸易溢出效应日益凸显，对体育用品、旅游康养、餐饮住宿、传媒出版、户外休闲、交通运输等产业具有极强的辐射性和广泛的关联性。体育服务贸易成为众多国内城市提高国际影响力的着眼点，上海提出成为世界一流的国际体育赛事之都和国内外重要体育的资源配置中心，体育服务贸易连续三年列入上海服务贸易促进指导目录；成都近年来不断承办申办各类洲际锦标赛和世界综合性运动会，努力打造成世界赛事名城。通过拓宽体育服务贸易领域，扩大体育服务贸易规模，培育门类多样、健康有序的体育服务贸易市场，对于挖掘和释放消费潜力、培育经济增长新动能具有重要意义。

（1）体育赛事服务贸易。

体育赛事服务贸易方面，我国已基本形成由职业联赛、商业赛事、综合赛事和单项竞赛组成的竞赛表演市场格局。根据 SPORTCAL 公布的《2019 年全球体育影响力报告》，2019 年中国在各国（2013～2026 年）已经和即将举办的具有重大国际影响力的体育赛事数量以及影响力排名中居于首位，综合或单项重大国际体育赛事（部分赛事由不同国家和多个城市举办）举办数量达到 43 场，得分首次超过美国并在国际赛事中崭露头角，体育赛事国际影响力不断提高（见表 5-4）。

表 5-4 2013~2026 年全球体育影响力指数排名

名次	国家	赛事数量（场）	得分情况
1	中国	43	40 709
2	美国	49	40 619
3	日本	29	39 631
4	英国	30	32 770
5	俄罗斯	32	32 378
6	加拿大	42	29 925
7	法国	28	28 196
8	德国	37	27 846
9	意大利	29	22 858
10	西班牙	19	19 192

资料来源：Sportcal Global Communications Ltd. , GSI Nations Index.

尽管目前中国职业赛事尚处于商业化初期，但中超联赛和 CBA 联赛已经成为当前国内职业体育最具竞争力的赛事体系。根据中超公司、德勤管理咨询发布的《2018 中超联赛商业价值评估白皮书》，随着中超联赛赛事质量和经济水平提升、联赛球迷数量的增长，中超联赛价值国际排名已经从 2013 赛季的第 43 名跃升至 2016 赛季的第 14 名，2018 年中超公司总收入达到 15.93 亿元。五大联赛顶级外援的持续加盟推动联赛竞技水平的提高，联赛的明星效应和比赛观赏性的提升使得中超公司获得国外媒体的广泛关注。目前中超联赛已覆盖全球 96 个国家和地区，场均观众数量和比赛转播累计收视人次分别从 2004 年的 1.1 万人/场和 1.4 亿人次增长至 2018 年的 2.4 万人/场和 6.9 亿人次，赛事收视率和播出时长占比相对于欧洲顶级联赛等足球赛事仍处于较高的水平，国际竞争力和国际影响力得到长足的进步（见表 5-5）。虽然国内篮球在全球范围内的综合影响力与足球相去甚远，但篮球的受欢迎程度却远远超过足球，在所有项目当中高居第一。根据腾讯体育与企鹅智库联合发布的《2018 年中国篮球产业报告》，中国 CBA 联赛在 2015～2016 赛季现场观众总人数和场均观众均创造近七个赛季的最高点，奥运篮球赛和 FIBA 世界杯等篮球赛事未来将会吸引更多的关注度和产生巨大的社会影响力。

表 5 - 5　　　　中超联赛海外转播持权名单和外援引入统计一览

中超联赛海外转播持权名单（2018 年）		中超联赛外援引入统计（2013～2018 年）	
海外转播地区	主要海外转播名单	引入外援地区/位数	人均转会金额（英磅）
美洲地区 35 个	SNTV、Fox、BandSports、CWC	北美转会 2 位	1 710 000
非洲地区 16 + 个	Star Times、Dubai TV、Dubai Media	五大联赛转会 43 位	4 176 279
欧洲地区 19 个	FOX、Sky、Ma Chane Sport、Sport-Digital、Polsat、RTI、S. PA、Sportklub、Mtel	欧洲其他转会 78 位	3 382 167
中东地区 14 个	Dubai TV、Dubai Media、Charlton	亚洲转会 45 位	1 653 467
亚洲地区 7 + 个	TMD macau、Kantana、Pt. MNC Skyvision、ATR、Orientivity、Saran	大洋洲转会 7 位	612 857
其他持权媒体	Reuters、Wyscout、PERFORM	南美转会 30 位	2 082 628

资料来源：中超公司、德勤管理咨询：《2018 中超联赛商业价值评估白皮书》。

商业性赛事服务方面，2019 年举办的上海 ATP1000 大师赛、苏迪曼杯世界羽毛球混合团体锦标赛、冰壶世界杯亚太地区分站赛与总决赛、国际汽联世界一级方程式锦标赛（F1）等多项顶级国际赛事开始打上中国烙印，运营方市场化的运作模式已基本跟国际接轨，社会参与和市场化运作范围越来越广泛。群众赛事服务方面，北京、上海等国际马拉松赛及环青海湖国际公路自行车赛等已发展成为亚洲乃至全球的顶级赛事，中国田径协会发布的《2018 中国马拉松年度报告》显示，2018 年全国共举办马拉松及相关运动赛事达 1 581 场，累计参赛人次 583 万，较 2011 年增加约 70 倍。冰雪运动、极限运动、航空运动等项目单项赛事内容不断丰富，赛事服务已形成多板块、多项目、多产业融合发展的局面，并与旅游、文化、养老共同成为服务业增长的新动力。

（2）体育中介服务贸易。

我国体育中介服务处于刚刚起步阶段，尚未形成专业化的中介服务贸易市场，围绕赛事、俱乐部和运动员为主体的体育经纪、营销和活动策划服务的商业模式仍处于探索过程中。由于历史上体育行政管理部门对知名运动员广告代言等商业化开发的限制，依托于职业体育赛事服务的体育经纪市场长期处于较低水平。现有从事体育经纪的企业多为公关、广告或传媒公司，即使具备专业体育经纪知识和熟悉国内外市场行情的体育经纪组织在转让承办和推广过程中依然面临较多阻碍。国内诸多赛事虽然引入外援提升联赛水平，但大多与国内经纪公司没太大关联。现阶段主要涉及体育赛事运营的公司大多选择与国际知名经纪公司合作，参与国内外各年龄段运动员（教练）的培养、遴选、输送、肖像权商业开发，以及国际顶级俱乐部的品牌深度合作、收购运营等多方面业务，用以发掘国内体育经纪市场的潜在资源。在国内体育营销市场上，专业化的体育营销机构较少且规模较小，体育营销客户主要为知名运动品牌商，体育营销市场仍然具备较大的潜在增长空间。根据市场研究公司 Zenith 于 2018 年发布的《俄罗斯世界杯公司赞助报告》，2018 年俄罗斯世界杯中国赞助商数量达到史上最高的 7 家，从无到有且赞助费用高达 54 亿元，占整个世界杯赞助费用的40%，知名运动品牌的广告赞助业务可能是专业化体育营销公司的有效切入点。上海推行的体育服务贸易政策，重点针对国际转会市场上有转会交易的职业体育俱乐部或机构、国际球员转会、海外教练员引进以及海外体能或医疗康复团队引进的交易进行引导扶持，逐步培育我国体育中介等重点专业服务领域的比较优势。

（3）体育知识产权服务贸易。

体育知识产权服务主要涵盖体育赛事版权、体育组织、体育场馆、体育活动名称与标志等无形资产的开发与交易的相关事项，其中体育赛事版权贸易是体育知识产权服务贸易的重要组成部分，涉及体育赛事转播权、赞助权、周边产品的交易权以及媒体直播、转播、录播等权利。

体育赛事版权进口贸易方面，早期体育版权进口由于央视独家垄断具备较高的议价能力，授权费用定价并不高昂。随着《关于加快发展体育产业促进体育消费的若干意见》直接打破央视对赛事版权的垄断，新媒体逐渐取代传统媒体成为主要收视渠道，国内外体育赛事版权得到体育资本的青睐。中超、意甲、西甲、英超、NBA 的独家全/新媒体版权由体奥动力、PPTV、新英体育、腾讯体育获得，体育赛事版权媒体呈现苏宁体育、腾讯体育两大阵营寡头垄断的竞争格局，新进入者基本很难获得知名赛事的独家版权。苏宁体育已获得欧洲五大联赛、欧冠、亚冠、中超在内的国际顶级足球赛事以及 UFC、WWE 等搏击类小众赛事版权，腾讯体育已拥有NBA、NCAA、CBA、FIBA 系列国际顶级篮球赛事版权以及 F1、UFC 等细分领域赛事版权，两大阵营分别形成足球和篮球产业为标签的赛事版权矩阵（见表 5 - 6）。这些顶级体育赛事的 IP 版权同样使得体育资本方肩负巨大变现压力，体育版权已从单纯依靠资本向赛事商业价值综合开发运营过渡。

表 5 - 6　　　　　　　　　两大阵营国际顶级赛事版权签约情况

购买方	赛事	形式	期限	签约金额
腾讯体育	NBA	数字媒体独家官方合作伙伴	5 年（2020～2025 赛季）	15 亿美元
	FIBA	数字媒体中国区独家合作伙伴	9 年（2017～2025 赛季）	未披露
苏宁体育	西甲	全媒体版权	5 年（2015～2020 赛季）	2.5 亿欧元
	英超	独家媒体版权	2 年（2019～2021 赛季）	7.21 亿美元
	意甲	新媒体版权	3 年（2015～2018 赛季）	未披露
	德甲	全媒体独家版权	5 年（2018～2023 赛季）	未披露
	法甲	新媒体独家版权	3 年（2018～2021 赛季）	未披露
	欧冠	每轮直播 2 场	3 年（2018～2021 赛季）	2 000 万元以上
	亚冠	全媒体转播权	3 年（2017～2020 赛季）	未披露

资料来源：笔者根据网络资料整理。

体育赛事版权出口贸易方面，尽管乒乓球等小众竞技项目在全球具备足够的竞争力，但其文化理念和观赏性不强难以获得国外观众的喜爱，相关赛事版权对外输出的收益基本无法覆盖其费用支出。中超联赛和 CBA 联赛成为目前具备赛事版权贸易出口条件的典型赛事。2017 年，中超通过全球知名体育营销公司 IMG 持续扩张其海外播放版图至五大洲 96 个国家和地区；2018 年，Eleven Sports 取代享誉全球的天空体育，获得 2019～2020 赛季中超联赛在英国和爱尔兰地区的独家直播权，同年 ESPN 接力 Brand Sport 将美国和巴西版权收入囊中（见表 5－7）。瑞士盈方自 2005 年成为 CBA 联赛和中国国家篮球队的全球独家市场合作伙伴以来，通过其赞助商、转播商和媒体营销的全球资源、专业知识、本土市场经验优势，推动中国职业篮球的全球商务推广。自此国内的体育赛事版权对外输出得到迅速发展，开始进入世界体育的视野。

表 5－7 中超联赛转播权、赞助收入情况

项目	2012 年	2013 年	2014 年	2015 年	2016 年	2017 年	2018 年
总赞助金额（亿元）	0.88	1.51	2.95	3.26	3.34	4.42	4.65
赞助商个数（个）	5	9	10	9	10	12	11
转播权收入（亿元）	央视等平台				体奥动力		
	0.21	0.13	0.17	0.19	10	10	10

资料来源：中超公司、德勤管理咨询：《中超联赛商业价值评估白皮书》。

（二）美国体育产业贸易发展现状分析

1. 美国体育用品贸易概况

美国体育用品主要指服装、鞋类和装备等与运动相关的所有产品。[①] 由于 20 世纪 80 年代以来运动鞋服品牌的流行，体育服装、鞋类开始与体育器材装备合并发展成为一个独立完整的产业。[②] 20 世纪 50～60 年代绝大多数体育用品的生产和贸易发生在发达国家之间。到 20 世纪 70 年代末，

---

① Richard A Lipsey. *The Sporting Goods Industry* ［M］. McFarland & Company Inc，Publishers，2006.

② Richard A. Lipsey. *The Sporting Goods Industry* ［M］. 2006.

大多数发达经济体的去工业化以及跨国公司的战略生产转移，推动了全球体育用品贸易专业化格局的形成。一方面，美国体育用品巨头耐克、锐步、爱德玛等开始通过外国直接投资、转包、对外加工贸易等方式外包劳动密集型产品，将生产外包于新兴国家的国内体育用品生产商，美国国内几乎不再生产体育用品，而只是交易巴基斯坦、印度尼西亚、中国和其他亚洲分包商生产的标志性商品。[①] 尽管近年来低档系列产品开始向劳动力更便宜的越南、柬埔寨等东南亚国家迁移，但是高档运动鞋服类用品仍然依赖技术纯熟的中国制造。根据美国服装和鞋类协会（AAFA）2017 年统计发布的《鞋服进出口状况及受限制物质清单》，2017 年全年美国进口鞋类 23.8 亿双，价值达 251.4 亿美元，其本土制造鞋类仅 2 500 万双，中国进口鞋类 17 亿双，价值达 148 亿美元，使鞋类成为美国进口商品排名第五大类别。另一方面，以美国为首的发达国家体育跨国企业在各自所在行业内逐步占据领先或主导地位。耐克（Nike）、锐步（Reebok）、匡威（Converse）、纽巴伦（NewBanlence）、爱德玛（UnderAmour）等全美前 50 大体育用品制造企业占据整个市场约 60% 的市场份额。通过全球领先的设计和研发能力，跨国公司开始输出产品标准和专利、品牌价值，利用新工艺、新材料、新技术引领新型体育用品的发展趋势。

2. 美国体育服务贸易概况

自 19 世纪初美国体育产业商业化以来，以观赏体育、赛事推广、体育经纪、休闲体育为主体的体育服务业已经成为体育产业的核心部门，相关衍生产业均得到专业化发展。20 世纪 80 年代，美国加快体育产业的资本化和国际化进程，这一时期美国职业体育开始采取出售电视转播权、举办全球知名赛事、接纳海外高水平球员参赛等方式扩大海外市场。ESPN 成立全球第一家 24 小时体育频道，苹果公司耗费巨资首次赞助超级碗赛事60 秒广告，体育运动品牌 Nike 和营销管理公司 IMG 积极开拓其海外业务布局。现阶段，职业体育已经发展成为高度全球化的产业，美国体育产业

---

① Price V. C., "Some causes and consequences of fragmentation", in Arndt S. W. and H. Kierzkowski, eds., *Fragmentation：New Production Patterns in the World Economy* [M]. Oxford：Oxford University Press，2001.

已经形成包括赛事运营、体育经纪和体育传媒等在内的产业链，形成结构庞大、内容丰富的成熟产业。

体育赛事服务贸易方面，美国职业体育已经形成电视转播、门票销售、赞助供应及合作伙伴和授权产品销售等全方位的体育赛事品牌价值变现渠道，多数联赛的海外市场收入远远超过本土。根据普华永道（PWC）发布的《2018年体育行业调查报告》，2015年全球体育赛事与媒体行业收入达到1 454.4亿美元，其中北美市场总额位居第一达到608亿美元。普华永道预计，北美体育市场未来将以3.2%的复合年增长率增长，其中转播权在2017年开始正式成为最大的细分市场，复合增速达到4.6%；门票收入趋于平稳甚至有所下降，伴随MLS和NHL向海外新市场扩张可能会经历增长，票务已经启动数字化转型用以获取消费者行为特征等数据；未来赞助收入的增长取决于博彩、数字媒体、专有权利、场馆标识和命名权等增量，将维持3.8%的复合年增长率；特许商品销售市场由于覆盖消费品类较广以及传统买方细分市场渗透较深，市场整体相对饱和，预计将以每年1.2%的速度增长（见表5-8）。

表5-8　　　　　　2014~2019年北美体育市场收入构成一览　　　　单位：亿美元

项目	2014年	2015年	2016年	2017年	2018年	2019年
门票收入	14 595	16 305 (11.7%)	18 372 (12.7%)	19 073 (3.8%)	20 138 (5.6%)	20 810 (3.7%)
转播权收入	17 448	17 963 (3.0%)	18 649 (3.8%)	19 015 (2.0%)	19 189 (0.9%)	19 051 (1.8%)
赞助收入	14 689	15 481 (5.4%)	16 301 (5.3%)	16 658 (2.2%)	17 169 (3.1%)	17 065 (4.0%)
商业收入	13 493	13 806 (2.3%)	13 966 (1.2%)	14 390 (3.0%)	14 565 (1.2%)	14 014 (0.9%)
合计	60 225	63 555 (5.5%)	67 288 (5.9%)	69 136 (2.7%)	71 061 (2.8%)	72 840 (2.6%)

注：括号内百分比表示该年数值相对于前一年的变动率。
资料来源：PWC. Outlook for sports market in North America through 2023.

体育中介服务联结着体育产业的上下游，其成长直接受益于体育服务业的发展情况，因此全球领先的体育中介服务公司均起步于北美和欧洲地区，并在 20 世纪 80 年代伴随新兴市场的崛起开始寻求全球化发展。美国拥有全球最大的体育经纪公司 CAA 和全球体育营销巨头 IMG，主要提供转播权与赞助权、组织代理、运动员经纪、体育并购咨询和制作管理顶级体育赛事等系列业务，并已经把业务拓展到娱乐、影视、营销、咨询等领域。根据《福布斯》杂志公布的 2019 年全球最具价值体育经纪机构，位居榜首的 CAA 收购伦敦 Base Soccer Agency 进军足球领域，管理下的总合约价值达到 106 亿美元，是排行第二对手 Wasserman 的两倍多。七届榜单中 CAA 均位列榜首，2019 年 CAA 在足球和篮球位列第 1 名，管理合约金额分别为 43 亿美元和 23 亿美元。前十榜单中有五个席位来自美国，成为推动美国职业体育发展的润滑剂和助推器（见表 5 – 9）。

表 5 – 9　　　　　　　　2019 年全球十大最具价值体育经纪机构

排名	名称	主营运动	国家	佣金（亿美元）	合约金额（亿美元）	合约年数
1	CAA	篮球、橄榄球、冰球、棒球、足球	美国	4.142	106	1 814
2	Wasserman Media Group	篮球、橄榄球、冰球、棒球、高尔夫、网球、足球	美国	2.091	42	988
3	Excel Sport Management	棒球、篮球、高尔夫	美国	1.723	36	222
4	Stellar Group	足球	英国	1.28	13	470
5	Octagon	橄榄球、冰球、篮球、棒球、高尔夫、曲棍球	美国	1.267	26	895
6	Gestifute International	足球	葡萄牙	1.18	12	190
7	Boras Corp	棒球	美国	1.188	24	154
8	Newport Sports Management	冰球	加拿大	0.78	20	521
9	Lian Sports	足球	德国	0.78	7.77	167

续表

排名	名称	主营运动	国家	佣金 （亿美元）	合约金额 （亿美元）	合约 年数
10	Independent Sports & Entertainment	棒球、橄榄球、篮球	美国	0.766	13	185

资料来源：PWC. Outlook for sports market in North America through 2023.

二、中美体育产业贸易部门的比较分析

中国是最大的体育用品制造国和出口国，体育用品制造业具有绝对的竞争优势，占据全球2/3的市场份额；而美国是全球最大的体育产业国家，职业体育赛事市场化程度趋于成熟，体育服务业推动美国成为体育强国。作为全球最大的体育用品市场，由于专业化分工、比较优势的不同，以及自身经济结构和要素的动态变化，中美体育产业在不同发展阶段呈现出很强的竞争互补性，这种动态比较优势贯穿体育产业发展的各个阶段。

（一）1978~2008年：劳动密集型要素禀赋主导阶段

这一阶段主要依托于体育用品制造业全球价值链的产业转移，主要呈现为单一的"国际→国内"体育用品产业转移路径，我国体育产业基于劳动力等要素禀赋实现了与以美国为首的发达国家体育用品制造业产业链条的对接和互补。我国相对于周边发展中国家拥有低廉的劳动力、土地成本及相对完善的基础设施和政府政策等组合生产要素，2001年加入WTO以来，推动低成本劳动力的快速扩张，劳动生产率得到快速提高。按照国际劳工组织发布的《劳动力市场主要指标》（KIML），美国是全球劳动生产率最高的国家，1998~2007年的十年间我国劳动生产率从31 347万元/人增长到140 358万元/人，几乎是1980年的8倍，劳动生产率年平均增速达16.2%，成为全球增速最快的国家。同期美国劳动人口数量减少以及工会力量日益强大，美国体育用品制造产业逐渐丧失劳动力的比较竞争优势。我国体育用品制造业正是依靠大量廉价劳动力优势来弥补劳动生产率

较低的比较劣势，逐步发展成为体育用品制造的世界工厂。

　　从体育用品产业价值链环节来看，加工组装环节是典型的劳动力密集环节，生产要素高度依赖于劳动力价格的高低和劳动力的熟练程度，进入壁垒较低且利润生成较低，产业利润率仅占价值链的 5% 左右。中国大陆、巴基斯坦及东南亚地区嵌入的加工组装环节，主要立足于自身廉价的劳动力比较优势，最终形成外贸出口的外生性增长模式和加工组装的低端产业链互补的国际分工模式（见图 5 – 1）。美国、日本等重点抢占体育用品的研发设计、品牌营销环节，通过自身影响力制定产品标准，将产品加工、装配等低技术含量的过程转移到包括中国在内的许多发展中国家，价值链两端的研发设计、品牌营销产业利润率达到 20% ~ 30% 。至今美国 80% 的体育用品贸易依赖于国际进口，其中绝大部分来自中国①，大多数的体育用品从业人员从事零售或物流环节，自己国内生产的体育用品品类主要为木质棒球棍、田径胶带等美国本土特色的定制化产品。

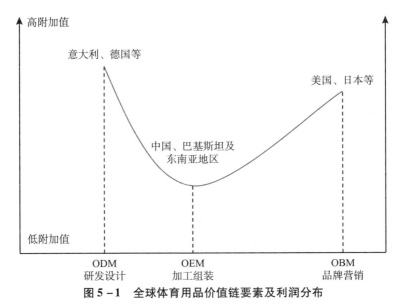

图 5 – 1　全球体育用品价值链要素及利润分布

　　资料来源：中国体育产业发展报告：中国体育产业发展报告 2010 ［R］. 北京：社会科学文献出版社，2010.

---

　　①　Tendata：https：//www. tendata. cn/us/about/.

（二）2008~2014年：资本密集型要素禀赋主导阶段

这一阶段主要是依托于全球及国内价值链进行体育用品产业的国内和国际转移，主要表现为"东部沿海→内陆城市""中国大陆→东盟地区"的体育用品产业转移路径。国内土地、劳动力、原材料以及运输成本开始出现上升，初级劳动力要素禀赋的比较优势趋向衰减，而中西部和东盟地区已具备承接劳动力、土地等生产要素密集型产业的比较成本优势。同时，前期外贸出口巨额贸易顺差导致人民币大幅升值，反过来抑制了体育用品制造企业的出口扩张。在城市化进程和消费结构升级的引领下，体育制造业转型升级需要服务业的快速发展为其提供整体效率的改进，出现体育制造业和服务业协同升级的迫切需求。

从体育用品产业价值链环节来看，一方面，伴随国内劳动比较成本优势的减弱，本土体育用品制造商开始将生产线转移到劳动力价格相对低廉的我国中西部地区以及东南亚地区，继而进一步扩大市场需求和规避国际贸易壁垒。耐克等美国零售巨头逐渐将生产基地转向越南、印度、印度尼西亚等东南亚国家。耐克披露的全球代工厂数据显示，2001年中国代工耐克运动鞋服40%的份额，越南仅生产13%；2009年耐克关闭中国本土唯一直营的江苏太仓鞋类生产工厂，在2010年越南代工市场份额达37%，首度超过中国的34%；到2016年，耐克的运动鞋服主要生产国依次为越南、中国、印度尼西亚，占产量的46%、27%和21%。① 加入WTO以来以加工贸易型为主的体育用品出口，推动廉价的简单劳动力逐渐向技术含量高、劳动效率高的新型劳动力转变，国内体育产业上下游链条的布局渐趋完善，基础设施配套齐全的体育产业基地逐步建立，在管理技术、产业政策扶持和劳动力素质水平上相对于东南亚、巴基斯坦地区仍然具有综合性的比较优势。以巴基斯坦为例，其2015~2016年体育用品在出口总额中所占比例达到1.51%（见表5-10），足球产量位居世界第一，在全球市场所占份额达到70%，接受耐克等全球零售巨头的代工生产业务。锡亚尔

---

① Tendata：https://www.tendata.cn/us/about/.

科特（Sialkot）作为巴基斯坦主要的体育用品制造中心，仍然面临技术成熟度不高、能源电力等生产资料短缺、用工荒、用工难等劳工问题，以及基础设施缺乏、信贷服务和政府补贴的缺失及恐怖主义带来的安全风险等问题。① 尽管基于要素禀赋的比较成本优势趋向衰减，我国体育用品制造部门相对于美国仍然具有较大的竞争力。

表 5 - 10　　　　　　　近年来巴基斯坦体育用品出口总额比重

年份	出口总额（万美元）	体育用品出口总额（万美元）	比例
2010～2011	2 481 042. 2	33 000. 0	1. 33
2011～2012	2 362 425. 6	33 801. 9	1. 43
2012～2013	2 446 045. 6	33 422. 5	1. 37
2013～2014	2 510 963. 9	36 425. 0	1. 45
2014～2015	2 366 729. 4	33 877. 6	1. 43
2015～2016	1 385 934. 8	20 984. 2	1. 51

资料来源：TDAP. Statistics of Export of Pakistan. Karachi：Trade Developmennt Authority of Pakistan, 2016.

另一方面，正是依靠前期初级劳动力禀赋的快速工业化，国内体育用品部门获得充足的资本积累，而 2008 年美国次贷危机发生于工业化向城市化转型以及劳动力开始发生拐点的当口，推动安踏、特步等体育用品制造商开始整合全球优势资源，通过整合生产研发（IPD）介入研发设计环节，实施品牌国际化战略，在一定程度上摆脱了初级劳动力要素禀赋的刚性约束，依靠资金、技术、管理上的优势开始进行生产型服务的对外输出。同时，网络时代的到来推动体育服务业的规模和范围经济效应显著提升，体育用品产业已经呈现出明显的产业集聚和品牌效应，跨国体育用品公司已经开始通过赞助、广告等方式参与体育产业的核心赛事，

① Nawaz, I. , Aqib, M. , Shahzad, N. , Yasir, M. , and Zafar, F. Contribution of Sports Goods Industry towards Economic Growth of Pakistan [J]. *Advances in Social Sciences Research Journal*, 2017, 13（04）：70 - 75.

始终保持其在产业价值链中的优势地位①。为最大限度降低次贷危机的影响，2008 年 NBA 等职业体育赛事开始大举挺进中国。通过与 CBA、体育总局建立合作伙伴关系、兴建 NBA 多用途体育场馆、普及篮球运动和美职篮训练模式以及网络电视新媒体等，推动高水平体育赛事的直播，满足了城市化进程中高水平收入人民的消费多样化需求，并给与休闲娱乐的精神享受。

（三）2014 年至今：知识技术密集型要素禀赋主导阶段

这一阶段主要是依托于人力资本、知识技术的服务业要素化趋势推动国内体育制造业的内部化进程，主要表现为国内和国际市场的双向并重。内部化就是与人力资本、知识技术紧密联系的资源整合方式，借助服务业的结构调整和知识技术要素的创造功能，保留住发展成果并促进技术更新换代和产业演替。② 一方面，加快出清我国传统体育制造业中比较劣势的过剩产能，推动线上与线下、制造与服务等跨域整合，推进体育中介服务、装备租赁等生产性服务业的集聚融合和数字化转型，与耐克等体育零售巨头开展资本合作、品牌共享、技术交流等国际合作，鼓励安踏等一批拥有自主品牌和开展国际经营的本土跨国体育企业积极参与国际服务贸易分工。另一方面，借鉴北美四大职业联赛的管理机制，多渠道增加赛事供给，推动赛事运营、场馆运营、俱乐部运营、体育经纪等领域的商业模式创新。相对于北美四大联赛，CBA 和中超联赛在比赛场次、到场观众人数和场均观众等方面仍然相距甚远。而我国人口规模庞大，体育产业资本逐步得到深化，互联网新媒体的商业模式持续创新，城市化进程中的体育场馆等基础设施配套不断健全，我国职业体育赛事商业价值拓展具备很大的增长空间（见表 5 – 11）。

---

① Awan H M, Ishaq Bhatti M. An evaluation of ISO 9000 registration practices: a case study of sports goods industry [J]. *Managerial Finance*, 2003, 29 (07): 109 – 134.

② 袁富华. 服务业的要素化趋势分析：知识过程与增长跨越 [J]. 中国特色社会主义研究, 2016 (006): 25 – 34.

表 5 – 11　　　　2018 年中美主要体育赛事观众人数及其比重

国家	联赛名称	所在国家和地区	比赛场次	到场观众人数（万人）	场均观众（人）	场均观众占全国人口比例（％）
美国	美国职业橄榄球大联盟（NFL）	美国	256	1 712	66 875	5.5
	美国棒球联盟（MLB）	北美	2 592	7 486	28 881	21.4
	北美冰球联盟（NHL）	北美	1 230	2 150	17 480	6.2
	北美篮球联盟（NBA）	北美	1 230	2 125	17 276	6.1
中国	中超联赛（CSL）	中国	240	580	24 159	0.4
	中国职业篮球联赛（CBA）	中国	380	179	4 714	0.13
北美四大联赛（NFL、MLB、NHL、NBA）		北美	5 308	13 473	25 382	39.2
中国四大联赛（CSL、CBA、CVL、CTTSL）		中国	1 108	842.4	7 603	0.59

资料来源：江小涓.体育产业的经济学分析：国际经验及中国案例［M］.北京：中信出版社，2018：180 – 181.

第三节　中美体育用品产业贸易效应的测度研究

一、测度数据来源

由于数据的可得性和有效性，本部分的测度对象仅限于商品贸易对象，而不涉及对服务贸易的测度。安德雷夫（Andreff，2009）主要采用标准国际贸易分类（Comtrade SITC）中 36 种不同的可识别国际贸易体育用品；吴兆红采用 HS 9506、HS 8903 和 HS 9508 等体育运动和娱乐领域相关用品[①]；蔡兴林等仅采用 HS 9504、HS 9506、HS 9507 标准，未包括运动

---

① 吴兆红，周坤，司增绰.竞技体育强国体育用品业贸易的优劣势、竞补性及优劣势影响因素［J］.天津体育学院学报，2018，33（06）：537 – 545.

服装、鞋类、游艇等具有专业化属性的贸易重要组成部分①。本书采用的中美两国体育贸易有关进出口及各分项数据均来自 CEPII BACI 数据库，数据分类标准为 HS 96，样本期为 1998 ~ 2017 年。根据联合国贸易数据库（UN Comtrade）中 HS 编码（Harmonized System）的体育贸易数据，本书体育用品包括 7 个大类 48 个细分类别（见表 5 – 12）。

表 5 – 12　　　　　　　　　体育用品分类代码及名称

类别	大类代码	细分代码	主要类别
1	HS 6112 类	HS 611211、HS 611212、HS 611219、HS 611220、HS 611231、HS 611239	运动服装和服饰（针织或钩编）
2	HS 6211 类	HS 621112、HS 621120、HS 621131、HS 621132、HS 621133、HS 621139、HS 621141、HS 621142、HS 621143、HS 621149	运动服装和服饰（非针织或钩编）
3	HS 640 类	HS 640211、HS 640219、HS 640311、HS 640319、HS 640411	运动鞋类
4	HS 8903 类	HS 890310、HS 890391、HS 890392、HS 890399	帆船、运动游艇、船只类
5	HS 9504 类	HS 950420、HS 950490	台球、保龄球馆等室内游乐设备类
6	HS 9506 类	HS 950611、HS 950612、HS 950619、HS 950621、HS 950629、HS 950631、HS 950632、HS 950639、HS 950640、HS 950651、HS 950659、HS 950661、HS 950662、HS 950669、HS 950670、HS 950691、HS 950699	体操、球类（高尔夫、乒乓球、网球、羽毛球等）、水上运动设备、户外游戏和娱乐场所设备
7	HS 9507 类	HS 950710、HS 950720、HS 950730、HS 950790	钓鱼竿、鱼钩、渔线轮及其他钓具

资料来源：联合国贸易数据库（UN Comtrade Database）。

---

① 蔡兴林. 中国体育用品制造业产品出口国际竞争力的动态研究——基于 1996 – 2012 年数据的实证研究 [J]. 山东体育科技，2014，36（06）：41 – 44.

二、中美两国体育用品贸易优劣势测度研究

（一）测度模型与结果

贸易优劣势分析，是指对一国某一产业的国际竞争力进行测度与比较。本书选择相对贸易优势指数（Relative Trade Advantage，RTA）衡量中美两国体育用品业的贸易优劣势。参考侯敏[①]、司增绰等[②]利用 RTA 取代显示性比较优势指数（RCA）指标来测算中美两国产业贸易的实际情况，RTA 能够较好地考虑到一国的进口和市场供需情况。这里 RTA_{mi} 指的是 m 国 i 产品的相对贸易优势指数，公式为：

$$RTA_{mi} = \frac{X_{mi}/X_{wi}}{X_{m\theta}/X_{w\theta}} - \frac{M_{mi}/M_{wi}}{M_{m\theta}/M_{wi}}$$

公式中，X_{mi} 表示 m 国 i 产品的总出口额；X_{wi} 表示除 m 国外其他国家 i 产品的总出口额；$X_{m\theta}$ 表示除 i 产品外 m 国其他产品的总出口额；$X_{w\theta}$ 表示其他国家除 i 产品外其他产品的总出口额；M 则表示相对应的进口额。同时，可根据 RTA 值的正负大小对其贸易优劣势进行分类（见表 5－13）。

表 5－13　　　　　　　各行业贸易优劣势基于 RTA 值的划分标准

强优势产品	$RTA \geqslant 1$
弱优势产品	$0 \leqslant RTA \leqslant 1$
弱劣势产品	$-1 \leqslant RTA \leqslant 0$
劣势产品	$RTA < -1$

根据 CEPII BACI 数据库测算出来的 1996～2017 年中美两国体育贸

---

① 侯敏. 东盟与澳新农产品贸易的互补性研究——基于相对贸易优势与贸易互补性系数的分析［J］. 国际贸易问题，2011（10）：89－96.

② 司增绰，周坤. 中日两国产业贸易的优劣势与竞补性［J］. 国际商务研究，2019，40（05）：5－21.

易商品 7 个类别的数据相对贸易优劣势指数，具体 RTA 值如表 5 - 14、表 5 - 15 所示。

表 5 - 14　　　　　　　中国基于 RTA 值的贸易优劣势情况

中国	1998 年	1999 年	2000 年	2001 年	2002 年	2003 年	2004 年	2005 年	2006 年	2007 年
HS 6112 类	6.01	7.17	7.72	6.51	7.74	8.16	9.61	9.29	9.63	9.65
HS 6211 类	6.58	6.85	6.40	5.56	5.39	5.60	5.38	5.49	5.54	5.97
HS 640 类	10.71	10.64	10.94	10.17	9.39	8.88	8.14	7.80	7.21	6.64
HS 8903 类	0.14	0.12	0.17	0.16	0.10	0.09	0.11	0.12	0.14	0.13
HS 9504 类	19.12	15.50	14.75	15.27	11.80	15.17	12.68	11.97	10.09	12.87
HS 9506 类	6.38	6.77	7.16	6.78	6.97	6.94	7.14	7.02	7.36	7.69
HS 9507 类	4.27	4.50	4.56	5.36	5.94	6.45	6.27	6.16	6.46	6.34
中国	2008 年	2009 年	2010 年	2011 年	2012 年	2013 年	2014 年	2015 年	2016 年	2017 年
HS 6112 类	7.52	7.04	6.23	5.59	5.54	4.77	4.02	2.88	2.28	2.20
HS 6211 类	5.67	5.44	5.23	5.34	4.99	4.36	3.70	3.18	2.95	2.84
HS 640 类	6.18	5.37	5.06	4.89	4.31	3.70	3.12	2.49	2.03	1.63
HS 8903 类	0.14	0.19	0.08	0.05	0.07	- 0.03	0.05	0.09	0.10	0.09
HS 9504 类	12.67	16.98	9.98	15.89	8.80	7.83	11.09	9.45	7.73	13.48
HS 9506 类	8.14	7.14	7.26	7.03	7.43	6.83	6.39	5.87	5.47	5.68
HS 9507 类	6.66	6.38	6.32	6.48	6.56	6.82	6.06	5.30	5.45	5.71

表 5 - 15　　　　　　　美国基于 RTA 值的贸易优劣势情况

美国	1998 年	1999 年	2000 年	2001 年	2002 年	2003 年	2004 年	2005 年	2006 年	2007 年
HS 6112 类	- 0.21	- 0.12	- 0.12	- 0.23	- 0.35	- 0.39	- 0.26	- 0.38	- 0.27	- 0.24
HS 6211 类	- 1.14	- 1.12	- 1.05	- 0.94	- 0.82	- 0.83	- 0.82	- 0.83	- 0.84	- 1.03
HS 640 类	- 0.75	- 0.82	- 0.78	- 0.79	- 0.65	- 0.53	- 0.53	- 0.59	- 0.67	- 0.73
HS 8903 类	0.01	- 0.09	- 0.05	- 0.25	- 0.26	0.02	0.56	0.85	0.79	1.47
HS 9504 类	- 1.64	- 2.25	- 1.55	- 1.79	- 2.50	- 2.24	- 2.32	- 2.14	- 1.53	- 1.29
HS 9506 类	- 0.07	- 0.01	- 0.41	- 0.57	- 0.64	- 0.79	- 0.79	- 0.68	- 1.04	- 1.02
HS 9507 类	- 1.03	- 1.06	- 1.10	- 1.17	- 1.10	- 1.04	- 1.21	- 1.08	- 1.00	- 1.17

续表

美国	2008 年	2009 年	2010 年	2011 年	2012 年	2013 年	2014 年	2015 年	2016 年	2017 年
HS 6112 类	-0.18	-0.22	-0.25	-0.26	-0.23	-0.21	-0.22	-0.28	-0.27	-0.31
HS 6211 类	-0.96	-1.11	-1.21	-1.37	-1.43	-1.50	-1.60	-1.70	-1.67	-1.87
HS 640 类	-0.76	-0.81	-0.90	-1.13	-1.28	-1.41	-1.32	-1.62	-1.63	-1.76
HS 8903 类	1.60	1.52	1.46	1.35	1.17	0.93	1.02	0.19	-0.03	0.55
HS 9504 类	-0.74	-1.64	-2.32	-1.48	-1.80	-0.99	-0.50	-0.76	-0.96	-1.89
HS 9506 类	-1.14	-1.22	-1.36	-1.41	-1.39	-1.26	-1.23	-1.43	-1.34	-1.63
HS 9507 类	-1.00	-1.10	-1.57	-1.55	-1.46	-1.73	-1.65	-1.55	-1.77	-1.83

（二）测度结论分析

1. 中美体育贸易部门优劣势属性分析

从上述贸易优劣势指数来看，中美两国体育用品贸易部门在贸易优劣势的属性类型方面存在较大差异。除帆船运动、运动游艇和划船类处于弱优势地位外，体育运动鞋服和器材设备在 1998 ~ 2017 年一直维持强优势地位；美国体育贸易情况则相反，弱优势产品部门主要分布在帆船运动、运动游艇和划船类，弱劣势产品部门主要为运动服装服饰类（针织或钩编）、运动鞋类、运动服装服饰（非针织或钩编类）以及体操、球类（高尔夫、乒乓球、网球、羽毛球等）、水上运动设备、户外游戏和娱乐场所设备类别则由弱劣势产品在后期逐步演变成劣势产品，台球、保龄球馆等室内游乐设备类和钓具类则长期处于劣势地位。整体层面来看，中国体育用品贸易在国际上处于贸易强优势的地位明显，而美国体育用品贸易整体在贸易的弱劣势和劣势之间转换。

2. 中美体育贸易部门优劣势变化态势

从中国体育用品业贸易优劣势变化的趋势来看，体育用品 RTA 值整体呈现出波动下降趋势，除 HS 8903 类维持弱劣势外，整体仍然维持强优势产品的竞争地位，体育用品对外贸易的优势属性基本未发生变化。其中，体操、球类、水上运动设备、户外游戏和娱乐场所设备类 RTA 值在 2001 ~ 2008 年逐步提升后呈现持续下降趋势；帆船运动、运动游艇和划船类的

RTA 值波动幅度不大；运动服装服饰类（针织或钩编）部门在 2008～2012 年波动幅度较大，可能源于奥运会在某种程度上激发了体育部门的贸易优势（见图 5 - 2）。

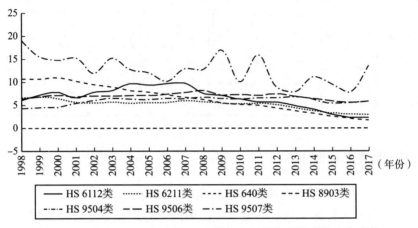

图 5 - 2　1998～2017 年中国 1～7 类体育贸易商品优劣势变化态势

从美国体育用品业贸易优劣势变化趋势来看，体育用品 RTA 值整体呈现出窄幅下降趋势，除帆船运动、运动游艇和划船类用品在贸易优势向弱优势间转换外，体育用品贸易维持劣势产品的竞争地位，体育用品对外贸易的劣势属性基本未发生变化。以 2008 年作为间隔，2008 年之前帆船运动、运动游艇和划船类和台球、保龄球馆等室内游乐设备类呈现出较大幅度的上升趋势，前者由弱优势向优势的贸易属性变化，后者则由劣势向弱劣势转变；2008 年之后前者竞争的属性反向弱化回归原始的贸易属性地位，后者波动幅度变大且劣势属性未发生改变（见图 5 - 3）。

2018 年 3 月，由美国发起的对华贸易战拉开序幕。我国对美国实施加征关税商品清单中帆船运动、运动游艇和划船类（HS 8903 类）处于最低税率，毕竟美国市场上 41% 的服装、72% 的鞋类产品来自中国。除中国外，可替代的进口来源地非常有限。加征关税清单中，暂时不涉及非实体的产品，比如体育版权等。正如上述图表中揭示的中美体育贸易部门优劣势的动态变化趋势，美国在帆船运动、运动游艇和划船类（HS 8903 类）

上具有出口比较优势，中国在除此之外的体育贸易部门均占有比较优势，
两国在各自具备比较优势的体育用品门类及出口比较优势中具有较大差异
（见表 5 - 16）。

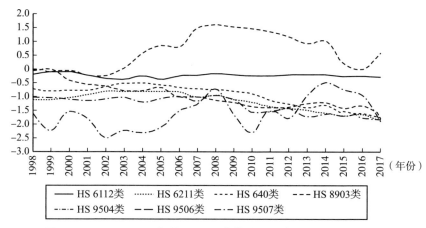

图 5 - 3　1998 ~ 2017 年美国 1 ~ 7 类体育贸易商品优劣势变化态势

表 5 - 16　　　　　　对美实施加征关税商品清单涉及体育产业相关事项

加征税率（％）	涉及体育产业相关事项
25	运动鞋服、滑雪服、泳衣、篮球、足球、排球、乒乓球、网球拍、帆板等
20	高尔夫球棍、高尔夫球、溜冰鞋等
10	跑步机、其他健身及康复器械、滑板、一般的体育活动、体操或竞技用品等
5	娱乐或运动用的充气快艇、划艇及轻舟等船

　　从国际贸易体育用品的单位价值维度来看，安德雷夫将帆船运动、运
动游艇和划船类体育用品归类为"装备密集型"（equipment-intensive）产
品，因为其在创新、生产技术、附加值等方面相对于运动鞋服等传统"劳
动密集型"体育贸易产品（trite）具有相对竞争优势，毕竟运动鞋服、球
拍、球、滑板和体操器材等低单位价值的体育用品专业化程度较低，可用
于更广泛的体育活动（包括体操、徒步、塑形、健身、团体运动和田径
等），甚至包括不需要任何体育训练的休闲活动（包括运动服、运动鞋、

球等)。① 因此，新兴经济体的工业化和大多数发达市场经济体的去工业化运动，以及跨国公司生产转移，构成国际体育用品贸易专业化的格局。②

三、中美体育产业贸易的竞争互补性分析

（一）测度模型与结果

贸易竞争互补性分析，是对两国某一产品或产业的竞争或互补的实质性贸易关系进行测度与比较，本部分选择双边贸易互补性系数（Overall Bilateral Complementarity，OBC）来衡量中美两国体育用品业的竞争互补性关系。

$$OBC_{abi} = \frac{- COV\ (RTA_{ai},\ RTA_{bi})}{\sqrt{Var\ (RTA_{ai})} \times \sqrt{VAR\ (RTA_{bi})}}$$

公式中，OBC_{abi} 代表 a、b 两国的产业 i 的贸易互补性指数，RTA_{ai}、RTA_{bi} 分别代表 a、b 两国产业 i 的相对贸易优势指数。OBC_{abi} 主要采用时间序列数据，正值、负值分别对应两个国家贸易的互补性和竞争性关系。③ 但是当 OBC_{abi} 为负值时，需要根据两国 RTA 的相对变动情况来确定贸易双方的竞补性关系。一般来讲，一国产品有比较优势但处于下降通道，另一国比较劣势不断增强，此时 OBC_{abi} 为负值，但并不表示两国贸易结构互为竞争性关系。

（二）测度结论分析

以 2008 年、2014 年作为时间间隔点，主要在于 2008 年后国内初级劳

① Andreff M. , Andreff W. Global trade in sports goods: International specialisation of major trading countries [J]. *European Sport Management Quarterly*, 2009（09）: 259 – 294.

② Fontagné L. and J. – H. Lorenzi, eds. , Désindustrialisation, délocalisations, Conseil d'Analyse Economique, Paris: La Documentation Française, 2005.

③ Scott Linda and Vollrath Thomas. Global Competitive Advantages and Overall Bilateral Complementarity in Agriculture: A Statistical Review [R]. Agriculture and Trade Analysis Division, Economic Research Service, U. S. Department of Agriculture. Statistical Bulletin No. 850, 1992.

动力要素禀赋的比较优势趋向衰减，2014 年国内体育用品制造部门产能过剩，处于推动生产型服务的对外输出和制造业内部化过程。测度所得结论发现中美体育用品贸易部门在上述两个时点发生非常显著的变化，不同产品类别在跨时期呈现的竞争互补性关系均不相同（见表 5 - 17）。

表 5 - 17　　　　　　　中美基于 OBC 值的贸易竞争互补性关系

产品类别	1998 ~ 2007 年	2008 ~ 2014 年	2015 ~ 2017 年
HS 6112 类	**0.3280**	- 0.2329	- 0.2297
HS 6211 类	**0.8508**	- 0.7437	- 0.4374
HS 640 类	**0.4816**	- 0.7856	- 0.5692
HS 8903 类	**0.0930**	- 0.7220	**0.6433**
HS 9504 类	- 0.0972	**0.0273**	**0.5964**
HS 9506 类	**0.7204**	- 0.1804	**0.1982**
HS 9507 类	**0.1701**	- 0.1093	**0.5913**

注：具备贸易互补性的产品且 OBC ≥ 0.5 采用加粗表示。

考察 1998 ~ 2007 年中美两国体育用品间的竞补性关系发现，中美两国处于贸易互补性关系的体育用品主要分布于运动鞋服和体操球类设备（HS 6112 类、HS 6211 类、HS 640 类、HS 9506 类）且其互补性系数很高，主要在于简单廉价的劳动力要素禀赋带来的比较成本优势推动。帆船游艇和划船类用品、室内游乐设备、钓具类用品（HS 8903 类、HS 9504 类、HS 9507 类）互补性关系并不强，在于初级劳动力要素禀赋短期内对贸易输出具有绝对成本优势但并不是提升装备类用品的核心变量。

考察 2008 ~ 2017 年中美两国体育用品间的竞补性关系发现，运动鞋服类（HS 6112 类、HS 6211 类、HS 640 类）OBC 值持续为负且系数较强，观察同期的 RTA 值变化趋势，发现中国运动鞋服类仍然属于强优势产品但竞争优势不断减弱，同期美国运动鞋服劣势或弱劣势属性不断扩大，OBC 负值表示美国运动鞋服类产品不具备任何国际竞争力，与我国不是互竞关系。2015 ~ 2017 年帆船游艇和划船类用品类、室内游乐设备和钓具设备（HS

8903 类、HS 9504 类、HS 9507 类）呈现出很强的互补性关系，主要在于生产型服务的崛起和新材料、新工艺、新技术与服务业商业模式的结合推动装备类用品的互补性提升，在此之前的 2008~2014 年贸易互补并不充分。

第四节　本 章 小 结

我国体育产业贸易发展具备良好的基础和条件，其中体育用品进出口在对外贸易中发挥着举足轻重的作用，而体育服务贸易的发展已经成为一国经济和社会文化建设的风向标。我国体育贸易中体育用品进出口贸易仍占产业主导，体育服务贸易仍然处于初级阶段。

我国体育用品贸易结构仍然以出口导向型为主，出口类型以劳动密集型为主，运动器材类出口常年居于首位，大型商用和专用器材等设备密集型产品技术含量有待提高，在研发、设计端等高附加值领域仍不具备足够的竞争力。美国体育用品贸易中高端用品仍然依赖技术纯熟的中国制造，并通过自己全球领先的设计和研发能力，输出产品标准和专利、品牌价值，利用新工艺、新材料、新技术来引领新型体育用品的发展趋势。

我国体育服务贸易发展仍处于初级阶段，新型体育服务贸易业态呈现出快速增长的态势。综合或单项重大国际体育赛事积分首次超过美国并在国际赛事中崭露头角，体育赛事国际影响力不断提高，但是对跨国顶级赛事、体育版权等体育知识产权服务贸易认识仍然不够深刻，国内具备全球竞争力的体育顶级赛事品牌寥寥无几，体育版权属于从单纯依靠资本向赛事商业价值综合开发运营过渡的阶段。我国体育中介服务处于刚刚起步阶段，尚未形成专业化的中介服务贸易市场，围绕赛事、俱乐部和运动员为主体的体育经纪、营销和活动策划服务的商业模式仍处于探索过程中。美国体育赛事服务贸易中职业体育已经形成电视转播、门票销售、赞助供应及合作伙伴和授权产品销售等全方位的体育赛事品牌价值变现渠道，多数联赛的海外市场收入远远超过本土。美国拥有全球最大的体育经纪和体育营销中介服务机构，成为推动美国职业体育发展的润滑剂和助推器。

第六章　中美体育产业经济效应
要素驱动的实证研究

　　体育产业是人类社会发展到一定阶段的产物，也是一国衡量其社会发展先进性的重要指标之一。随着中国经济逐步进入"新常态"，体育产业的高质量发展是适应新时代产业转型升级的必然要求，也是满足人民日益增长的美好生活需要的现实要求。作为快速崛起的新兴产业，我国体育产品和服务供给体系仍然不够完善，发展质量与效益仍然不统一，体育产业发展状况处在成长转换阶段。本章围绕体育产业要素培育等内部化问题，用比较优势的研究思路，结合我国具体情况，努力构建并论证以知识人力资本要素和消费升级要素的生产配置为核心的体育产业要素驱动理论。正如发达国家经济结构服务化过程对知识人力资本要素的创造和累积，已经筑起"高资本深化能力、高消费能力、高劳动生产率"的竞争优势，我国体育产业在促进整体经济结构效率改进时迫切要求进行持续创新和接纳新的体育形态。

第一节　理论分析与研究假设

　　目前学术界关于体育产业经济效应驱动要素的理论和实证研究还较为常见，但是大多集中于对国内某一个或某几个影响因素的研究分析，尚未完整、系统地展现体育产业发展中的共性影响因素和特殊性，与此相对应的实证研究也存在相应的不足。美国体育社会学教授 Sage G H 从批判性的社会学角度出发，认为美国的体育产业不应仅被视为个人成就和娱乐的场所，它更应被视为工业化、城市化、人口快速增长、科技进步和资本主义发展的衍生物。在市场经济体制方面，他认为"现代体育最明显的变化，就是逐渐并且继续将体育变成一种商业交易。也就是说，体育的社会功能、心理功能、生理功能和文化功能都被同化为满足垄断资本增长的一种商业需要"①。鲍明晓在研究经济与体育发展关系中，提出社会经济结构、经济性质和水平、居民收入水平，规定和制约了体育发展的规模和速度。② 刘江南分析认为市场经济体制、人口增长和城市化水平、生活水平及闲暇时间、生活观念更新、社会资金投入、基础设施以及政府政策和公共立法等是影响美国体育产业发展的社会因素。③ 实证研究方面，童莹娟等运用因子分析法，定量研究了体育产业发展的影响因素主要包括社会结构水平、经济效益、人口素质以及生活质量等。④ 王国勇等利用复合系统协调理论，构建了体育产业发展的"内在禀赋—社会经济外环境"系统协调评价模型及其评价指标体系；并选取中部6省2000～2008年的截面数据对模型进行了实证考察。结果发现：中部6省体育产业发展的系统协调度是不稳定和不显著的，且省区之间的差异也比较大。进一步的研究表明，体育产业的发展水平并没有随着社会经济发展水平的提高而提高，其主要原因是体育产业发展的内部协同效应比较弱，而体育人才的匮乏是制约体育产业发展内部协同的关键因素；同时，体育经费投入的不稳定是影响体育产业发展外环境恶化的重要方面。⑤

基于前述关于体育产业经济效应的理论模型构建思路，本章确认了体育产业发展的动力机制涵盖推动机制、引导机制、支撑机制和协同机制，而动力机制依托于以知识人力资本要素和消费升级要素的生产配置为核心的产业内生增长，推动体育产业的结构升级、要素培育和产品供给，具体假设如下。

---

① Sage G H. Power and ideology in American sport：A critical perspective. [J]. *Athletics*，1990，77（02）：256.

② 鲍明晓. 体育产业：新的经济增长点 [M]. 北京：人民体育出版社，2000：8 - 9.

③ 刘江南. 美国体育产业发展概貌及其社会学因素的分析 [J]. 广州体育学院学报，2001，21（01）：1 - 5.

④ 童莹娟，陶文渊，丛湖平. 我国东部省份体育产业的行业结构布局及政策研究 [J]. 体育科学，2012，32（02）：39 - 49.

⑤ 王国勇，王宪忠. 体育产业发展的系统协调评价模型及其实证研究 [J]. 沈阳体育学院学报，2010，29（02）：56 - 59.

1. 知识人力资本路径

体育活动可以被视为一种投资①，而教育同样可以被视为对未来的一种储蓄或投资，都具有未来预期收益的特征。从长期增长的视角来看，更高的教育水准将提高体育活动的广度和深度②，通过教育获得的知识和技能可以扩大潜在的体育休闲领域和活动范围。教育普及程度越高的人知识水平和精神文化诉求愈加旺盛，往往越愿意主动投资于与改善人的身体状况相关的休闲活动，以及增加体育知识和技能以获取未来更多体育服务的潜力，因此受教育程度对体育活动需求具有很强的正向效应。③ 在此基础上，随着高素质人力资源的集聚和创造力的提升，对更高生活质量的诉求、向上的阶层跃升的渴望以及消费层次的升级推动了城市整体产业经济的飞跃，包括体育设施服务、竞技赛事、健身休闲运动等体育服务设施的进一步完善，城市产业结构逐步转型调整，进而带动就业水平、就业质量的提升和人口的集聚增长。知识人力资本作为技术和知识的载体，是产业结构升级的基础和重要源泉。作为服务业的体育产业的发展水平和发展质量，是教育发展到一定阶段的产物。④ 虽然体育产业具有典型的劳动密集型产业属性，但是服务业具备的人力资本创造和知识创造这种"新的要素禀赋"生产配置特征⑤，使得体育产业具有推动传统制造产业效率改进的潜力，这也是以美国为首的发达国家体育产业始终保持强大的竞争优势的原因之一。

根据以上分析，本章提出如下假设：

假设6－1：知识人力资本要素能够推动体育产业经济效应增长。

2. 消费多样性路径

居民体育消费是人民日益增长的文化生活需求的体现，尤其是在物质

① Juster，F. T. Investments of Time by Men and Women. In F. T. Juster & F. P. Stafford（Eds.），Time，Goods，and Well－Being. Ann Arbor，M1［J］. *Institute for Social Research*，1985a，177－2D2.

② 凯利. 休闲导论［M］. 王昭正译. 台湾：品度股份有限公司出版，2001：198.

③ Dardis，Rachel，Soberon－Ferrer，Horacio，Patro，Dilip. Analysis of leisure expenditure in the United States［J］. *Journal of Leisure Research*，1994，26（04）：309－321.

④ 休斯，凯恩. 美国经济史（第7版）（翻译版）［M］. 北京：北京大学出版社，2011.

⑤ 袁富华，张平. 雁阵理论的再评价与拓展：转型时期中国经济结构问题的诠释［J］. 经济学动态，2017（02）：4－13.

需求不断被满足的背景下，人民更加需要找到满足精神生活需求的生活方式，而体育运动这种健康的生活方式正是这一时代背景下的必然产物。体育休闲服务产业的发展，离不开消费人群、消费体量和消费需求构成变化的支撑。体育运动的本质是增强体质、促进健康、改善生活方式和提高生活品质，由于体育消费人群收入水平、文化程度的差异性，在体育消费时间、消费数量和消费形态上呈现出多样化特征，推动体育活动与文化传媒、娱乐艺术和创意科技结合，这种消费多样性的结构升级推动了体育产业发展的扩张边界和结构调整的程度。① 富克斯认为一个服务业部门增长的标志在于该部门就业人口的增加，体育产业所在的服务业部门的效率更多依赖于消费者的知识、经验和动机。② 不同群体特征的人群催生了消费需求的不同层次，推动了体育产业内部不同类型企业产品和服务供给的多样化，进而促进产业内企业在规模报酬递增效应下获得更大的效率③，也相当于提供了不同于规模扩大和成本下降的报酬递增形态。

根据以上分析，本章提出如下假设：

假设 6 - 2：消费升级要素能够推动体育产业经济效应增长。

第二节　样本选择和数据来源

一、样本选择

自开展 2015 年版体育产业相关专项统计工作以来，体育产业的核算分类、统计范围、核算方法及数据来源方面更加翔实可靠，更加能够反映和

---

① 袁富华. 服务业的要素化趋势分析：知识过程与增长跨越 [J]. 中国特色社会主义研究，2016（006）：25 - 34.

② ［美］维克托富克斯. 服务经济学 [M]. 许微云、万慧芬、孙光德译，北京：商务印书馆，1987.

③ Fujita M. and Thisse J. F. *Economics of Agglomeration* [M]. Cambridge：Cambridge University Press，2002.

囊括体育产业活动的实际情况。本章研究所涉及的中国体育产业相关数据源于《全国体育产业总规模和增加值数据公告》《中国国民经济统计年鉴》《中国人口和就业统计年鉴》以及各省市统计年鉴。考虑到2019年底新冠肺炎疫情后体育产业经济活动受到极大影响，相关数据不能反映常态经济下的真实运行规律，因此本章选取2015~2018年各省市体育产业经济发展数据作为研究样本，由于各个省市发布体育产业总规模与增加值统计数据公告存在一定的特殊性，本章剔除吉林、海南两个体育产业数据严重缺失的省份，最终获得116个样本值。

二、数据来源

（一）被解释变量

1. 体育产业增加值（ADV_{it}）

本章选取体育产业增加值来衡量体育产业的经济增长效应。由前文可知，体育产业增加值和GDP走势分布符合Logistic模型"S"形增长曲线的成熟稳定特征，结合体育产业增加值的边际额度和弹性效应，可以从供给侧和需求侧两端发现推动体育产业经济增长效应的重要因素，从而为形成新的"经济增长点"提供决策支持。

2. 体育产业总偏离分量（PD_{it}）

由于定量数据的可得性，本章采用偏离—份额分析法中的总偏离分量指标（PD_{it}），来揭示区域体育产业结构优劣程度及产业竞争力强弱程度，从而明确体育产业结构的调整方向。这里，产业结构偏离分量指标 P_{ij} 表示区域 i 第 j 个产业部门结构对整体经济增长的贡献程度，产业结构偏离分量值越大，表明该部门结构对区域经济增长的贡献程度越高。竞争力偏离分量 D_{ij} 表示区域 i 第 j 个产业部门增速相对于全国增速的差异而引起的偏差，竞争力偏离分量越大，表明该部门比全国其他地区竞争力更强。总偏离分量则表示区域 i 第 j 个产业部门实际增长与平均比例增长之间的差异，总偏离分量越大，表明该部门具备较大的总体增长优势，具体公式如下所示：

r_{ij} 表示区域 i 第 j 个产业部门在 $[0, t]$ 期间的增长率：

$$r_{ij} = \frac{b_{ij,t} - b_{ij,0}}{b_{ij,0}}, \quad j = 1, 2, \cdots, n$$

其中 $b_{ij,0}$、$b_{ij,t}$ 分别表示区域 i 第 j 个产业部门基期和终期的产值规模；

R_j 表示区域 i 所属省、自治区、直辖市第 j 个产业部门在 $[0, t]$ 期间的增长率：

$$R_j = \frac{B_{j,t} - B_{j,0}}{B_{j,0}} \quad j = 1, 2, \cdots, n$$

其中 $B_{j,0}$、$B_{j,t}$ 分别表示区域 i 所属省（自治区、直辖市）第 j 个产业部门基期和终期的产值规模；

b_{ij} 表示区域各产业部门的标准化规模，获得区域 i 所属省（自治区、直辖市）第 j 个产业部门所占的份额比例与区域 i 第 j 个产业部门基期规模的乘积：

$$b_{ij} = \frac{b_{ij,0} \times B_{j,0}}{B_j} \quad j = 1, 2, \cdots, n$$

其中 B_0、B_t 分别表示区域 i 所属省（自治区、直辖市）基期和终期的经济总规模。

综上所述，可以获得区域 i 第 j 个产业部门在 $[0, t]$ 期间的产业增量总规模 G_{ij}，是份额分量 N_{ij}、结构偏离分量 P_{ij} 和竞争力偏离分量 D_{ij} 的综合，其中

$$N_{ij} = b_{ij} \times R_j$$
$$P_{ij} = (b_{ij,0} - b_{ij} \times R_j)$$
$$D_{ij} = b_{ij,0} \times (r_{ij} - R_j)$$
$$PD_{ij} = P_{ij} + D_{ij}$$

以 2014 年作为基期，以结构偏离分量和竞争力偏离分量分别作纵轴和横轴建立坐标系，通过过原点的 45° 直线将第一象限划分成两大区域，在 2015～2018 年体育产业结构偏离—份额分析图中可以判断出各省市体育产业结构与竞争优劣的强弱程度。如图 6-1 所示，在结构相对优势区域，福建、广东、江苏、北京、上海和重庆地区产业结构对整体经济发展的贡献

程度较高，但其竞争能力相对较弱；在竞争优势区域，山东、浙江、湖北、安徽、四川地区竞争具备一定优势，但是产业部门发展不太均衡，需要调整相应的产业结构。注意到福建竞争力偏离分量部分时间为负氮气结构，偏离分量持续为正且达到最高，表明福建地区体育产业结构具备一定的优势地位但是其竞争能力出现部分下降的趋势，原有产业结构优势对经济增长的贡献存在弱化因素。

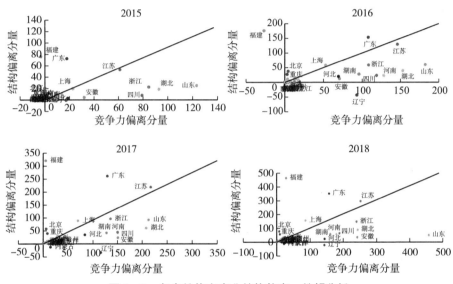

图 6-1　各省份体育产业结构偏离—份额分析

3. 体育产业就业水平（H_{it}）

由于数据的缺失，本部分采用各省市文化、体育与娱乐业的城镇就业人员数量来表征体育产业的就业水平特征，就业人员数量的变化最能直观体现体育产业的就业规模效应。这里，我们借鉴黄小云①的做法，由于各省市体育产业就业人员数量存在严重缺失，我们将文化、体育与娱乐业的城镇就业人员数量作为统一整体进行列示，主要在于各省市历年的体育公

---

①　黄小云. 我国体育公共财政支出区域差距与收敛性研究［D］. 武汉：华中师范大学，2016.

共财政支出在文化、体育与传媒的比例基本不变。同时，正如前文所述，体育产业的直接就业效应不仅仅体现在就业人员数量等就业规模效应的变化上，体育产业就业薪酬等就业质量效应的高低变化能够反过来影响就业规模效应的扩大。我们将同步采用文化、体育与娱乐业的城镇就业平均工资来反映体育产业的就业质量效应。

（二）关键解释变量

1. 知识人力资本要素指标

知识人力资本是广泛存在于经济活动中的、可用于价值创造的体力、智力、知识、技能、经验等构成的劳动能力总和。为了反映一个国家或地区的知识人力资本水平，本章侧重于对知识人力资本要素水平进行宏观层面的计量。现有文献对知识人力资本的计量主要包括人均受教育年限、大专以上学历人口数量、普通高等学校专任教师数或职工数、专利授权数或论文引用数、R&D 经费等指标。巴罗和李（Barro and Lee）利用 15 岁以上人口的平均受教育年限、教师人数及其工资水平来计量各国的知识人力资本水平[1][2][3]，穆利根和萨拉 - 伊 - 马丁（Mulligan and Sala - I - Martin）则采用接受和未接受教育的劳动者收入比率来衡量知识人力资本水平[4]。尽管平均受教育年限广泛应用于各国人力资源水平的国际比较，但其并不能综合反映一国的知识人力资本存量水平。各省份人均受教育年限体现为各教育层次的人口占总人口比例与各教育层次对应的年限规定进行加权求和，由于《中国统计年鉴》在统计"分地区按性别、受教育程度分的 6 岁及以上人口"项目中 2015 年后的调查人数和统计口径出现变化，并且体

---

① Barro R. J. , Lee J. W. International comparisons of educational attainment ［J］. *Journal of Monetary Economics*，1993，32（03）：294 – 363.

② Barro R. J. , Lee J. W. International measuring of schooling years and schooling quality ［J］. *American Economic Review*，1996，26（08）：68 – 96.

③ Barro R. J. , Lee J. W. International data on educational attainment：updates and implications ［J］. *Oxford Economic Papers*，2001，20（05）：158 – 186.

④ Mulligan C. B. , Sala – I – Martin X. A labor-income based measure of the value of human capital：an application to the states of the United States ［EB/OL］. http：//www. nber. org/papers/w5018. pdf，2007 – 03 – 16.

育产业在 2014 年后开始具备人力资本和知识技术的服务业要素化趋势需要高知识层次的人力资源，本章选择普通高等学校教职工数指标来综合反映各个区域知识人力资本水平带来的体育产业经济效应。

2. 消费升级要素指标

居民消费结构升级和层次提高，更多地体现为居民客观上拥有多样化和差异性产品和服务的消费选择以及消费品品质的不断提升。①② 我国居民最终消费支出结构中城镇消费量要高于农村消费量，城镇居民消费支出代表着最终消费升级的发展方向。一般来讲，城镇居民各项消费需求主要包括食品、衣着、居住、家庭设备用品及服务、交通和通信、教育文化娱乐服务、医疗保健和其他商品和服务，按照各项消费支出的需求收入弹性来看，作为生活必需品的教育文化娱乐服务支出自 2003 年以来持续上升，其他商品和服务需求近几年来的大幅提升反映出城镇居民需求层次提升、消费内容多元、消费结构优化的基本特征。根据陈波③、魏勇等④对居民家庭消费结构升级发现，城镇居民人均可支配收入对消费结构升级具有正向作用，而社保缴费负担、不确定性和消费价格均对消费升级形成抑制，财政社会保障支出对消费升级的影响作用不显著，因此本章选取城镇居民人均最终消费支出作为消费升级要素的代理变量。

（三）主要控制变量

1. 经济增长水平指标

已有研究表明人均国内生产总值相对于国内生产总值能够较好地直接反映经济增长和人民生活水平的均衡程度，Heston 认为采用人均 GDP 能够抵消人口与 GDP 核算的估计错误或不一致，并且人均 GDP 可以减少人口

①　Dixit A，Stigliz JE. Monopolistic competition and product diversity：reply［J］. *American Economic Review*，1993，83（01）：302 – 304.

②　Grossman GM，Helpman E. Quality ladders in the theory of growth［J］. *Review of Economic Studies*，1991，58（01）：43 – 61.

③　陈波. 不同收入层级城镇居民消费结构及需求变化趋势——基于 AIDS 模型的研究［J］. 社会科学研究，2013（04）：14 – 20.

④　魏勇，杨刚，杨孟禹. 城镇居民消费升级特征与动因研判——基于空间溢出视角的实证研究［J］. 经济问题探索，2017（01）：51 – 63.

扩张对经济增长的影响。[①] 考虑到体育产业的发展与人均国内生产总值水平关系密切，因此本章选取各省市人均 GDP 来衡量经济增长水平（均以1978 年为不变价格进行消胀处理）。

2. 城市化水平指标

一个国家或地区城市化水平的快速提升，主要表征为人口向城市集中、二三次产业向城市集聚、居民生产生活方式向农村扩散、城市物质文明和精神文明向农村普及。城市化水平的衡量，包括单因素指标中的城镇人口、非农业人口指标、土地利用指标法以及多因素的复合指标法。在变量的选取上，参考李长亮[②]、简新华等[③]对城市化水平的讨论分析，城镇人口比重能够较为准确地衡量一个地区的城市化水平，因此本章采用城镇人口占各省市总人口比重作为衡量各省市城市化水平的重要指标。

3. 体育财政支出指标

政府加大对体育的公共财政支出，提供体育公共产品和服务用于解决群众体育和竞技体育市场产品供给失衡的问题。政府对体育公共产品服务的财政支持，包括公共产品的供给范围、投资顺序和提供方式都可能影响体育产业结构的变化和体育经济发展，且省际体育公共服务资源同样存在重大差异。黄小云[④]假设在各省体育财政支出与文化、体育和传媒占比保持不变的情况下，估算 2008~2014 年的各省市体育财政支出。本章直接选取地方文化体育和传媒公共财政支出作为衡量指标，毕竟财政预算基础上的体育公共财政支出实际影响并不会很大。

4. 体育游憩环境指标

人均体育场地面积是指体育场地面积的人均占有量，是体育产业特别是群众体育活动形式的重要载体。《"十四五"体育发展规划》对体育改革

① Heston A. A brief review of some problems in using national accounts data in level of output comparisons and growth studies [J]. *Journal of Development Economics*，1994，44（01）：29-52.

② 李长亮. 我国城市化水平测算方法的科学性研究 [J]. 经济纵横，2013（02）：65-70.

③ 简新华，黄锟. 中国城镇化水平和速度的实证分析与前景预测 [J]. 经济研究，2010，45（03）：28-39.

④ 黄小云. 我国体育公共财政支出区域差距与收敛性研究 [D]. 武汉：华中师范大学，2016.

发展进行了全面部署，围绕体育强国建设，力求推动"十四五"体育重点领域实现高质量发展。明确要求城市配套运动场地和设施不断扩大和完善，一定程度上成为一个国家或地区居民身体健康和心理素质的反映。道格（Duggal）指出城市绿色空间能够有效满足居民的非物质需求[①]，罗宾逊（Robinson）认为大面积的绿色空间为美国户外体育运动爱好者提供了户外休闲娱乐活动的乐趣。由于各个省市（自治区、直辖市）人均体育场地面积数据存在重要缺失，本章采用城市园林绿地面积作为衡量体育游憩环境的重要指标。

第三节　计量模型分析与实证检验（中国部分）

一、计量模型构建

基于体育产业活动对国家、地区经济所产生的影响及其作用机制，模型主要用于研究体育产业各要素创造累积及效率提升对体育产业经济效应的影响。根据本章研究目的和对象的发展特征，选择体育产业的经济增长效应（industry）、产业结构效应（structure）和产业就业效应（employment）作为被解释变量，引入系列解释变量和控制变量以构建多元回归模型，用以考察构成体育产业发展的各类要素对体育产业经济效应产生的影响。这里，将知识人力资本要素（knowledge）、消费升级要素（consumption）作为核心解释变量，纳入其他各项影响因素作为控制变量，实证检验其对产业经济效应的影响。为消除时间序列的异方差问题，对变量进行对数化处理，根据理论模型的分析，在此将模型设定为如下形式：

模型一：验证人力资本要素和消费升级要素的存在对体育产业经济增长效应的影响：

---

① Arpana Duggal, Anjana Chib. The role of urban green spaces for the sustainable city [J]. *Indian Journal of Research*, 2014, 6 (03): 92 – 94.

$$LnADV_{it} = \beta_0 + \beta_1 LnH_{it} + \beta_2 LnC_{it} + \beta_3 LnControl_{it} + \varepsilon_{it}$$

模型二：验证人力资本要素和消费升级要素的存在对体育产业结构效应的影响：

$$LnPD_{it} = \beta_0 + \beta_1 LnH_{it} + \beta_2 LnC_{it} + \beta_3 Control_{it} + \varepsilon_{it}$$

模型三：验证知识人力资本要素和消费升级要素的存在对体育产业就业效应的影响，包括就业规模效应和就业质量效应：

$$LnEmp_{it} = \beta_0 + \beta_1 LnH_{it} + \beta_2 LnC_{it} + \beta_3 Control_{it} + \varepsilon_{it}$$

$$LnComp_{it} = \beta_0 + \beta_1 LnH_{it} + \beta_2 LnC_{it} + \beta_3 Control_{it} + \varepsilon_{it}$$

二、各变量含义及度量

计量模型中使用的主要变量及其含义如表 6 – 1 所示。

表 6 – 1　　　　　　　　　计量模型中使用的主要变量及其含义

变量类型	变量符号	变量名称	变量定义
被解释变量	ADV_{it}	体育产业经济增长效应	体育产业增加值（亿元）
	PD_{it}	体育产业结构效应	体育产业总偏离分量
	Emp_{it}	体育产业就业规模效应	文化、体育与娱乐业的城镇就业人员数量（人）
	$Comp_{it}$	体育产业就业质量效应	文化、体育与娱乐业的城镇就业人员平均工资（元）
解释变量	H_{it}	人力资本要素	普通高等学校教职工数（人）
	C_{it}	消费升级要素	城镇居民人均消费性支出（元）
控制变量	$PGDP_{it}$	经济增长水平	人均国内生产总值（亿元）
	URB_{it}	城市化水平	城镇人口占各省市总人口比重（%）
	INV_{it}	体育财政支出	文化、体育和传媒公共财政支出（亿元）
	$Area_{it}$	体育游憩环境	城市园林绿地面积（平方米/人）
	Id_{it}	地区	—
	$Year_{it}$	年份	—

三、描述性统计

计量模型所用到的数据统计性描述如表6-2所示。

表6-2　　　　　　　　　　各变量的描述性统计

变量	观察值	均值	标准差	最小值	最大值
ADV_{it}	116	308.7	370.4	3.880	1 655
PD_{it}	116	98.85	128.2	0.420	548.1
Emp_{it}	116	49 867	35 087	6 814	190 281
$Comp_{it}$	116	77 236.66	25 968.52	45 994	173 632
H_{it}	116	80 970	45 114	3 643	170 589
C_{it}	116	23 237	6 103	15 819	46 015
$PGDP_{it}$	116	59 602	27 361	26 165	140 211
URB_{it}	116	58.47	12.61	27.74	88.10
INV_{it}	116	1 005 874	562 874	209 656	3 231 783
$Area_{it}$	116	13.38	2.92	5.85	20.38

四、回归结果分析

由于研究数据存在省份和时间上的差异，可能存在随个体变化不随时间而变或者随时间变化而不随个体变化的遗漏变量问题，并且个体效应也可能以随机效应的形式存在。一般情况下，通过 Hausman 检验能够判断模型使用固定效应模型或是随机效应模型，继而通过 F 检验确认采用个体固定、时间固定或是个体和时间双固定模型。这里借助 Hausman 检验结果采用个体和时间双固定模型，对本章构建的上述三个模型进行回归，回归结果具体如表6-3所示。

表 6 - 3   假设检验结果

变量	(1) $LnADV_{it}$	(2) $LnPD_{it}$	(3) $LnEmp_{it}$	(4) $LnComp_{it}$
LnH_{it}	1. 23 *** (3. 45)	3. 704 ** (2. 49)	0. 393 (1. 07)	0. 597 ** (2. 36)
LnC_{it}	0. 786 * (1. 97)	1. 534 (1. 14)	0. 617 * (1. 82)	- 0. 104 (- 0. 27)
$LnPGDP_{it}$	0. 635 * (2. 03)	1. 647 (1. 21)	0. 258 * (1. 77)	0. 088 (0. 73)
URB_{it}	0. 031 * (1. 80)	- 0. 016 (- 0. 26)	- 0. 010 (- 0. 83)	- 0. 008 (- 0. 62)
$LnArea_{it}$	0. 238 ** (2. 51)	0. 466 * (2. 04)	- 0. 042 (- 0. 63)	0. 166 *** (3. 03)
$LnINV_{it}$	- 0. 135 (- 0. 96)	- 0. 370 (- 0. 87)	0. 094 (1. 34)	0. 009 (0. 19)
Constant	- 11. 460 ** (- 2. 28)	- 66. 454 ** (- 2. 59)	- 3. 226 (- 0. 51)	4. 463 (0. 78)
Number of state	29	29	29	29
R - squared	0. 85	0. 89	0. 22	0. 89
Province FE	YES	YES	YES	YES
Year FE	YES	YES	YES	YES

注： *** 、 ** 和 * 分别表示在1%、5%和10%显著性水平下显著，括号内为 t 统计值。

回归结果显示，对体育产业经济增长效应而言，知识人力资本要素和消费升级要素的存在具有显著的正向作用，并且前者作用程度显著大于后者。正如前文所述，自 2015 年以来中国传统体育制造业开始进行人力资本和知识技术的资源整合，职业赛事、体育经纪等体育服务业借助互联网新经济获得极大的规模经济效应和范围经济效应，倒逼体育制造业实现产业的更新换代和升级转型。体育产业是服务业的重要组成部分，依托于人力资本和知识技术的要素积累将推动体育产业成为高效率产业，人均 GDP 及体育消费支出的增加意味着我国体育产业未来仍然具备很大的发展潜力。

对体育产业结构效应而言，知识人力资本要素的存在具有正向作用但消费升级要素并不显著。这里，由于采用的是总偏离分量代表整体增长优势，涵盖竞争力和结构的相对竞争优势，计量结果显示知识人力资本要素对推动体育产业结构变革具有重大作用。正如郭建平指出，通过调动和挖掘体育人才的创造性思维能力，将创造的新观念、新技术或新的创造性内容结合形成新的产品创意力，推动智力资本、体育资源和科学技术之间建立新的复杂深度联系，是推动创意体育产业发展的根本动力。[①] 居民的精神娱乐消费需求对体育产业结构的改善具有正向的促进作用，但对当下体育制造业供给侧的结构创新和经济贡献仍然不显著，健身休闲和赛事表演等体育服务业的边际经济贡献仍然需要提高。

对体育产业就业效应而言，分体育产业就业规模效应来看，消费升级要素具有正向作用但知识人力资本要素不显著；对于体育产业就业质量效应而言，知识人力资本要素具有正向作用但消费升级要素不显著。计量回归结果整体表明，在体育制造业向体育服务业提质增效、转型升级的过程中，消费升级要素对体育产业业态调整、规模扩张、内部结构重组导致的就业结构改善具有重要作用，居民消费升级具备较强的吸纳劳动力的能力。在体育服务业快速发展过程中，由于劳动力自身素质、技能与工作岗位的匹配导致不同岗位员工的薪酬结构存在较大的差异，知识人力资本要素带来的劳动力效率提升能够显著推动体育产业从业人员薪酬稳步上升。

五、稳健性检验

（一）改变知识人力资本要素代理变量

稳健性检验的知识人力资本要素代理变量中，采用普通高等学校专任教师数这一变量来替代普通高等学校教职工数变量，用以表征知识人力资

---

① 郭建平. 创意体育产业研究［D］. 长沙：湖南师范大学，2012.

本要素。计量回归结果显示,知识人力资本要素的存在对体育产业经济增长效应、产业结构效应和就业效应均具有显著的正向作用,结论保持不变(见表6-4)。

表6-4　　　　　　　　　　稳健性检验结果（一）

变量	(1) $LnADV_{it}$	(2) $LnPD_{it}$	(3) $LnEmp_{it}$	(3) $LnComp_{it}$
LnH_{it}	0.682*** (2.98)	2.241* (1.75)	0.553* (1.71)	0.545** (2.62)
LnC_{it}	0.755* (1.84)	1.445 (1.10)	0.640* (1.90)	-0.091 (-0.24)
$LnPGDP_{it}$	0.614* (1.89)	1.496 (1.12)	0.269* (1.87)	0.092 (0.81)
URB_{it}	0.033* (1.91)	0.023 (0.41)	-0.014 (-1.11)	-0.007 (-0.63)
$LnArea_{it}$	0.243** (2.45)	0.610* (2.03)	-0.092 (-0.99)	0.131** (2.63)
$LnINV_{it}$	-0.139 (-1.01)	-0.404 (-0.95)	0.075 (1.09)	-0.008 (-0.16)
Constant	-10.726** (-2.09)	-26.477 (-1.59)	-4.535 (-0.96)	5.389 (1.01)
Observations	116	116	116	116
Number of state	29	29	29	29
R-squared	0.85	0.89	0.24	0.89
Province FE	YES	YES	YES	YES
Year FE	YES	YES	YES	YES

注: ***、** 和 * 分别表示在1%、5%和10%显著性水平下显著,括号内为t统计值。

（二）对消费升级要素滞后一期

对自变量消费升级要素变量进行滞后一期处理,回归结果显示,除消费升级要素和知识人力资本要素对体育产业就业规模效应不显著外,列

（1）、列（2）和列（4）检验结果与上文结果一致（见表6-5）。因此，本章认为消费升级要素的存在对体育产业经济增长效应、产业结构效应和就业效应均具有显著的正向作用，结论保持不变。

表6-5 稳健性检验结果（二）

变量	（1） LnADV$_{it}$	（2） LnPD$_{it}$	（3） LnEmp$_{it}$	（3） LnComp$_{it}$
LnH$_{it}$	1.028 *** (3.55)	3.378 ** (2.42)	0.322 (0.88)	0.630 ** (2.44)
LnC$_{it}$	1.173 * (1.69)	1.472 (0.96)	0.227 (0.60)	−0.166 (−0.39)
LnPGDP$_{it}$	0.596 * (1.99)	1.591 (1.14)	0.251 ** (2.13)	0.094 (0.83)
URB$_{it}$	0.026 (1.59)	−0.014 (−0.21)	−0.007 (−0.53)	−0.007 (−0.61)
LnArea$_{it}$	0.228 ** (2.42)	0.459 * (2.00)	−0.054 (−0.73)	0.165 *** (3.01)
LnINV$_{it}$	−0.147 (−0.97)	−0.366 (−0.83)	0.107 (1.47)	0.011 (0.22)
Constant	−14.334 * (−2.04)	−61.738 *** (−2.79)	1.197 (0.20)	4.601 (0.91)
Observations	116	116	116	116
Number of state	29	29	29	29
R-squared	0.86	0.89	0.18	0.89
Province FE	YES	YES	YES	YES
Year FE	YES	YES	YES	YES

注：***、**和*分别表示在1%、5%和10%显著性水平下显著，括号内为t统计值。

第四节　计量模型分析与实证
检验（美国部分）

本章研究所涉及的美国体育产业相关数据源于 BEA 发布的《户外休闲卫星账户》（ORSA）专题数据、《中国国民经济统计年鉴》、美国国家教育统计中心（NCES）发布的《教育统计年鉴》以及 BEA 发布的统计数据公告。本章选取 2012～2017 年美国各州户外休闲产业经济发展数据作为研究样本，最终获得 306 个样本值。

BEA 公布的《户外休闲卫星账户》（ORSA）专题数据显示，2017 年美国户外休闲经济占当期国内生产总值（GDP）的 2.2%（4 272 亿美元），与 2017 年全球行业研究在线数据库（Plunkett Research）公布的体育产业增加值占比 2.86%（5 171 亿美元）接近，BEA 在《户外休闲卫星账户》（ORSA）专题数据中系统地介绍了美国 50 个州和哥伦比亚特区户外娱乐的增加值、总产出、就业和薪酬的详细数据。其中，艺术、娱乐与休闲在美国户外娱乐经济中占据重要地位，占比达到 12.4%（529 亿美元）。而前文已经提及，美国与体育产业相关的内容计入 NAICS 中 71 大类的"艺术、娱乐与休闲"，而与此相关的体育用品制造销售、运动场馆建设分散于其他行业的统计指标体系（具体见附录表 A1－1），因此选取《户外休闲卫星账户》（ORSA）专题数据对分析美国体育产业经济效应具有一定的代表性。

一、各变量含义及度量

参照第三节对中国部分计量模型的样本选择和模型构建，本部分简要概述美国部分的假设检验结果。本部分计量模型中使用的主要变量、含义及其数据来源如表 6－6 所示。

表 6 - 6　　　　　　　　计量模型中使用的主要变量及其含义

变量类型	变量符号	变量名称	变量定义	数据来源
被解释变量	ADV_{it}	体育产业经济增长效应	户外休闲体育产业增加值（千美元）	BEA：《户外休闲卫星账户》（ORSA）专题数据
	PD_{it}	体育产业结构效应	观赏等户外休闲产业中体育服务业产业增加值（千美元）	BEA：《户外休闲卫星账户》（ORSA）专题数据
	Emp_{it}	体育产业就业规模效应	户外休闲体育就业人员数量（人）	BEA：《户外休闲卫星账户》（ORSA）专题数据
	$Comp_{it}$	体育产业就业质量效应	户外休闲体育就业人员补偿（千美元）	BEA：《户外休闲卫星账户》（ORSA）专题数据
解释变量	H_{it}	人力资本要素	按州或司法管辖区划分的私立非营利学位授予高等教育机构秋季总入学人数（人）	NCES：《教育统计文摘》（Digest of Education Statistics Edition）（2017年版第419页、2018年版第242页）
	C_{it}	消费升级要素	全部消费支出（百万美元）	BEA：国家个人消费支出（Personal Consumption Expenditures by State），2018
控制变量	$PGDP_{it}$	经济增长水平	人均实际GDP（美元）	BEA统计数据
	URB_{it}	城市化水平	城镇劳动力人口占各州总人口比重（%）	BEA统计数据整理
	INV_{it}	体育财政支出	州和地方政府财政支出（千美元）	BEA统计数据
	$Area_{it}$	体育游憩环境	累计降水量数据（英寸）	世界农业展望局、Wind
	Id_{it}	地区	—	—
	$Year_{it}$	年份	—	—

注：（1）户外休闲体育产业增加值由户外娱乐产品和服务的生产价值减去其生产费用的价值组成。（2）户外休闲体育就业人员数量包括所有全日制、非全日制和临时带薪工作，工人从事户外娱乐用品和服务的生产。（3）户外休闲体育就业人员补偿包括对雇员的报酬（包括工资和薪金以及福利，如雇主对养老金和健康基金的缴款），以换取他们在给定年份内从事户外娱乐相关工作。

二、描述性统计

计量模型所用到的数据统计性描述如表6-7所示。

表6-7   各变量的描述性统计

变量	观察值	均值	标准差	最小值	最大值
ADV_{it}	306	7 657 516	9 005 164	1 103 273	$5.210e+07$
PD_{it}	306	907 144.9	1 380 034	70 030	8 604 150
Emp_{it}	306	97 215	105 993	14 524	588 680
$Comp_{it}$	306	3 778 399	4 472 774	474 298	$2.740e+07$
H_{it}	306	78 991	98 568	0	535 236
C_{it}	306	236 755	280 278	21 256	$1.753e+06$
$PGDP_{it}$	306	53 599	19 726	33 333	177 559
URB_{it}	306	0.822	0.0688	0.437	0.942
INV_{it}	306	$6.610e+07$	$8.570e+07$	7 012 056	$5.670e+08$
$Area_{it}$	306	37.33	17.63	3.430	91.40

三、回归结果分析

回归结果显示，除知识人力资本要素对观赏等户外休闲产业中体育服务业增加值不具有显著的正向作用外，整体来看，美国消费升级要素对体育产业经济效应的作用程度显著大于知识人力资本要素。这里的知识人力资本要素主要指的是按州或司法管辖区划分的私立非营利学位授予高等教育机构秋季总入学人数，自2012年以来平均按照3.9%的复合速度增长，高素质劳动者在总就业人数的比重始终保持在一定的水平。考虑到在职培训和经验积累对知识人力资本形成的重要影响，美国高质量的知识人力资本培养对体育产业发展具有明显的差异化优势（见表6-8）。

表 6 - 8 假设检验结果

变量	(1) LnADV$_{it}$	(2) LnPD$_{it}$	(3) LnEmp$_{it}$	(4) LnComp$_{it}$
LnH$_{it}$	0.013 ** (2.45)	0.001 (0.20)	0.014 *** (3.81)	0.012 ** (2.61)
LnC$_{it}$	1.017 *** (7.26)	0.450 ** (2.07)	0.498 *** (3.56)	0.835 *** (7.70)
LnPGDP$_{it}$	0.160 (0.84)	0.147 (0.95)	0.093 (0.88)	0.008 (0.10)
URB$_{it}$	-0.453 *** (-3.62)	-0.330 (-1.19)	-0.199 (-0.98)	-0.245 (-1.66)
LnArea$_{it}$	-0.015 * (-1.74)	0.003 (0.43)	0.009 (1.35)	0.003 (0.48)
LnINV$_{it}$	0.085 (0.82)	0.100 (1.05)	-0.027 (-0.49)	0.029 (0.64)
Constant	0.445 (0.15)	4.579 * (1.72)	4.652 *** (2.95)	4.253 *** (3.70)
Number of state	51	51	51	51
R - squared	0.88	0.93	0.66	0.94
Province FE	YES	YES	YES	YES
Year FE	YES	YES	YES	YES

注：***、** 和 * 分别表示在1%、5%和10%显著性水平下显著，括号内为 t 统计值。

对于美国这一城市化水平很高的国家，预期收入水平、消费水平及消费质量的提高持续优化了消费结构，人们普遍因拥有精神层面的追求而表现出持续的高消费水平。这就表明，当体育产业发展到一定阶段，高消费水平将推动体育产业经济效应持续深化。

四、稳健性检验

（一）改变知识人力资本要素代理变量

这里，本章采用按地区、州和辖区划分的美国公立高中毕业生变量来替代按州或司法管辖区划分的私立非营利学位授予高等教育机构秋季总入学人数，用以表征知识人力资本要素。计量回归结果显示，尽管知识人力资本要素对体育产业经济增长效应、消费升级要素对体育产业结构效应不存在显著，但整体来看，知识人力资本要素和消费升级要素的存在对体育产业经济增长效应、产业结构效应和就业效应均具有显著的正向作用，结论保持不变（见表6-9）。

表6-9 稳健性检验结果（一）

变量	(1) $LnADV_{it}$	(2) $LnPD_{it}$	(3) $LnEmp_{it}$	(4) $LnComp_{it}$
LnH_{it}	-0.083 (-0.76)	0.267*** (3.11)	0.182** (2.20)	0.153** (2.57)
LnC_{it}	1.029*** (6.77)	0.270 (1.34)	0.325** (2.15)	0.689*** (5.45)
$LnPGDP_{it}$	0.137 (0.76)	0.168 (1.21)	0.085 (0.81)	0.000 (0.00)
URB_{it}	-0.482*** (-3.67)	-0.320 (-1.25)	-0.222 (-1.05)	-0.265* (-1.76)
$LnArea_{it}$	-0.012 (-1.42)	0.002 (0.37)	0.012 (1.59)	0.006 (0.88)
$LnINV_{it}$	0.084 (0.86)	0.133 (1.41)	0.005 (0.10)	0.056 (1.36)
Constant	1.588 (0.62)	3.103 (1.16)	4.470** (2.29)	4.126*** (3.06)
Observations	306	306	306	306
Number of state	51	51	51	51
R - squared	0.88	0.94	0.66	0.94
Province FE	YES	YES	YES	YES
Year FE	YES	YES	YES	YES

注：***、**和*分别表示在1%、5%和10%显著性水平下显著，括号内为t统计值。

（二）对消费升级要素滞后一期

对自变量消费升级要素变量进行滞后一期处理，回归结果显示，知识人力资本要素和消费升级要素对体育产业结构效应并不显著，列（3）和列（4）检验结果与上文结果一致，知识人力资本要素和消费升级要素对体育产业的就业效应仍然保持正向影响（见表6-10）。

表6-10　　　　　　　　　　稳健性检验结果（二）

变量	（1） $LnADV_{it}$	（2） $LnPD_{it}$	（3） $LnEmp_{it}$	（4） $LnComp_{it}$
LnH_{it}	0.007 （1.22）	-0.001 （-0.21）	0.011*** （3.46）	0.007** （2.24）
LnC_{it}	0.829*** （5.23）	0.345 （1.53）	0.488*** （5.17）	0.743*** （7.34）
$LnPGDP_{it}$	0.344* （1.70）	0.233* （1.69）	0.169* （1.83）	0.149 （1.47）
URB_{it}	-0.581*** （-3.81）	-0.385 （-1.37）	-0.268 （-1.39）	-0.355** （-2.35）
$LnArea_{it}$	-0.016* （-1.68）	0.003 （0.40）	0.009 （1.33）	0.003 （0.45）
$LnINV_{it}$	0.054 （0.49）	0.092 （0.93）	-0.060 （-1.06）	-0.010 （-0.20）
Constant	1.389 （0.44）	5.119* （1.82）	4.649*** （3.54）	4.672*** （3.87）
Observations	305	305	305	305
Number of state	51	51	51	51
R-squared	0.87	0.93	0.66	0.93
Province FE	YES	YES	YES	YES
Year FE	YES	YES	YES	YES

注：***、**和*分别表示在1%、5%和10%显著性水平下显著，括号内为t统计值。

第五节　本章小结

本章在上文关于体育产业经济效应的理论模型基础上，利用中美两国体育产业增加值、服务业增加值、就业和工资薪酬的 412 个研究样本值进行实证研究，得出以下结论：

以知识人力资本和消费升级为核心的双轮要素驱动共同推动中美两国体育产业的高质量发展。以知识人力资本路径为核心的要素质量的提高，有利于体育产业增长效率的持续改进；以消费升级路径为核心的要素配置扩展了市场规模经济的边界，消费品多样化和高级化的真实需求推动知识积累的形成和效率模式的重塑。消费升级是体育产业活动的增长动力和价值源泉，而在后工业化社会向深度城市化演进的过程中，以知识人力资本增进为重心的劳动力再生产成为主流，特别是家庭消费结构中教育支出的扩大和政府公共支出中教育费用的增长，进一步推动了消费作为生产率增进的再循环，以下分别从三大经济效应进行阐述：

对体育产业经济增长效应而言，中美两国知识人力资本要素和消费升级要素的存在具有显著的正向作用，但是美国消费升级要素对体育产业经济效应的作用程度显著大于知识人力资本要素，中国则恰好相反。这与中美两国体育服务业的发展水平差距有重大关系，中国体育产业发展仍然依靠传统体育制造业的知识人力资本对增长效率的持续改进，而美国高度城市化带来的高消费推动了体育产业经济效应的持续深化。

对体育产业结构效应而言，中国知识人力资本要素的存在具有正向作用但消费升级要素并不显著，美国则相反。由此表明，在产业发展不同阶段，知识人力资本和消费升级要素的影响程度并不一致，体育服务业的发展前期需要重点依托于知识人力资本的创意形成，而发展后期人们对休闲娱乐消费需求表现出来的高消费水平成为推动体育服务业增长的重要动力。

对体育产业就业效应而言，美国无论是在就业规模还是就业质量上知识人力资本要素和消费升级要素均具有正向作用，而中国消费升级要素对体育产业就业规模效应具有正向作用但知识人力资本要素不显著，知识人力资本要素对体育产业就业质量效应具有正向作用但消费升级要素不显著。由此来看，消费升级推动的体育服务业增长具备较强吸纳劳动力的能力，而体育制造业效率提升能够显著增加体育用工薪酬，在体育制造业向体育服务业转型升级的过程中需要注重知识人力资本要素和消费升级要素的重要作用。

第七章 促进体育产业可持续发展的对策建议

随着体育产业全球化新时代的到来，尤其是我国经济发展面临着调整为以国内大循环为主体、国内国际双循环相互促进的新发展格局环境下，我国体育产业的发展面临整体经济结构调整以及体育产业加快发展的共同问题，但是因为体育产业自身发展条件和阶段的特殊性，需要客观分析我国体育产业发展所面临的问题和所处的环境。满足人民群众日益增长的体育运动多元化消费和服务需求，达成全民健身，实现健康中国，这需要我们汲取国内外成功经验，摒弃失败教训，建立真正具有中国特色的体育产业发展路径。

第一节 中美体育产业经济效应比较总结

一、中美体育产业经济效应比较

前文从体育产业的四个经济效应具体地研究对比中美的发展状况，也从中发现各自体育产业经济效应发展的特点，以及体育产业发展的相关驱动要素，现总结如下。

（一）中美体育产业经济增长效应比较（见表7-1）

（1）产业经济贡献：中国体育产业产值及增加值比重较低，在国民经济中的地位和作用仍然不突出，对国民经济的贡献率和拉动率仍然较小；

美国体育产业产值占 GDP 比重达 2.90%，体育产业对 GDP 拉动率自 2014 年以来保持在 0.13% 左右，体育产业规模和发展模式已经相对成熟，已成长为国民经济支柱性产业。

表 7 - 1　　　　　　　　中美体育产业经济效应对比分析

项目	中国		美国	
	2007 年	2018 年	2007 年	2018 年
增加值比重（%）	0.468	1.096	2.517	2.896
对 GDP 贡献率（%）	0.47	1.10	2.52	2.90
对 GDP 拉动率（%）	0.13	0.27	0.10	0.12
边际额度	51.3192 亿元	102.5258 亿美元	22.2710 亿美元	17.1999 亿美元
弹性系数	0.1618	0.9753	0.5478	0.4998

（2）产业质量发展：中国体育产业发展弹性效益的高度远高于美国，体育产业社会效益远远没有得到有效发挥，人民身体素质与精神素养的体育消费需求不充分；美国已经步入体育产业的成熟阶段，其边际效应、边际额度绝对值远远小于中国，美国体育产业体育资源丰富且体育产业体系健全的基础性优势使得其体育消费水平和消费层次得以更加强劲。

（二）中美体育产业结构效应比较（见表 7 - 2）

表 7 - 2　　　　　　　中美体育产业结构效应对比分析

国家	体育产业内部结构效应	最高国民经济关联度产业	最低国民经济关联度产业	体育产业外部结构效应	体育部门
中国	产业形态	体育用品制造	体育健身休闲活动	影响力系数	0.91
	关联度系数	0.81	0.67	感应度系数	0.27
美国	产业形态	赛事推广	体育经纪	影响力系数	0.91
	关联度系数	0.68	0.64	感应度系数	0.8

（1）产业内部结构：我国体育产业结构普遍存在内部业态不均衡、外部结构关联度不强、产品和服务供给不匹配等问题。我国体育产业内部结

构仍然以体育用品制造业为主，体育服务业比重明显偏低。我国体育竞赛表演活动和体育用品制造业、体育用品销售业与国民经济关联程度最高，关联度系数均大于 0.8。美国服务业各细分行业关联度系数处于较为均衡的状态，关联度系数均处于 0.65 左右。美国体育产业主导产业和相关产业布局分布合理，以观赏体育、赛事推广、体育经纪、休闲体育为主的体育服务业已经成为体育主体产业的核心部门，体育产业结构发展已经相对成熟。

（2）产业外部结构：我国体育产业外部关联水平不高，创新性的消费场景和商业模式需要不断更新，全行业尤其是体育服务业的生产率需要进一步提高。我国体育部门的影响力系数和感应度系数分别为 0.91、0.27，尽管体育部门均处于第Ⅲ象限，但影响力和感应度均相对较低。美国体育产业结构已然过渡到稳定发展的理想状态。美国艺术、娱乐与休闲部门的影响力系数和感应度系数分别为 0.91、0.8，美国体育部门明显在前向关联程度上更高，能够较好地推动下游产业发展。

（三）中美体育产业就业效应比较（见表 7-3）

表 7-3　　　　　　　　中美体育产业就业效应对比分析

国家	年份	就业占比（%）	产业结构偏离度	就业吸纳弹性系数
中国	2014	0.55	0.1387	0.565
	2018	0.57	0.9161	0.0148
美国	2014	1.08	1.4714	0.5797
	2018	1.16	1.5007	0.8184

（1）直接就业效应：我国体育产业吸纳就业能力不强，体育从业者社会认同度有待提升，体育职业报酬水平需要得到进一步提高，体育产业特别是体育服务业从业人员在数量规模上存在着巨大缺口。2018 年中美体育产业就业占比分别为 0.57%、1.16%，就业吸纳弹性系数分别为 0.0148、0.8184，行业结构偏离度分别为 0.9161、1.5007，美国体育产业就业吸纳弹性系数、行业结构偏离度明显强于中国，并且产出对就业的相对吸纳能

力处于稳定水平。

（2）间接就业效应：体育部门在服务业中仅次于教育、公共管理和居民服务业，体育行业每增加 1 万元总投入会直接拉动劳动者报酬提高 0.3787 万元，而间接就业贡献为 0.0416 万元，直接就业贡献与间接就业贡献之比为 9.1∶1，表明体育行业的间接就业效应较弱，在未来的产业关联带动就业中有较大提升空间。美国艺术、娱乐与休闲行业直接就业贡献为 0.3434，但由于其涵盖文化和娱乐行业，以观赏体育、赛事推广、体育经纪、休闲体育为主的体育服务业其直接就业贡献应该更高。艺术、娱乐与休闲行业间接就业贡献为 0.1356，直接就业贡献与间接就业贡献之比为 2.53∶1，美国体育产业的联动就业效应远大于中国。

（四）中美体育产业贸易效应比较（见表 7 - 4）

表 7 - 4　　　　　　　　中美体育产业贸易效应对比分析

体育产业贸易效应	中国	美国
强优势项目	体育运动鞋服、运动器材设备	暂无
劣势项目	暂无	运动服装服饰类、水上运动设备、户外游戏和娱乐场所设备等
互补性项目	运动鞋服、体操球类设备（1998～2007）；帆船游艇和划船类用品，室内游乐设备和钓具设备（2008～2017）	

（1）体育用品贸易：中国体育用品贸易结构仍然以出口导向型为主，出口类型以劳动密集型为主，运动器材类出口常年居于首位，大型商用和专用器材等设备及劳动密集型产品技术含量有待提高，在研发、设计端等高附加值领域仍不具备足够的竞争力。美国体育用品贸易中高端用品仍然依赖技术纯熟的中国制造，并通过自己全球领先的设计和研发能力，输出产品标准和专利、品牌价值，利用新工艺、新材料、新技术来引领新型体育用品的发展趋势。

（2）体育服务贸易：中国体育赛事国际影响力不断提高，但是对跨国顶级赛事、体育版权等体育知识产权服务贸易认识仍然不够深刻，国内具备全球竞争力的体育顶级赛事品牌寥寥无几，体育版权属于从单纯依靠资本向赛事商业价值综合开发运营过渡的阶段。美国职业体育已经发展成为高度全球化的产业，美国体育产业已经形成包括赛事运营、体育经纪和体育传媒等产业链的结构庞大、内容丰富的成熟产业。美国拥有全球最大的体育经纪和体育营销中介服务机构，成为推动美国职业体育发展的润滑剂和助推器。

（五）中美体育产业经济效应的要素驱动比较

（1）经济增长效应：中美两国知识人力资本要素和消费升级要素的存在具有显著的正向作用，但是美国消费升级要素对体育产业经济增长效应的作用程度显著大于人力资本要素，中国则恰好相反。这与中美两国体育服务业的发展水平差距具有重大关系，中国体育产业发展仍然依靠传统体育制造业的知识人力资本对增长效率的持续改进，而美国高度城市化带来的高消费推动了体育产业经济效应的持续深化。

（2）产业结构效应：中国知识人力资本要素的存在具有正向作用但消费升级要素并不显著，美国则相反。由此表明，在产业发展不同阶段，知识人力资本和消费升级要素的影响程度并不一致，体育服务业的发展前期需要重点依托于知识人力资本的创意形成，而发展后期人们对休闲娱乐消费需求表现出来的高消费水平成为推动体育服务业增长的重要动力。

（3）产业就业效应：无论是就业规模还是就业质量上美国知识人力资本要素和消费升级要素均具有正向作用，而中国消费升级要素对体育产业就业规模效应具有正向作用但知识人力资本要素不显著，知识人力资本要素对体育产业就业质量效应具有正向作用但消费升级要素不显著。由此来看，消费升级推动的体育服务业增长具备较强吸纳劳动力的能力，而体育制造业效率提升能够显著增加体育用工薪酬，在体育制造业向体育服务业转型升级的过程中需要注重知识人力资本要素和消费升级要素的重要作用。

（4）产业贸易效应：以 2008 年、2014 年作为时间间隔点，主要在于2008 年后国内初级劳动力要素禀赋的比较优势趋向衰减，2014 年国内体育用品制造部门产能过剩，处于推动生产型服务的对外输出和制造业内部化的过程。中美体育用品贸易部门在上述两个时点发生非常显著的变化，不同产品类别在跨时期呈现的竞争互补性关系均不相同。

考察 1998～2007 年中美两国体育用品间的竞争互补性关系发现，中美两国存在贸易互补性关系的体育用品主要分布于运动鞋服和体操球类设备且其互补性系数很高，主要在于简单廉价的劳动力要素禀赋带来的比较成本优势推动。帆船游艇和划船类用品、室内游乐设备、钓具类用品互补性关系并不强，这在于初级劳动力要素禀赋短期内对贸易输出具有绝对成本优势但并不是提升装备类用品的核心变量。

考察 2008～2017 年中美两国体育用品间的竞补性关系发现，运动鞋服类 OBC 值持续为负且系数较强，观察同期的 RTA 值变化趋势，发现中国运动鞋服类仍然属于强优势产品但竞争优势不断下滑，同期美国运动鞋服劣势或弱劣势属性不断扩大，OBC 负值表示美国运动鞋服类产品不具备任何国际竞争力，故与中国不是互竞关系。2015～2017 年帆船游艇和划船类用品类、室内游乐设备和钓具设备呈现出很强的互补性关系，主要在于生产型服务的崛起和新材料、新工艺、新技术与服务业商业模式的结合推动的装备类用品的互补性提升，在此之前的 2008～2014 年贸易互补并不充分。

二、美国体育产业发展经验与不足

根据前文对中美体育产业概况和历史发展进程的比较，以及相关章节对中美微观行业的数据分析处理比较之后，我们发现美国体育产业的经济效应发展较好，使得整个体育产业呈现出发展成熟领先的状态，但同时发现美国体育产业发展中也存在着一些问题，在此基础上，沿着美国体育产业经济效应发展的线索，归纳出以下美国体育产业发展的经验与教训，以便根据我国具体国情，对我国体育产业发展提供借鉴，而对其不足之处引以为鉴。

（一）美国体育产业发展经验

1. 市场化发展机制及相对完善和规范的法治体系

美国体育产业的发展首先是允许体育产业的相关主体参与者、赛事联盟、俱乐部、消费者、媒体、投资方及其他社会组织，自发参与市场体系中的资源配置，各司其职、自由流动，使得市场运行中交易费用降低，提高资源配置效率，大大促进体育产业的发展。其次具体关于体育产业相关基础设施的建设方面，美国实行市场多渠道融资的模式。以市场资本自由判断体育产业基础设施投入，以这类相对于政府主导的融资方式更为灵活的融资措施为主导，建立多方的融资渠道，形成实际市场化运作，解决了运动基础设施大量资金投入的压力，使得广大民众能相对容易地参与到体育运动中来，从而促使全民健身运动得到蓬勃发展。再次美国从国家层面制定相关法律法规，来保障市场要素的自由流通及对应的运动权利义务。诸如《社会保障法》来保证公民享有参与体育锻炼的权利和自由；《体育转播法》等来保证市场主体尤其是传媒行业对相关体育活动有相关传播的权利及支付对应报酬的义务，保障体育项目参与者与经营者相应的权利，也提出对应的应承担的义务，以保障市场的健康运转。《健康公民2000》以及后续每隔10年推出的健康公民法规政策系列，都在保障公民享有体育锻炼获得健康的权利，除此之外，也推出许多具体的法律措施来引导体育产业经营主体的经营活动，以便规范体育产业商业化运转顺利进行。政府较少进行宏观调控，只是监督保障相关经营主体的市场化行为符合体育消费者的相关权利。总之，美国政府的相对宽松管制，给予市场自由的资源配置权利，这类市场主导型发展方式使得体育产业最早迅速发展起来。

美国是一个法制完善的国家，从法律属性上来说，它具有一定的滞后性。美国体育产业的历史发展过程中，经历过很多商业竞争博弈甚至冲突等，后逐渐发展了较为完善的法律保障和支撑体系。首先在美国对业余体育的划分和确定方面，特指那些竞技体育。而相关竞技体育既包括足球、篮球等普通大众运动形式的竞技体育项目，也包含其他各项较为小众的竞技体育形式，所以很多学者也把这类法律称为竞技体育法律。相关的法律有1978年颁布、1976年修订的《业余体育法》。这部法律明确了美国奥委会的权利和职责，赋予美国奥委会管理美国相关竞技体育的权利。美国奥委会也正是以此为法律依据，通过对美国各单项运动协会进行管理，从而实现对各体育项目的管理；同时各单项运动协会对各自单项运动进行监督管理，形成了美国奥委会组织管理的整个框架体系。《业余体育法》的颁布，明确了当时背景下的资金市场来源的属性，明确了各参与主体的经营权利，迅速地改善了当时背景下美国的体育运动状况，改善了当时其竞技体育的发展水平，奥运会的金牌数也迅速增加，一跃成为世界第一的水平。其次除了在业余体育方面的立法外，美国对于职业体育也有相关的法律规定。美国职业体育的主要表现形式是赛事体系，各类竞技运动的发展都得力于赛事最终端的呈现。美国体育项目大多数商业化的过程中都以赛事作为主要输出形式带动相关传媒转播、品牌运营、衍生产品等的发展。在此过程中，由于体育赛事属于精英体育，也极其容易形成垄断。《职业棒球反垄断豁免协议》就代表了职业体育中豁免性的开创。其具有法律效力的协议当中，不仅定义了职业体育的内涵外延，还具体探讨了作为赛事主体的运动员个体的发展方式即相关权益保障和义务承担，具体补充了美国常规法律当中属于特殊群体的法律保障机制。虽然这些豁免机制并没有被所有运动项目采纳，但这个立法思想对于整个职业体育具有极大开创性，人们也接受它并广泛应用于相关体育项目中。另外，美国还有专门的有关学校体育的法案。为保障女性运动的相关运动项目，极大地丰富和覆盖了每一个运动群体。总之，美国以其相对完善的法制体系，保障了其体育产业的良好发展。

2. 巨大体育活动消费需求及持续创新商业模式

体育文化属于上层建筑的范畴，其与体育产业发展的经济基础互相影响。在美国相对短暂的建国历史中，崇尚争斗并逐渐发展为现代的具有极强竞争意识的体育运动，以拥有健康强壮体魄为荣，逐渐形成社会共识文化观念。为了适应这一文化传统，美国政府也积极引导，并出台对应措施，兴建各类适应符合各种地区的体育运动基础设施，让当地民众可以就近便利地享有体育运动的机会。他们在各个社区中心建立便利的体育器材及设施，就是最好的例证。相关市中心院校的体育场地也免费开放，逐渐形成了具有生活中心性质的便利的体育运动环境。这些硬件的建立为广大民众参与体育运动提供了运动基础环境。加上社会舆论文化的引导，逐渐形成了各种体育活动消费的中心，以此形成庞大的体育消费人群。美国民众喜爱跑步、户外运动等，其体育消费人口较多，这一切都为体育运动氛围的营造提供了条件，同时又反哺体育人口的培养，形成正向循环机制，为体育产业消费市场形成闭环提供了动力支持。同时体育文化的不断发展更新，也推动了美国民众更加积极地投入体育运动中去寻找新的运动方式及乐趣。美国的中小学体育教育也很早就开始了体育运动文化的学习，并提供详细的运动项目和终身运动习惯的养成方案，从孩子阶段就开展大量体育文化教育。在外部社会大环境下，其相关体育传媒，属于体育产业链中的重要一环，在促进体育产业市场蓬勃发展的同时，也积极塑造整个社会体育运动文化氛围，宣扬传递体育精神，这也极大地鼓励了美国体育人口的大规模发展。而根植于他们内心的运动健康的文化观念，崇尚运动中的努力奋斗、积极拼搏的坚强意志也正是驱动其体育产业蓬勃发展的原始动力。

美国的职业体育在世界范围内最先发展，其职业属性使得对体育相关从业者有更高的专业素养要求。职业体育的发展不仅极大地促进了竞技体育的进步，也为相关行业提供了更多就业机会乃至对经济的增长起到了重要贡献，职业体育成为美国体育产业成长的驱动力。除了民众基础健康运动和代表国家的体育赛事外，美国的职业体育成为商业化的创新发展方式。首先，美国的职业体育已经形成多元品牌赛事。以"国家橄榄球联盟""职业棒球大联盟""美国篮球职业联赛""国家冰球联盟"四大联盟为代表的赛事涉及橄榄球、棒球、篮球、冰球等大众体育项目，以此带动的体育中介、体育传媒、体育装备、博彩等相关产业，形成了良好的经济效益。与此同时，相关体育消费者也获得了更加优质的体育消费产品，获得了社会效益。除了四大联盟赛事自身的发展外，其相关行业也得到了极大的带动。其次，近年来体育服务业的国家化发展，使得美国相关体育商业产品在世界贸易格局中处于相对优势地位。诸如"美国篮球职业联赛"在中国等新兴国家市场都具有非常大的影响力。以此相关的产业链上的产品，其在世界范围内的贸易也出现了相应优势。这些赛事品牌的输出，不仅给美国体育产业本身带来了极大的经济效应，与此同时，以体育为载体的体育文化也得到了极大的传播。以此形成的体育商品在世界范围内的比较优势，同时加以创新发展，在世界体育贸易体系内，形成了其以国内大众体育为基础，以国际化体育赛事为依托，借助国际体育服务及品牌的输出，从而占领世界市场的体育贸易格局。

（二）美国体育产业发展的不足

1. 体育制造业外移，成为空心产业

从前文贸易效应比较中，我们可以发现，美国体育制造业处于弱势地位，这与其多年来实行的产业转移战略有关。在美国金融体系——美元系统的指挥下，美国对整个产业链的理解在于不断追求高端化，在资本利益的驱使下，不断追求超额利润，导致将体育产业链条中的体育制造生产板块转移到东南亚国家，实现品牌及研发的超高利润，但与此同时也造成了对应的严重问题。首先造成美国体育制造业的衰退。以美国知名体育运动品牌耐克为例，其在 20 世纪 90 年代初期将部分生产制造业转移到了中国，这也促进了中国体育用品制造业及其相关贸易的迅速发展。在此过程中，相关制造技术的外溢，也使得国内体育运动品牌安踏、李宁迅速崛起。美国的体育制造业也就相对形成空心化。同时因为美国信奉"美元霸权"，导致相对复杂的制造业也成为美元资本购买的商品，导致其不断在美国本土被削弱乃至完全转移和消失。其次美国体育制造业的空心化，也导致了体育产业就业问题。体育用品制造业也是美国制造业的一个缩影，其代表着美国产业部门认定的较为低端的产业业态，而美国始终坚信服务业的强就业逻辑，其实也违背了制造业与服务业之间的多重联系及影响的有机关系。相关体育制造业的外移势必造成对应服务业的外包转移，对应的服务就业人群也自然处于失业状态。这就造成产业工人易通过不断罢工争取权利，工会妥协后又导致工资上涨，产业不得不追逐更大利润而重新寻找可以替代转移的目的地，如此形成恶性循环，造成更多失业人群导致社会贫富差距加大。除此之外，也造成了巨大的贸易逆差，打破其国内贸易的平衡。美国体育制造业的外移造成了对应产品贸易逆差，其整个贸易体系中制造业的空心化也使得贸易平衡被打破，由此造成政府与世界各国在贸易上不断纷争，甚至开始实行逆世界潮流的单边主义。同时，只通过美元的

印刷就可以买到世界各国的消费品，从这个角度也造成了体育消费的享乐，其并不是资源的简单掠夺，而是低层次的消费的重复购买，对美国的生产能力的再次提高乃至制造业的回流都将形成阻碍。

新冠肺炎疫情暴发以来，美国制造业空心化的问题也暴露出来，因而正在寻求制造业回流以便修补此问题，但近几年的实践证明，相关制造业的回流任重道远。而对于我国体育制造业需要引以为鉴的是，近几年相关品牌生产工厂的外移，也造成了相关的问题，也出现一批转移去越南及东南亚其他国家开立设厂的体育制造业企业，在保护知识产权及技术外流的前提下，我们需要保持适度外移发展方式，扩大夯实国内市场，持续加强体育制造业升级提高效率，避免相关产业工人在产业升级过程中出现集中性大面积失业的情况从而形成社会不稳定因素，同时在产业升级的背景下避免体育制造业的过度转移而影响国内相关制造行业的安全性。

2. 体育产业资本剥削、政治抹黑工具化

资产阶级具有压迫剥削无产阶级的属性，它们利用资本对利润追求的本质属性，控制体育产业的发展。美国对于全民健身的概念，只是停留在"精神鼓励"的层面，所有民众参与相关体育运动大赛都需要自筹经费。在洛杉矶奥运会举办之后，国际体育赛事成为资本追求回报的新的产业标的。"盐湖城冬奥会贿赂案"[1] 中，美国资本方认为只要获得冬奥会的举办权，对应的回报利润便会滚滚而来，为此不惜重金，对奥委会的相关成员共计一百多人进行金钱贿赂，充分暴露美国体育资本对利润追逐时违反人伦道德底线，突破违背人类体育公平竞赛精神，使体育赛事沦为资本的奴隶和工具，在世界范围内让人们认清美国资本的本质。除了在国际体育运动赛事申办权方面留下资本控制和运作的身影外，其体育产业的各项运动

---

① 《冬奥故事会》2002 年第十九届盐湖城冬奥会［EB/OL］. 北京体育广播，2022 - 01 - 19，https：//baijiahao. baidu. com/s？id = 1722392633577347806&wfr = spider&for = pc。欧美的 8 个城市对举办 2002 年冬奥会表示了兴趣，最后进入申办投票的是美国的盐湖城、瑞典的俄斯特松德、加拿大的魁北克和瑞士的锡永。最终美国盐湖城获得第 19 届冬季奥运会主办权。但此后不久，一封私人信件却被美国媒体公布于众，从而引发了冬奥会历史上著名的"盐湖城丑闻"。被曝盐湖城在申办冬奥会过程中行贿了多位国际奥委会官员，矛头也指向了多位国际奥委会委员，甚至连当时的国际奥委会主席萨马兰奇也不得不亲自到美国国会接受质询，国际奥委会开除了一些问题委员。

中充斥着资本倡导的"金钱至上"的"享乐主义"价值观，由此产生在我国完全违法的体育赌博产业对美国体育产业的侵蚀。1919 年发生在美国棒球赛事上的"黑袜丑闻"事件，正是由于当地职业赌徒的介入，利用金钱买通了 7 位参赛球员，在比赛中故意让球而使得对手获得冠军，致使赌市开盘"爆冷门"，造成糟糕的社会影响。这一丑闻事件反映了美国资本主义腐朽的生活方式导致运动员价值观扭曲而造成其个人体育职业生涯的终结。除了运动员对于金钱的追逐之外，也暴露出球队资本方对球员工资的控制，正是因为劳资之间的矛盾冲突而引发这次打假球的发生。当时这 7 位运动员要求资本方增加工资报酬未果成为这次事件的导火索。在美国体育产业发展过程中，除了以上赛事承办和赛事假球等恶性事件之外，近年来也暴露出美国职业赛事中诸多的兴奋剂丑闻。美国参加职业比赛的运动员，从小参加运动训练都需要自筹经费，并且希望在最后比赛中获取成绩而获得奖金和知名度，以此获取除了奖金之外的更多资本的赞助。但正因为资本对利润的追逐，而忽视人性的发展，常常对运动员获取成绩打开知名度等的商业利益要求极其严苛，正是这类原因，导致很多运动员在巨大利益的诱惑驱使下，开始尝试各类违规兴奋剂以此来获得好的成绩，在获取奖金的同时完成资本给予的任务。美国巴尔克实验室在 2003 年 10 月 16日被迫供认向包括琼斯、蒙哥马利等在内的 9 个美国田径世界冠军共 27人，涉及棒球、橄榄球界的名将，提供违禁药物以帮助他们在各项比赛中获得更好的成绩，在世界范围内引发极其糟糕的影响。美国"花蝴蝶"乔伊娜在 1998 年猝死家中，被医生诊断为长期服用违禁胆固醇类药物维持比赛成绩，造成心脏早衰，突发心脏病导致身亡。美国著名短跑选手加特林，获得过雅典奥运会百米金牌，但却因兴奋剂而后被禁赛 4 年，即使复出后也被列为反兴奋剂重点检查的运动员。众多丑闻事件无不折射出美国体育产业中资本的反人性。除了以上所述美国体育产业发展的资本控制端导致的工具化之外，美国也经常会将体育事件政治化，从而致使体育产业带上政治操弄的烙印。2008 年北京奥运会申办成功，美国却站在意识形态的角度，干涉运动员参赛，并且指使相关体育组织开展抵制北京奥运会的活动，造成恶劣影响，违背了体育运动倡导的公平竞争、积极向上、世界和平的价值理念。自此之后，美国经常以不参加某项体育大赛为要挟，逼迫相关不同意识形态国家在其他领域内进行利益妥协退让，使得体育产业相关活动沦为政治工具。

以上体育事件，无不带有资本主义剥削及霸权本质，是我们需要警惕和引以为鉴的部分。在我国相关体育项目产业化运作的过程中，我们要警惕和保持体育产业的健康发展，不能实行体育产业的全盘产业化，而把所有体育运动项目交由资本市场控制，在相关运动项目诸如足球、篮球等具有广泛群众基础的项目赛事上，对那些"假球""黑哨"事件零容忍，积极宣扬体育运动拼搏精神，倡导运动健康的价值观，区分体育产业和体育事业的界限，发挥全民健身的积极作用，充分满足全国人民日益增长的精神文化需求。

第二节　促进体育产业可持续发展的对策建议

美国体育产业发展繁荣，固然有其特定的历史条件和原因，而对于我国体育产业的发展，不可全盘照搬；同时，如果完全忽视我国具体国情和社会主义国家性质，实行所有项目产业化，也会产生诸多问题，因此这就特别需要结合我国具体国情和我国民众对于体育运动的个性需求等体育产业发展的规律来辩证统一地对待，鉴于此本书对于我国体育产业的可持续发展提出以下相关对策建议。

一、确立体育产业经济效益与社会效益协同发展的指导思想

对体育产业经济效益与社会效益协同发展的要求，其实也就是厘清政府职能与市场运行的关系，同时倡导体育服务人民的价值观。政府监管过严，行政干预过多，就会导致对应经济效应损害；同时如果放任市场发展，也会出现金钱至上、市场第一，对于宣扬体育拼搏精神、弘扬民族文化又会有不良影响，因此我们需要在马克思以人为本的思想理念指导下，

确定体育产业经济效益与社会效益协同发展，既要肯定体育产业的市场地位，实现经济效益，又需要政府的适度监管和引导，以发展弘扬以人为本的体育精神文明，体现人的自身价值与社会价值的统一，从而建立我国体育产业高质量协同发展的具有中国特色的发展路径。

（一）建立体育与卫生健康等部门合作机制，构建实现全民健身、促进全民健康社会效益的路径

体育产业的社会效应最好的实现方式是全民健身，其可以有效地促进人民积极参与锻炼，以此增强民族体质，乃至弘扬民族精神。体育在健康中国战略实现路径上，作为唯一的非医疗干预手段发挥着极其重要的作用。发展全民健身，促进形成全民体质健康发展的路径，除了政府支持及相关规划指导外，还需要发挥体育产业的市场运行机制，积极促进协调各项资源，实现体育产业的社会效益和经济效益系统协调发展。

我国于 2014 年将全民健身上升为国家战略，但在全社会范围具体实行起来，依然存在着一些问题。首先是基础教育中，体育运动的时间对于青少年而言相对较少，一些家庭的青少年学业压力之外有时沉迷于电子游戏，没有养成爱好体育锻炼的习惯，对于很多体育运动项目也缺乏了解就更无从谈及参与。其次是我国健身场地和设施相对不完善。美国建立社区为中心的运动生活中心，对比而言我国体育基础设施就相对匮乏，很多体育场地都属于学校等，处于相对封闭的状态，不利于人民群众随时健身运动的需求。再次是群众业余的具有规模化的赛事体系的缺乏，也无法很好地带动全民健身的热情。因为运动需要长时间的坚持，如果有赛事作为一个显性的运动成绩的输出窗口，便可以增加运动的趣味性和竞争性，会极大地促进业余体育运动的发展。最后是体质测评指标体系不完善，无法第一时间向民众传递应该如何实施相关体育活动可以增强体质，从而形成终身运动的习惯。总之全民健身的开展与体育运动意识有关，宣传力度不足导致民众体育健身意识的薄弱，也导致了整个大众体育市场自身发展的问题，这都影响着全民健身的推进。

2016 年国家提出《健康中国 2030 规划纲要》，深度指导了我国全民健

康的发展方向。随着我国人口老龄化的不断加剧，我国的主要医疗负担也将会体现在一些慢性病的诊疗方面。所以需要探索全民健身与全民健康的深度融合路径，以便通过全民健身促进全民健康战略的全面实施。

全民健身与全民健康的融合需要根据我国的实际情况，综合考虑我国体育健康发展历史与现实，参考借鉴国际经验。首先需要确立体育运动促进身体健康的理念，以此来解决全社会对于体育运动与健康之间关联的认知，帮助人们扫除认知障碍，树立起体育锻炼可以预防慢性疾病的意识，从意识根源上解决对参与体育锻炼驱动力缺乏的问题。为此，我们需要加强对体育运动促进健康的宣传和教育，加强相关理论培训，从青少年教育开始，积极引导他们从事各项体育活动，以便最快速地形成体育运动氛围，宣扬相关体育运动文化，引导更多的青少年参与体育运动，养成终身运动的习惯。其次大力发展全民健身公共服务体系，提高全社会参与体育运动的便捷性，实现全民健身与全民健康的深度融合。这类公共服务体系需要多个部门的协同合作，充分考虑到社会各个阶层群体的需求，尤其需以弱势补偿的原则考虑老弱病残孕等群体如何参与体育活动，并有对应的激励措施来激励运动人群，建立对应的可量化衡量的指标体系来确保公共服务体系的有效运行。再次要大力发展体育健康产业，形成体育健康市场体系，充分发挥市场的功能，实现资源的相对自由配置，促进体育产业与健康产业的融合发展。体育产业价值链中，体育休闲与旅游等形态可以很好地促进人们放松心情、愉悦身心，对身心健康起到直接促进作用。而健康产业链中，疾病预防与疾病康复也大多与体育运动密切相关。两个产业链的具体融合，取决于相关新产品的研发，以便实现体育与健康的无缝连接。相关医学理论运用到体育运动中，能很好地指导安全运动，近年来的马拉松猝死事件，也提出医疗知识必须进入体育运动领域来指导大众科学安全运动。很多康养医院和康体娱乐中心的出现，正是体育运动参与到健康产业中的结果，不仅给相关慢性病症患者带来新的生活方式，而且从生物机能角度也维持了生命健康。尤其是现代科学迅猛发展，很多科技手段应用于体育与健康产业的融合过程中，相关大数据的收集和积累，为体育运动与个体健康提供了具体参考指标，并能随时调整运动计划，为体育产业与健康产业的融合发展提供软件支持。

总之，大力促进体现体育产业社会效应的全民健身，实现全民健康提升，也需要市场体系支撑以促进协调发展，才能真正实现落实体育产业经济效益与社会效益协同发展的指导思想。

（二）建立政府指导市场配置体育产业要素的经济效应发展机制

前文论述了美国体育产业的成功经验之一是市场自由配置资源，市场主体各方参与者自由交易，逐渐形成其市场化体育产业体系。我国以前一直沿用举国体制办体育，而这种体制的一些弊端在经济不断发展过程中逐渐显现。由政府包办体育规划，使用相关行政手段来推动相关体育项目的发展，不仅可能脱离市场大众真正的运动需求，而且可能会逐渐偏向竞技功利主义的方向，不利于人的全面发展。同时行政手段干预的直接结果是相对低效，导致很多体育运动项目滞后，而某些不适合大众的特殊竞技项目却获得资源支持。同时，使得资金来源单一，压抑了社会资本投入体育产业中的积极性，出现了社会资本想参与却难有渠道和信心的情况。在体育人才方面，体育服务从业人才流动困难，无法系统性培养，导致体育运动人才相对匮乏。特别是对于退役运动员的再就业问题，对于国家而言已成为极大负担，难以有效解决。当然，这种举国体制在新中国成立以来的特定历史条件下，保证了集中力量办大事，是适应当时的国际国内环境的，承载着特殊的政治功能，为提升我国民族自信心以及在国际影响力方面都作出了巨大贡献，并且实践中也确实推动了竞技体育本身的壮大发展，为未来体育逐渐与市场接轨打下了坚实基础。

体育产业要素主要包括运动员、体育相关公司人员、从事体育经营服务的自然人等，通过这些主体在特定体育场馆的相关活动，形成了市场中的体育运动产品，诸如篮球赛事，体现参赛者的篮球运动能力、在篮球场的表现能力等。通过对应电视媒体或者网络媒介进行传播，受众付费购买此类体育服务产品，形成体育服务产品市场。在这个市场中，价格机制成为复杂体育产业要素中的重要一环，根据马克思价值规律理论，体育产品价格随着价值而波动，以此调节和平衡市场供需关系。体育产业要素的市场自由流动，可以降低交易费用，使得资源配置在一定时期内呈现最优化的组合局面。但如果完全放任其自由交易和配置，也极其容易因为技术的封闭性、资源的独占性等问题而透支市场消费者剩余，逐渐导致垄断的发生，反而不利于体育市场的发展。尤其是我国体育产业还处在初级发展阶段，我们需要适度地政府干预。日本产业政策实行的成功经验，要求需要采用适当的产业政策来指导我国体育产业的发展。WTO 贸易规则体系中也允许对本国弱小幼稚产业采取保护政策。我国对体育用品制造业采用相对的贸易税收优惠政策，也是对体育产业的支持，而对于体育服务贸易的引进采取对应的娱乐税收政策也正是保护我国弱小的本土体育赛事的举措。

总之，根据我国国情以及体育产业发展现实情况，在市场自由配置资源的指导思想指引下，应尽可能避免直接行政干预，而采取适当的产业政策予以宏观引导，为体育产业市场中的企业提供相关信息支持。更重要的是加强体育产业相关法治建设，完善体育产业产权保护制度，保护运动员权益，改善运动公共产品供给，秉持马克思"以人为本"的价值观，并以此思想为指导完善政府调控监督体系，建立体育产业市场资源自由配置市场体系，才能真正建立体育产业社会效益和体育产业经济效益协调发展机制。

二、发挥消费对体育产业发展的基础性作用

体育产业的消费需求对体育产业发展具有基础性作用，我国拥有培育超大规模市场和内需潜力的显著性优势，在全民健身和健康中国的引领下，需要建立扩大体育消费需求的长效机制，以满足人民日益增长的美好生活需要。从美国的体育产业实践来看，对于美国这样城市化水平和体育产业水平都很高的国家，人们普遍因拥有精神层面的追求而表现出持续的消费意愿。计量回归结果显示，美国消费升级要素对体育产业经济效应的作用程度显著大于人力资本要素。这就表明，当体育产业发展到一定阶段，高消费水平将持续推动体育产业经济效应的深化发展。因此，提高人民的预期收入水平，满足人民多样化、高层次的体育消费需求，降低社保

缴费负担、控制消费价格的异常波动，提高体育消费水平及消费质量，是促进体育产业发展的战略基点。

（一）提高居民收入水平，培养体育消费习惯，激发多样化、高层次的体育消费需求

随着居民收入水平不断提高，多样化、高层次的体育消费需求随之不断增强。我国坚持以人民为中心，把实现人民对美好生活的向往作为战略发展方向。在习近平新时代中国特色社会主义思想指引下，为了不断提高居民收入水平，首先要考虑如何消除农村贫困人口的问题。我国在过去的几十年中，不断实践开展扶贫工作，到 2020 年全面脱贫。我们还需要继续维持胜利成果，以便提高整体居民的收入水平。其次为了提高居民收入水平，我们需要不断提高城乡居民收入，在初次分配过程中，逐步增加职工工资，加大相关产业对于提高就业率的支持力度。与此同时，在教育方面，实施义务教育，发展免费职业教育，提高就业数量和质量，降低失业率，全方位增加居民收入。再次在医疗养老方面加强保障制度体系建设，实施全民医保，解决居民大病支出问题，增强抵御重大疾病风险的能力，缓解居民消费的压力。除此之外还鼓励有能力的人开展创新创业，实现收入渠道多样化。最后，在收入的再分配方面，应该努力建立新型个人所得税征收体系，不断提高个税起征点，体现调节收入再分配的作用，通过科学的税收体系实现再分配的有效调节，实现居民收入相对均衡增长。

我国目前体育消费现状中，不理性消费行为时有出现，尤其是健身行业中的特定商业营销范式，使得该领域体育消费深受大众诟病。而消费边际倾向处于非常低的状态，主要是因为居民对于收入的持续性预期不乐观，社会收入差距较大，个人的消费行为偏好即体育运动文化传统导致整体体育消费水平还处于较低的状态。为了鼓励体育消费，《关于加快发展体育产业促进体育消费的若干意见》于 2014 年发布，旨在明确政府要对全民健身相关的体育消费给予财政上的具体支持，并随着国民经济增长，对应的体育消费支出也要随之加大。并且明确要使用适当比例的体育彩票公益基金等财政资金，以政府购买服务等多种方式，直接有效地促进体育消费市场的快速升级。首先加快对国内商业化体育产品形态的开发，是刺激体育消费的前提。居民收入不断增长，闲暇时间不断增多，对体育休闲的消费需求不断提升，而体育消费市场的供给显得有些滞后，无论是体育旅游市场还是国际赛事观赏市场等，国内都有极大提升空间。如果没有开发出新的体育消费产品供给，对应的消费自然会出现不足，导致需求也随之减少，无法真正满足人民对体育消费及健康发展的需求。其次需要提高政府部门的体育消费管理及宣传能力，引导居民参与新型体育消费。新冠肺炎疫情暴发以来，新冠病毒对于年老体弱者的侵害尤为明显，导致人民对于体育运动促进健康的理念不断增强。但也正因为此次疫情，导致体育消费市场，尤其是集聚性体育消费市场受到制约，出现许多健身企业倒闭、体育赛事停止等干扰体育市场发展运行的现象，因此积极发挥政府部门对于体育消费市场的扶持与管理显得尤为必要。除了各类租金减免等措施的实施之外，还应引导居民对于体育消费形态进行创新改变，结合互联网发展特点，减少聚集性体育消费模式，开展线上共享等体育活动，以此促进体育消费新业态的形成，从而激发和维护体育消费市场的消费动力。最后还需要改善相关体育消费制度环境、促进体育消费发展。多年来，体育消费进入医保体系在实际执行过程中进展相对缓慢，需要不断完善执行的可行性路径，以便激发体育消费，以此来引领和促进体育消费，开创体育消费支付新体系，减低人民体育消费负担，真正激励和促进体育消费市场蓬勃发展。

（二）发展大众体育、健身休闲市场，提高体育消费水平及服务质量

运动休闲健身活动对于满足人民日益增长的美好生活需要起着不可替代的作用。在居民社会收入不断增加的基础上，以习近平新时代中国特色社会主义思想为指导，积极建设相关体育消费产品体系及实施路径，推动我国大众体育及健身休闲市场繁荣发展。

当前我国大众体育健身休闲市场发展迅猛，但也存在一些问题。一是大众体育健身休闲市场区域性发展存在不平衡的情况，表现为我国西部地区和东部沿海地区大众体育、健身休闲体育市场发展差距较大。无论是从

体育运动促进身体健康的意识观念方面，还是从体育运动场地和氛围方面来看，西部与东部地区都存在较大差距。同时城乡之间也存在着发展的不平衡。偏远农村，大多青壮年劳动力已经流入相关城市，留守儿童和老人较多，他们的体育运动健康观念较弱。二是体育运动场地设施滞后，管理水平有待提高。在美国，很多社区都有运动生活中心，人们开展体育运动相对便捷；而且具有许多分散在城市中的体育运动主题公园，为大众休闲健身提供较为方便的场所。我国一些体育设施因为产权的归属问题无法市场化发展，这样就对大众体育和休闲健身的发展形成一定的阻碍。三是健身休闲运动产品相对单一，体育运动商业运行开发呈现不平衡的状况，难以满足人们的各种需求。普及度相对高的足球、篮球等运动产品还只是聚焦在职业联赛和赛事转播上，其他新兴的体育运动项目诸如网球、射击、钓鱼等商业化产品供给处在并未全面普及的状态。而那些极限运动等休闲项目都处于小众范畴，市场化运营相对落后，无法满足大众的普遍需求，远离大众体育。除此之外，我国体育运动市场中还缺少对特殊群体的运动产品及对应的保护政策，大多属于医院建立的康养医疗体系，这不仅对于大众体育要求全民参与产生了一定的影响，也增加了人们的经济负担。因此为了发展大众体育及健康休闲市场，首先需要加强对体育运动促进健康理念的宣传及对应运动科学方法的教育和训练。具体方法是要与学校体育结合，从小培养青少年参与体育运动，培养其终身运动的习惯。在此过程中，建立我国自身的运动项目教练员培养体系，使其不仅传递体育运动技能，而且传播运动健身利国利民的思想，从意识上解决全民参与体育运动的动力问题，也同时解决参与体育运动的相关技术问题。这样一来，可以提高大众体育的运动安全性，减少运动损伤，促进大众休闲运动健康发展。当然，应积极开展与世界范围内学校的体育融合，获取世界体育运动理念。其次，需要不断提高休闲健身产品的服务水平，不断创新研发新的休闲健身产品，实行市场商业运营，提高体育市场效率。随着健身消费群体价值取向的不断发展，那些更能彰显个性，时尚化的户外健身休闲运动项目已经成为更多人的选择。山地运动、水上运动、冰雪运动，以及电竞、射击、击剑等项目越来越受到年轻人的追捧。这些运动产品的研发，不仅要结合场地建设，更要符合身体健康运动的科学规律，需要我们不断加强研究市场与运动本身，并以此反哺推动市场的繁荣发展。最后，我们需要加强体育运动休闲健身中大众体育与科技的结合，不断创新体育运动发展模式，促使大众体育参与感的建立，形成体育运动休闲的新发展业态。新冠肺炎疫情的暴发，促使很多聚集性运动项目无法开展，很多互联网端口的云运动为很多网民在家运动的选择。这不仅开创了运动的新形式、新场所，而且为体育运动人群的运动数据形成了可搜集、可存储的机会，从而使全民运动健康的大数据研究成为可能。

总之，虽然我们的大众体育和健身休闲体育市场还存在一些问题，但只要坚持正确发展方向，找对具体发展方法，积极拥抱科技创新发展，努力推动体育人口成长，积极促进体育消费，使整个体育产业规模增长，最终建立健康高质量的体育产业发展系统指日可待。

三、加快知识和人才资源的有效积累和深度开发

体育产业是服务型产业，同时也是知识密集型产业，人才是决定体育产业发展水平高低的关键。体育知识、人力资本的有效积累和深度开发，已经成为当今世界体育产业发展的核心竞争力，对新型体育产业人才提出更高的要求。体育产业的创新发展，需要加大体育、艺术、金融、科技、文化等各方面人才队伍的培养力度，以服务于社会体育需求为宗旨，以创新实践为导向，多方培养具备国际视野和信息化技术水平的复合型体育产业人才，构建有机动态平衡发展的人才生态体系。

（一）培养体育产业创新型人才，建设体育产业人才服务创新平台

"十四五"规划中，我国体育从业人口的数量和规模计划到 2025 年达到从业人口 800 万，国家统计局 2020 年发布的《我国体育产业蓬勃发展前景广阔——第四次全国经济普查系列报告之十五》中指出，截至 2018 年末，有体育产业法人单位 23.8 万个，从业人员 443.9 万人，发展空间巨大。从业人口的数量分布存在着区域性，尤其是一线城市，体育服务业的

从业人员数量远远多于其他偏远地区，而在沿海等制造业较为发达的地区，体育用品制造业的从业人口出现大规模聚集。那些新兴体育行业的从业人口相对滞后，导致从整个体育产业从业人口的数量规模上来看，我国体育从业人员数量与市场实际需求还有相当的差距。除了数量上的缺乏外，我国体育从业人员的质量也存在一些问题。一些人员专业化程度相对较低，部分管理人员来自运动员退役后安排就业，或者很多没有专业背景。前者可能对体育运动技术有很好的理解，但对相关产业的经营推广毫无经验；而后者虽然可能对经营管理有一些通识教育背景，但对于专项的体育形态又缺乏深入了解，无法真正掌握行业里的执行细节。从整体上还缺乏相应的市场运营、资本运作、运动产品开发和推广等相应的专业经验。正因为这些方面的缺乏，导致从业者对市场需求的理解存在偏差，很难满足市场不断变化发展的要求，实行真正的创新。以上我们谈到的体育从业人员数量和质量上的不足，究其根源，与我们的体育产业人才培养制度还是有着直接关联的。我国体育人才队伍的培养，从国家层面缺乏制度性的引导和保障。国家只是在一些相关的指导性意见中提及，但从未有正式全面的相关政策来确立和保障体育产业人才的培养，从而从法理上体育产业人才的培养政策相对缺失，这应该引起相关单位的重视。因为指导性意见大多是宏观层面的提及，并未形成真正可衡量、可执行的相关措施，导致现行体育人才的培养难以适应市场需求。从体育产业人才培养具体实施路径上看，我们对于体育产业人才的建设缺乏系统性的方案。先是从学校体育来看，目前在中小学教育阶段还没有形成真正与职业体育接轨的教育模式，而单列出来的少年体校等，建立在需要青少年放弃大量文化课程学习的模式上，导致很多家长并不愿意让孩子选择这种学习发展方式。而高校教育中，也存在着供给与需求之间的矛盾，毕竟高校培养的体育人才数量极其有限，从数量上已经与市场需求相去甚远。除了学校教育中体育人才培养存在的这些问题外，现行培养体系也很难适应市场需要。现行培养体系相对较为零散，不具有系统性，都是暂时性、应激性的培养方式，无法真正从根源上解决人才培养的问题。除此之外，从社会体育培训机构的定期培训来看，他们很多时候都是从企业自身的需求出发，培养的人才相对缺乏适应性，而导致对于整体全局的发展并没有持续性促进的作用。因此，从以上论述可以看出，我国体育人才从数量上和质量上都存在着一些问题，这与我国的相关培养支持政策和具体培养体系都有密切的关系。为了解决这个问题，我们需要从以下方面做起：一是完善人才培养的政策机制，从国家层面给予对应的政策扶持。从国家层面确立体育人才的培养体系，不仅是具体的人才培养补贴，更重要的是系统性方向性的构建。引进相关体育经理人从业制度体系，积极完善高层次体育人才的引进制度设计，从上至下形成阶梯式体育人才培养的生态建设系统，才是指导体育人才培养制度建设的首要条件。二是在培养体育人才的具体实施路径上，要为现有国家运动员构建相关职业规划及创就业指导体系，激活体育人才存量市场，让退役运动员能继续发挥自身经验优势，真正融入体育产业的经营之中。这样不仅解决了退役运动员退役后就业难的问题，也为整个体育产业市场输入了更多专业人才。让他们真正成为体育产业中的教练员，体育产业中的管理者、运营者，真正释放举国体制培养的运动员人才资源，构建与市场有效融合的体育产业人才体系。还要建设好学校体育的培养机制，除了培养专门的体育竞技人才之外，还需要中小学更多地开展体育课，并开展相关学校青少年运动赛事，承接对应学校体育人才的输出，激励青少年积极参与体育运动来达到培养人才的目标。从高校的角度需要进一步加大招生力度，增加体育生的名额，根据市场需求制定人才培养目标，以市场带动新的体育人才的培养。三是要建立整个体育人才评估体系以及对应人才服务平台。如何量化体育人才的标准体系需要建立起来，以此来确定体育人才等级，同时采取体育人才资格准入制度，提高体育从业者的专业性。而人才的有序流动也是促使人才本身良性竞争和发展的手段，建立为体育人才服务的专业服务平台，也是促进体育人才培养和发展的有效路径。

（二）培育体育产业国际化人才，构建国际化视野的体育产业人才体系

体育运动本身就是一种国际语言符号，人类通过最初的肢体运动竞技，表达着人与自然和谐相处的情感；通过对应的比赛，彰显着人类拼

搏、奋进、积极向上的价值观。因此体育运动成为国际化体育服务产业是其不断发展的必然结果。近年来，体育用品制造业这些传统产业发展势头放缓，而那些运用互联网技术参与体育各类项目的体育服务业不断崛起，这个发展趋势使得体育产业在国际上成为一项广受关注的朝阳产业。我国体育产业的国际化人才在体育产业的国际化进程中，目前还存在一些问题。表现为国际化人才数量的缺乏。现有的涉及国际体育赛事或贸易的相关人才，缺乏对国际主流文化和价值观的深刻理解，导致国际赛事中出现不符合国际体育精神的情况，并且没有对应的解决方法，无法与世界体育进行深度融合。这类体育人才对国际体育产业的相关政策、具体规则、相关标准都没有深入的研究和把握，无法理解其背后的理念基础，导致我们在某些国际化程度较高的赛事中，诸如足球、篮球等赛事中无法取得突破性的成绩。这也与我们没有专门建立国际化体育产业人才的培养机制有关。而所有的这些问题，其根源还是在于我国目前的国际人才培养体系。政府层面的国际体育人才培养，还主要是通过高校往外输送，诸如足球、篮球等世界青训体系，国内青少年参与的并不多。而通过竞技赛事取得一定成绩的知名运动员，也无法融入世界体育管理当中，这都导致了我国国际体育人才发展受限。针对以上相关问题及现状，首先，应该积极组织各类团体参与国际赛事，一则检验自己的训练水平，积极发现不足，并学习借鉴国际优秀队伍的训练管理经验为我所用。这需要从制度层面建立完善的参赛制度，除了国家队之外，也要鼓励更多的市场化队伍参与到国际赛事当中。其次，积极培育国际运动赛事的相关管理人员，助力他们研究赛事规则、竞技体系，培养真正能掌握世界体育运动规则并有机会在相关体育运动领域拥有一定话语权的领导人才。最后，需要加强社会其他主体诸如企业法人等参与人才培养，采用从世界范围内"引进来""送出去"双向流动的人才培养机制，无论从语言体系、价值观表达还是到具体行为规则，构建跨国体育人才胜任力评估模型，为国际体育人才搭建沟通交流的互联网平台，促进体育产业人才的培养及市场自由流通。

　　总之，体育产业人才国际化，不仅是其国际体育规则精通等胜任力的国际化，更是要培养具有熟悉国际体育精神、国际体育价值观及文化的体育思想践行者。只有构建自由流通的国际人才体系，才有源源不断的智力支持和人才供给，促进我国体育产业高质量的发展。

四、提升体育产业供给质量，增强体育产业发展活力

体育产品服务的有效供给，需要最大限度发挥体育运营商、体育用品制造商、生活服务商以及其他自由连接体的合力，用法治保障市场资源自由流通，增强健身休闲业和竞赛表演业作为体育主导产业的关联效应，创新以大众休闲体育为根基、以职业赛事体育为核心、以体育用品制造为基础的业态结构，增加产业韧性、消费韧性。

（一）加大体育产业供给侧结构性改革和制度创新，提高生产要素配置效率

我国目前推出的供给侧结构性改革，主要是考虑到供给端产品质量始终在低效重复，并未能在需求端给予市场正面提升，从而导致整个经济处于低水平重复。对于体育产业发展而言，增加有效供给，加大体育产业供给侧结构性改革，也是从供给端满足和创造更多需求的体现。以前在体育产业内部形成的场馆设施，部分荒废或者废弃在城市偏远地区。有一些场馆设施只是为了满足某项赛事而设计建造，而大赛结束后无法有效利用，造成资源的极大浪费。同时，很多房地产商以建设体育场馆的名义进行房地产开发，以此成为房产营销的手段。随着国内房地产市场的迅猛发展，这类伴随着房地产成长起来的场馆重复建设比比皆是。同样，在体育运动品的制造方面，很多产品都在重复竞争，无品牌、无科技创新，一直在低效重复，而体育服务产品及相关赛事在市场上却毫无起色。供给侧结构性改革对于这类情况进行了针对性的改善。因此，根据这种现状及产生的原因，我们必须坚持深化体育产业供给侧结构性改革，去库存、去产能、去杠杆也需要在体育产业业态中进行。以科技创新驱动，创新市场端体育服务产品供给，引领和发展体育产业市场。首先，有效增加体育场地设施供

给。要针对现有的库存进行重新规划并纳入有效管理体系中来。那些已经荒废的体育场馆及设施，要进行适当维修及后续管理，采用现有的互联网科学技术力量，创新建设出具有各项新功能的场馆设施，以此才能创新营销模式和统筹规划，有效利用，最大限度地利用现有的资源，去除这类重资产的库存。同时，结合当地气候条件、当地居民运动偏好和习惯及现代科技手段，打造一批便捷的中小型体育运动中心，让市民在这类体育健身中心从事体育活动，从这个角度真正创造出新的运动需求。对于体育用品制造业里的库存去除路径，除了提高产品的品牌营销、设计研发的科技应用之外，还需要新体育文化的倡导来引领，引领新的体育运动生活方式，从而达到真正去库存的目标。其次，为了保证体育产业供给侧结构性改革有效进行，需要创新体育产业制度管理模式，促进体育产业要素自由流动。体育产业供给侧结构性改革的先行成果主要表现在体育产业中，土地、企业主、资本、市场、消费者等各个产业要素主体在市场中能够实现自由流通。所以积极推动国家场馆所有权与经营权的分离，创造新的管理制度和模式以促进体育产业市场进行有效自由流通，应该允许社会资本进入体育产业尤其是资金密集型的场馆建设中。

总之，加强体育产业供给侧结构性改革，要从体育产业发展的顶层设计方面、法律制度方面、创新发展方面设计出符合体育产业发展自有规律，能够促进体育要素高效自由流通，又能科技创新融合的制度体系。

（二）打破体育产业要素市场自由流通障碍，优化体育产业结构

在中美体育产业结构效应的比较中发现，我国体育产业结构普遍存在内部业态不均衡、外部结构关联度不强、产品和服务供给不匹配等问题；体育产业内部结构仍然以体育用品制造业为主，体育服务业比重明显偏低。我国体育竞赛表演活动和体育用品制造业、体育用品销售业与国民经济关联程度最高，关联度系数均大于0.8。体育产业外部结构方面，我国体育产业外部关联水平不高，创新性的消费场景和商业模式需要不断更新，全行业尤其是体育服务业的生产率需要进一步提高。体育产业结构优化升级对新旧动能转换提出更高要求。

我国拥有庞大的体育产业消费市场，潜力巨大，同时体育用品制造业不仅规模庞大，也在近几年内逐渐向国际化、品牌化发展，逐渐适应市场多层次、个性化的要求。体育服务业也在不断地引进国际赛事品牌，在国内获取技术溢出，在"干中学"中不断优化。但是目前我国体育产业要素流通存在一些问题，具体表现为：一是体育产业要素还没有以市场来进行配置，还是以政府配置为主。二是体育产业要素在市场流通过程中存在流通不畅、流转低效等问题，部门和地区之间都有障碍。三是体育产业要素市场价格大多由政府监督指导和制定。四是体育产业要素市场发育还不完善，诸如俱乐部、赛事、经纪人等都还在发展的初级阶段，流通就更无从谈起了。要打破这些障碍，一是必须进行供给侧结构性改革，也要适当转变政府在体育产业中所发挥的职能，积极破除各地行政限制，建立统一的流通体系，采取市场价格调整机制，促进体育产业要素的丰富发展，从而形成科学的体育产业要素市场体系。二是从微观执行层面大力发展重点业态的体育运动产业链，形成规模效应，打破区域壁垒，构建体育产业发展有机生态体系。以体育培训业为入口，培养运动消费人群，建立内部赛事体系，对接国际外部赛事，带动竞赛表演业发展，同时发展对应项目的体育用品制造，打造市场自有品牌。形成以教育培训为引擎、以专业性竞技赛事为动力、以体育用品制造业为支撑，构建重点运动项目的市场运行生态圈，形成产业规模集群效应，推动产业内外部的良性持续发展。三是进一步打破区域隔阂，形成全国统一流通的要素市场，构建相关市场秩序。我国幅员辽阔，南北气候差异很大，北方的冰雪项目在南方因为气候原因，开展困难，如何利用科技手段突破这类自然条件限制和地域限制，成为发展冰雪类体育运动项目的关键，如此可以打破区域性产业结构的偏差，解决因地域造成的运动隔阂。尤其是我国沿海地区经济发达，体育运动参与者相较于西部地区优势明显，这类结构性的失衡急需从体制上利用科技的力量来改变和调整。

总之，我国体育产业内部结构优化升级的速度相对较慢，需要增强科技革命和产业变革在体育结构优化中的效率释放，不断提高产业结构集约化程度，调整区域性产业布局结构，以此推动体育产业高质量发展。

五、加强体育产业对外开放，拓展体育产业高质量发展新空间

自中美贸易摩擦发生以来，我国贸易进入新的世界竞争环境，体育产业贸易也同样面临新的贸易格局。体育产业是高度全球化的产业，推动体育产业特别是高端体育服务业由大到强并提升全球影响力和竞争力，是当前和今后一个时期我国体育产业发展的必由之路。我国是体育用品制造和出口大国，拥有全球规模最大、门类最齐全的产业链条，迫切需要通过参与全球化竞争，推动我国实现由贸易大国向贸易强国、体育大国向体育强国的重大跨越。在开放型经济不断发展的背景下，尤其是 2020 年 11 月《区域全面经济伙伴关系协定》（RCEP）的成功签署，对于体育产业而言也是一个国际化发展的良好机遇。适度转变贸易发展方向，加强融入新兴体育市场，扩大体育产业的开放力度，把中国体育产业逐渐打造成为"世界工厂"加"世界市场"，同时成为 RCEP 组织成员国的体育产业引领者，扩大体育消费需求，促成体育产业规模增长和区域性分工合作。注重核心技术创新、商业模式创新、要素资源的优化升级和产业服务质量，共同推动体育产业的高质量发展。

（一）把握"双循环"新发展格局，促进体育产业高质量发展

《中共中央关于制定国民经济和社会发展第十四个五年规划和二〇三五年远景目标的建议》提出构建以国内大循环为主体、国内国际双循环相互促进的"双循环"的新发展格局。我国体育产业在国际经济发展新形势下，应该积极把握国家扩大开放的历史机遇，理解"双循环"的实质内涵，结合我国体育产业发展实际情况，积极参与国际体育产业贸易分工，建立新型国际贸易关系，促进体育产业高质量发展。前文已经论述，我国目前的体育产业贸易关系中，与美国的体育产业有着很强的竞争互补性，但同时我国体育产业在世界范围内的贸易也还存在着一些问题。首先是我们的体育产业中的体育用品制造业虽然在国际贸易体系中占据着主导地位，但是体育中介服务、赛事、表演、竞赛等都还处于起步阶段，竞争力

较弱。产业链的不完整影响了我国整个体育产业的规模化发展。其次，国际市场对于我们体育消费端的需求还比较单一，多元需求还处于发展阶段。除了体育用品制造业的品牌升级之外，体育赛事、体育服务等产品的需求还长期被国际赛事及服务体系占领。比如 2020 年禁播的"美国职业篮球联赛"，国内观众众多，其禁播也导致了相关经营主体和消费者的损失。在 2021 年复播，也反映出我国对于这类体育消费品的真实需求。除此之外，我国对应的体育产业国际法制度不健全，相关国际赛事制度及相关体育产业法规人才匮乏。综上可以看出，发展体育产业贸易首先要保持供给侧的持续改善，加强体育产业在国际产业链上的健康闭环发展。不断加强体育用品制造业的品牌升级之路，积极参与国际赛事赞助及质量标准的制定，增强我国自有体育用品品牌在世界范围内的知名度；积极引进国际体育赛事，并促成其在国内的良性健康发展；在"干中学"理论的指引下，积极学习国际赛事溢出技术，针对国内体育赛事实行国际化品牌发展，促进国内体育赛事逐渐走上国际品牌化的道路，并以此开展体育营销国际市场化运作，形成具有市场优势的国际化本土赛事品牌；其他体育相关服务业也需要不断加强产品创新、技术创新，形成符合国际市场消费者的特色及个性化需求的体育服务产品，创造国际化的体育服务需求，扩大国际体育产业市场，积极引导激发国际体育消费者的多元、多层次需求；深入落实我国区域一体化发展战略，充分发挥珠江经济带、长江经济带、环渤海湾经济带的区域特点，结合当地文化习俗，开展具有民族特色的民间赛事，秉承"民族的就是世界的"理念，传播我国体育文化，宣传我国民族传承，增强我国体育文化在世界范围内的影响力。其次要加强体育产业国际化发展，积极融入国际体育市场。我国对应的体育产业相关产品及服务"走出去"的情况相对薄弱，只有加强与国外先进品牌的合作，才能拓宽我国体育产业的国际化道路。现在国内体育用品制造业，如以安踏为代表的运动鞋服企业，已经开始反向收购国际知名品牌，诸如斐乐（Fila）、斯潘迪（Sprandi）等，成为新的品牌升级与发展模式，带动了国内体育用品制造业的发展。在体育赛事方面，我们也出现收购国外球队的情况，应鼓励我国企业参与到世界赛事的运营中，以此缩短我国体育顶级赛事的发展进程。从体育产业链的各个环节来看，只有不断地扩大与世界范围内经营主体的贸易往来，才能有效促进体育产业贸易体系的发展壮大。最后要加强国际体育贸易人才队伍的建设，积极学习体育产业相关国际贸易规则，培养体育产业贸易专项人才，参与到体育贸易规则体系建设中去，才能不断加强我们对于体育贸易的理解，从而指导体育贸易发展实践，促进我国体育产业与国际体育贸易更好的融合。总之，把握现有经济发展新形势，克服当前经济发展新挑战，落实体育产业贸易"双循环"，也是促使我国体育产业高质量发展的路径之一。

（二）在高水平对外开放新形势下建立自由、竞争、有序的体育产业贸易体系

中美体育贸易多年来一直是互补性贸易模式，即我们发挥自身的资源要素诸如劳动力、土地等优势，承载了美国体育用品制造业的转移。中国成为美国的制造工厂，而美国成为中国的销售市场。体育产业中的体育用品制造业表现得尤为明显，诸如耐克等跨国体育用品公司，在中国建立大量的生产车间。这类互补性贸易的结果是贸易差额越来越大。美国的跨国公司在全球获利，而产业工人阶层面临就业的问题，导致美国国内也出现贫富差距。对于中国工人而言，也只能接受低工资，处于产业链的底端。因此对于美国而言，这类贸易模式长期发展势必造成美国部分产业工人失业，以及相应贸易赤字等问题。对于我国而言，也要不断地进行技术进步和产业升级，积极在国际分工格局中探寻有利位置，大力提升产业的竞争力，寻求建立世界贸易新格局。在当前中美贸易摩擦的贸易背景下，体育产业也面临新的挑战和机遇。我们要切实理解和把握经济增长的内在动力是科技进步，因此要明确体育产业发展方向，真正掌握内在科技，积极主动寻求与国际体育产业的合作，学习其运作模式及核心技术，结合自身发展新优势，实现体育产业内在技术驱动，促进我国体育产业结构转型升级。因此面对目前美国单边主义的抬头，在新的自由、竞争的国际贸易体系重塑的背景下，我们首先需要从内部扩大开放力度，主动加快国内体育产业相关改革与开放的步伐，形成我国内部体育产业的有效内循环机制。

当然，体育产业的国际化发展，与国家的金融、汇率、货币和财政等政策息息相关，而对这些相关政策进行有效、大力度的改革，扩大开放，这样才能对体育产业的国际化发展发挥有效作用。允许国外符合资质的资本参与我国相关体育场馆设施建造，允许将国外体育科技应用于我国更多的体育领域，减少负面清单项目，真正落实扩大开放促进体育产业多元化发展。其次需要更加主动积极地参与到国际贸易秩序的建设当中。WTO 贸易规则近年来影响力不断下降，而 2020 年 11 月东盟谈成的 RECP 贸易体系也开创了东盟这类区域性贸易经济发展的新模式。全球化与区域性的发展一直在矛盾中前进，而新的国际贸易秩序的建立，需要相应新的贸易体系和规则，我们必须积极地参与到这类贸易体系的建设当中。体育产业是朝阳行业，其虽然也遵守传统的贸易体系和规则，但更有创新发展的机会，作为新兴国家，我国发展体育产业，抓住参与制定该行业规则的机会，重构世界体育产业贸易秩序，是最有效地参与世界经济发展的切入点。最后要适度减少政府对市场的干预。需要适度地减少政府对于市场的干预，以避免市场失灵。应建立相关法律制度体系，允许体育产业要素在相关法律制度保障下，在国际环境中自由有序流动，形成市场竞争格局，真正激发体育产业要素的市场配置能力，符合国际贸易新规则。具体来说，完善涉外的相关经营性法律和规则制度是保障这一原则有效执行的具体路径。除此之外，一些具体的经营措施诸如创新商业模式的运用、国际品牌运营经验的有效借鉴、国际体育巨头的引进、体育产业经营管理水平的提升等，都需要加强，从而在微观执行上迅速扩大国际贸易领域的竞争力。

总之，在确认内生科学技术力量驱动产业增长的理论指引下，要面对世界贸易格局的新变化，把握中美贸易发展的新形势，立足于自身技术革新，积极参与世界体育市场的各要素配置，主动参与新的国际贸易秩序的重构，加大改革开放的力度，防止政府的过度干预，深入探索国际体育产业贸易的市场规律，适度调整对应的经济产业政策，努力升级自身优势禀赋，积极建立自由、竞争、有序的体育产业市场贸易体系，促进我国体育产业健康高质量发展。

六、加快推进体育产业新质生产力建设发展

随着新质生产力概念的提出，国内各产业业态都开始着手结合自身产业特点，以新质生产力的理论为指导，展开实践探索。作为国民经济中阳光健康产业之一的体育产业，为弘扬北京冬奥精神，更需要深刻理解把握相关新质生产力的理论并指导实践，加快推进体育产业新质生产力的形成，促进体育产业高质量发展。

马克思主义对于生产力的阐述，是指在社会生产过程中，人们利用劳动资料（如工具、机器、土地等）作用于劳动对象（如原材料、自然资源等），创造出满足人类社会生存和发展所需物质财富的能力。这一概念涵盖了劳动者、劳动资料、劳动对象以及科学技术、管理方法等多种生产要素的总和及其相互作用方式。其中，劳动者是生产力中最活跃、最革命的因素，而科学技术则是现代生产力发展中起决定性作用的因素。

体育在社会生活中现实表现为人类精神活动的外在行为，属于上层建筑的范畴。体育活动、体育制度、体育组织以及体育赛事等，都可以视为反映和影响社会价值观、文化认同和民族精神的表现形式，它们起到凝聚人心、促进国际交流、展现国家软实力等作用。因此，从这个角度来看，体育不仅仅是身体锻炼和竞技活动，也是社会文化的表现形式，在一定程度上参与劳动力的再生产，对社会的经济发展有促进作用。它也蕴含着丰富的社会文化意义和意识形态属性，因为它既受制于经济基础，又能够促进人的全面发展，同样影响着社会生产关系，从而影响社会生产力的发展。

需要准确深入地把握体育强国建设的科学内涵，把体育事业融入实现"两个一百年"奋斗目标的大格局统筹谋划中。第一，坚持发展以人民为中心的体育；第二，坚持全民健身与竞技体育全面协调发展；第三，体育强国梦与中国梦紧密相连。习近平总书记关于体育发展的系列论述，是促进体育产业快速发展的思想武器。

体育产业新质生产力的发展必须建立在对马克思主义关于生产力、生

产关系及上层建筑辩证关系的理解上，结合马克思主义中国化的体育发展理论成果，结合我国发展实际，把握新时代背景下科技、经济、社会文化等多方面因素的综合影响，体育产业在生产方式、市场结构等方面的创新与变革，进而形成一种更高效且具有更高附加值的生产能力。它通过技术变革、生产要素创新配置、产业深度转型升级的路径，促进教育、科技、人才之间的良性循环发展，继而掌握全球产业链核心环节，再通过现代数字化科技提升效率，在更高阶段进行要素重塑配置，从而大大提高体育产业的生产力。

（一）体育产业新质生产力发展潜力

体育产业对于劳动者就业改善起着非常积极有效的促进作用，体育产业对培育经济增长新动能和促进就业的贡献日渐突出。特别是在当前经济下行压力加大的环境下，体育产业的发展将在稳就业、促民生等方面发挥重要作用，成为扩大社会劳动者就业的有效渠道。我国体育产业就业形势总体向好，就业规模持续扩大，就业结构不断优化，就业质量逐步提升，预计未来体育产业将成为吸纳就业、创造经济增长点的重要领域。

在体育产业中，劳动对象和生产工具可以被理解为体育产业中各类生产活动所依赖的物质基础和资源，这些物质和资源在体育产业的生产、服务等价值创造过程中发挥着重要作用，是体育产业持续发展和创新的关键支撑。随着科技进步发展，体育产业中的劳动对象和生产工具也在不断扩大和升级。首先在体育用品制造业，出现更多智能智造场景，为新研发的智能终端体育消费产品提供物理产能；在相关运动场地设施的升级建造中，更多的科技元素融入使得运动场馆更加智能化，为各项体育人群消费时的健康监测以及技能提升都做了很好的数据收集和储备，加强了消费人群的参与感；各类科技穿戴设备，可以积极友好地获取运动消费人群的生物活动数据，为个体健康运动提供更专业的数据分析；在科技手段的加持下，相关的体育赛事活动组织、运营形成了赛前准备、赛中监测、赛后反馈的全链条掌控；应用现代科技互联网技术对赛事等相关服务产品进行更便捷的传播，这些都得益于体育运动生产工具的科技赋能，大大促进了体育消费市场的发展与繁荣。

体育产业是朝阳产业，体育产业生产力得以健康优质发展，是大势所趋。我国对体育产业的扶持政策持续出台和完善，如《"十四五"体育发展规划》等，旨在促进体育消费、推动体育产业高质量发展。我国体育产业市场容量持续扩大，且在未来发展中呈现出政策导向明确、科技创新引领、产业深度融合等多重趋势，预示着体育产业将在国民经济中扮演越来越重要的角色。

（二）体育产业新质生产力发展面临的挑战

我国体育产业近年来迅速发展，但与世界体育产业发达国家相比，还存在着许多亟待解决的问题。体育产业中新质生产力的形成还存在着一定的障碍和挑战，需要逐步完善。

一是资源配置市场化程度不高，投资渠道单一，市场化投融资机制亟待完善。在特定历史时期，政府对于体育市场的主导引领起着非常重要的作用。尤其是诸如场馆设施等重资产投入部分，虽然政府对体育产业的投资有所增加，但体育支出占财政支出的比例仍然较低，市场的作用还没有完全发挥出来，过度依赖政府投入，社会资本和市场资金的参与度还不高。随着科技进步和市场的逐渐发展，要求对应的市场化资源要素配置遵循市场调控原则，实现市场竞争中的平衡，政府与市场的边界有待进一步明确。二是产业结构不合理。体育产业增加值中，体育用品制造业仍然占有较大比重，而体育服务业发展相对缓慢。尤其是当下体育市场消费热点的足球、篮球等赛事市场都存在诸多问题，其他相对冷门的项目更是难以实现市场化的深度开发。整个体育产业链中的科技商业模式创新处于较为落后的局面，与国际相关体育服务的融合也存在许多文化上的偏差，市场呈现失衡状态，这不利于整个体育产业结构的优化及平衡发展。三是体育供给端处于低质发展甚至存在重复竞争，体育版权亟待规范。如前文所述，体育培训暂未形成规范性培养体系，使得体育人口增长乏力。而对应的体育用品行业，国内运动品牌处于重复竞争格局，从头部品牌近年收购国际品牌的发展成绩来看，找到新的发展模式，摆脱过剩的重复竞争态势，获取新的业务增长曲线迫在眉睫。相关体育赛事也没有形成被市场接受的具有中国文化特色的强势版权。供给端的产品输出，创造新需求的体育服务产品亟待发展。四是技术运用研发与投入相对薄弱，区域发展不平衡，国际化融入需要加强。新质生产力的核心要求是科技与产业的有机结合，而我国体育产业微观企业运营中恰恰存在着研发投入的壁垒。许多投资主体关注短期及眼前市场利益，对体育产业相关科技投入不足。尤其是内陆地区，对应的地理区位特点导致在体育产业中的投入出现明显分化，因此在市场端，大众体育健康消费呈现出明显的发展不平衡性。而国际上的相关知名体育赛事容易被其资本控制，甚至被政治操控，导致我们的体育赛事"走出去"遇到阻碍。五是人才短缺，培养机制法律法规不健全，亟待发展完善。我国体育产业相关从业人才需求逐年提升，但对应的多层次人才体系还没有形成。竞技类及运营类人才出现割裂的局面，导致整个体育人才的培养还过于单一，这与市场化迅速发展的格局难以匹配。体育产业新质生产力的发展需要大量兼具体育专业知识、科技素养、商业运营能力的复合型人才，但这类人才的培养和储备目前可能跟不上产业发展的需求，对应的法律法规及培养机制都亟待完善。

（三）体育产业新质生产力发展策略

从当前形势看，需要加快推进体育产业新质生产力的形成，更新体育发展思想，创新科技应用，促进体育产业高质量发展。

首先，要确定辩证统一地发展体育产业与体育事业的指导思想，实现市场效应与社会效应的有机融合发展。体育产业和体育事业的概念混同使用，更多地反映出特定历史条件下体育事业与体育产业关系的客观存在，在追求社会效益和经济效益的统一方面，两者既相互联系，又相互区别；在投资主体、组织形式、运行机制、经营目的等方面又存在本质差别。体育产业特指那些从事体育经营活动的体育企业，它们以盈利性为自身活动的出发点，关注自身运营的经济效益回馈，其本质属于市场营利行为，具有盈利性、经营性的本质属性。而体育事业却特指为了公共利益或者国民福利，由国家体育相关行政部门主导，主要是国家财政出资，来发展具有公益属性和福利性的大众体育服务公共品，主要侧重发挥体育的社会效益，宣扬民族精神，传导正确价值观。所以我们要辩证处理两者之间的关系，确立市场效应与社会效应有机融合发展的指导思想。

其次，要加大利用科技手段实现对体育人才的培养，提升体育人才科学素质是确保体育产业新质生产力发展的核心。体育专业人才的有效培养，已经成为当今世界体育产业发展的核心竞争力，对新型体育产业人才提出了更高的要求。体育产业的创新发展，需要加大体育、艺术、金融、科技、文化等各方面人才队伍的培养力度，以服务于社会体育需求为宗旨，以创新实践为导向，创新发展学校教学系统，规范利用市场资源，配置设立更具科技含量的现代化培养人才系统，利用更先进的科技手段以及科技内容，打造具备国际化视野和信息化技术水平的复合型体育产业人才，构建有机动态平衡发展的人才生态体系。

再次，加强体育产业科技创新应用，推动体育产业劳动资料和劳动对象的拓展是促进体育产业国际性发展、构建体育产业新质生产力的保障。我们要利用大数据、人工智能、物联网、云计算等前沿科技，实现运动训练的精准化、赛事运营的智能化、场馆管理的数字化，以及体育消费体验的个性化。采用相关科技手段拓展体育产业劳动对象边界，促进体育劳动资料的有效运用，实现体育产业新质生产力的发展。

最后，要加强体育产业专项规划与对应支持政策，明确引导微观主体着重向科技创新、数字化转型、产业融合等重点方向发展，在微观层面引导市场主体加强研发投入并积极进行科技创新，增加有效供给，提升终端消费需求，同时与国际市场融合博采众长，为具有自身特色的创新商业模式努力实践，为体育产业新质生产力的发展注入活力，加快推进体育产业新质生产力高质量发展。

第八章　研究结论、局限性及展望

第一节　研究结论

本书选取中美两国作为体育产业发展的代表性经济体，首先从体育产业发展的经济增长效应、产业结构效应、就业效应和贸易效应四个维度，具体剖析我国体育产业与美国存在差异的深层次原因；其次从规范分析和实证研究的角度，提出体育产业发展的主导要素驱动机制，围绕体育产业的结构变动和要素培育等内部化问题，重点阐述以人力资本要素和消费升级要素的生产配置为核心的体育产业发展要素驱动理论；最后提出关于我国体育产业发展的对策思路，以期从体育产业供给、需求和对外开放的角度共同促进我国体育产业的健康发展。

从体育产业的经济增长效应来看，我国体育产业发展仍然存在产业经济贡献不突出、产业质量发展不充分的现实问题。我国体育产业产值及增加值比重较低，在国民经济中的地位和作用仍然不突出，对国民经济的贡献率和拉动率仍然较小，体育产业的社会效益远远没有得到有效发挥，人民身体素质与精神素养的体育消费需求不充分。随着新时代体育产业提质增效逐渐向高质量发展，我国体育产业在促进整体经济结构效率提升时迫切要求进行持续创新和接纳新的体育形态，推进体育产业结构性改革。

从体育产业的产业结构效应来看，我国体育产业结构普遍存在内部业态不均衡、外部结构关联度不强、产品和服务供给不匹配等问题。我国体育产业外部关联水平不高，创新性的消费场景和商业模式需要不断更新，全行业尤其是体育服务业的生产率需要进一步提高。体育产业迫切需要通过优化投入产出资源配置提升产业结构的效率水平，从而促进体育产业快速发展。

从体育产业的就业效应来看，我国体育产业吸纳就业能力不强，产业关联就业贡献不足，体育从业者社会认同度有待提升，体育职业报酬水平需要得到进一步提高，体育产业特别是体育服务业从业人员在数量规模上存在着巨大缺口。

从体育产业的贸易效应来看，我国体育贸易中体育用品进出口贸易仍占产业主导，体育服务贸易仍然处于初级阶段。我国体育用品贸易结构仍然以出口导向型为主，出口类型以劳动密集型为主，运动器材类出口常年居于首位。我国体育服务贸易发展仍处于初级阶段，新型体育服务贸易业态呈现出快速增长的态势。我国体育中介服务处于起步阶段，尚未形成专业化的中介服务贸易市场，以赛事、俱乐部和运动员为主体的体育经纪、营销和活动策划服务的商业模式仍处于探索过程中。

从体育产业发展的要素驱动机制来看，以知识人力资本和消费升级为核心的双轮要素驱动共同推动中美两国体育产业的高质量发展。以知识人力资本路径为核心的要素质量的提高，有利于体育产业增长效率的持续改进；以消费升级路径为核心的要素配置扩张了市场规模经济的边界，消费品多样化和高级化的真实需求推动知识过程的形成和效率模式的重塑。消费升级是体育产业活动的增长动力和价值源泉，而在后工业化社会向深度城市化演进的过程中，以知识人力资本增进为重心的劳动力再生产，特别是家庭消费结构中教育支出的扩大和政府公共支出中教育费用的增长，进一步推动了消费作为生产率增进的再循环。

结合当前我国"双循环"的新发展格局和全面深化改革的时代背景，本书认为需要从供给、需求和对外开放的角度对创新体育产业发展活力、拓展体育产业高质量发展新空间提出符合我国体育产业发展的支撑体系。需求侧方面，要利用我国超大规模市场和内需潜力的显著性优势，发挥消费对体育产业发展的基础性作用；供给侧方面，加快知识和人力资本的有效积累和深度开发，大幅提升体制机制的活力和产业资本资源配置的效率，全面提升体育产业供给质量；对外开放方面，把握"双循环"新发展格局，深挖体育贸易发展潜力。

第二节　研究局限性和研究展望

一、研究局限性

必须指出的是，新冠肺炎疫情的暴发使体育产业相关经济活动受到极大干扰，同时囿于实证数据可得性、最新外文文献和体育产业业态快速发展等问题，本书研究存在一定的局限性。

首先，中美两国体育产业经济效应的驱动要素实证研究的样本规模有限，中国方面仅选取 2015～2018 年各省份体育产业经济发展数据共计 116 个研究样本，美国方面仅选取 2012～2017 年各州体育产业经济发展数据合计 306 个样本值，样本量和时间跨度较短，可能在一定程度上导致研究结论的偏差。

其次，体育产业经济效应相关研究的外文文献和计量数据相对而言比较缺乏，本书通过访问 CEPII BACI 数据库、WIOD 国家间投入产出数据库、外国知名大学论文数据库等获取相关数据，但是美国体育产业的增加值、服务业增加值和就业薪酬等发展数据仅能选取具备解释力和可行的衡量指标来替代，相应变量的解释意义和背后的理论逻辑的差别可能会导致实证结论存在一定的偏差。

最后，知识人力资本和消费升级为核心的要素驱动真正产生影响作用需要一定的时间，由于时间窗口较短，本书仅对控制变量消费升级要素采用滞后一期进行稳健性检验，未来可以用更长的时间窗口数据进行更多的滞后处理，增加结论的可靠性。

二、研究展望

通过对我国体育产业经济效应的比较研究，结合国内外已有的研究成果以及本书的研究工作，体育产业经济效应的问题研究尚有很多方面可以进一步探讨，具体如下。

（1）本书研究表明，体育知识人力资本是构成体育产业发展的核心驱动因素之一，现实中体育创新创业已经深刻改变了体育产业的发展方式，具有远见的企业家拥有足够的创新性和前瞻性思维，推动体育运动产品和服务的创新发展。以体育创新创业研究作为切入点，可以发现体育产业生态系统创新创业影响因素，可能包括强大的创新文化带来的创意价值、休闲和职业体育管理机构的转变、体育运动健康和安全、体育产业政策框架的理论和实践对于体育创业创新的影响等。此外，还可以进一步研究体育创新创业如何影响其他部门的创新，发现其中的产业关联创新效应。

（2）本书研究发现，虽然我国是全球体育用品及相关产品的制造大国、出口大国，但是体育产业价值链条仍然严重依赖于国际市场和全球跨国龙头企业。随着人力资本、知识技术的服务业要素化浪潮的到来，在"双循环"的对外开放格局背景下，可以进一步探讨体育制造业和服务业全球价值链升级的核心形态，包括推动"一带一路"体育产业中间产品或最终产品过渡到高端体育业态，提高体育服务业商业模式创新、产业服务质量的能力，寻求促进我国与共建"一带一路"国家、欧美发达国家体育产业结构耦合的最佳路径等。

（3）本书研究发现，自2008年金融危机以来，中国体育用品产业价值链开始呈现出"中国大陆→东盟地区"的体育用品产业转移路径。2020年11月15日，世界上规模最大、最具有影响力的自由贸易协定《区域全面经济伙伴关系协定》（RCEP）签署落地，深化了以体育产业为代表的出口比较优势产业的分工体系。尽管中国与RCEP各成员国相比优势特征明显，中国制造业产业链全球最长、最全且规模居全球之首，但作为转出方的产业转移动能并不完全，产业梯度差距较大导致"中国大陆→东盟地区"的产业转移会相对滞后，这不同于日本经济学家赤松要提出的雁阵形态理论。因此，未来研究可以探讨：①以中日韩、越南为代表的东盟地区体育贸易在技术、资本和劳动力之间分工合作的竞合关系，涉及货物贸易自由化、服务贸易、资本流动、知识产权保护、贸易争端解决机制等方面；②中美贸易摩擦背景下中美经济以东盟为媒介的间接贸易挂钩，"中国＋"贸易节点向区域性贸易机制的转变等。

附　　录

表 A1 - 1　　　北美产业分类体系（NAICS）与体育产业相关的统计分类

代码	与体育产业有关的代码	产业类别名称
23	234990　运动场地设施建设	建筑业
31 - 33	315　运动服装 316219　运动鞋的制造 33992　运动用品制造	制造业
41 - 46	42191　休闲用品的供应和批发 451110　体育用品商店 453310　体育旧物用品商店	批发业
53	532292　体育用品租赁	房地产租赁
61	61162　体育与休闲指导	教育服务
71	7112　观赏性体育 711211　职业或半职业运动队与俱乐部 711212　赛车 711219　个人职业或半职业运动员（赛车手、高尔夫运动员、拳击运动员等） 71131　表演艺术、体育相关推广商 711310　体育场地设施经营者、体育赛事经营者、组织和推广者 71132　不拥有体育设施的体育赛事推广者 7114　艺术家、运动员、艺人和其他相关的代理人和经纪人 7139　其他体育休闲产业 71391　高尔夫球场和乡村俱乐部 71392　滑雪场 71393　游艇船坞 71394　健身与休闲体育中心 71395　保龄球中心 71399　其他相关体育休闲产业	艺术、娱乐与休闲
81	81149　体育设施维修与维护 81391　城市体育管理机构与委员会 81399　体育协会	其他服务（不包括公共行政管理）

表 A1 – 2   中国《体育产业统计分类表》

代码			类别名称	国民经济行业分类 代码及名称（2017）
大类	中类	小类		
			体育管理活动	
01	011	0110	体育社会事务管理活动	9224 *　社会事务管理机构
	012	0120	体育社会组织管理活动	9521 *　专业性团体 9522 *　行业性团体 9530 *　基金会
	013	0130	体育保障组织管理活动	8912　体育保障组织
			体育竞赛表演活动	
02	021	0210	职业体育竞赛表演活动	8911 *　体育竞赛组织
	022	0220	非职业体育竞赛表演活动	8911 *　体育竞赛组织
			体育健身休闲活动	
03	031	0310	运动休闲活动	5623　体育航空运动服务 8930　健身休闲活动
			群众体育活动	
	032	0321	民族民间体育活动	8840 *　文物及非物质文化遗产保护
		0322	其他群众体育活动	8870 *　群众文体活动 8919　其他体育组织
	033	0330	其他体育休闲活动	6422 *　互联网游戏服务 9012 *　电子游艺厅娱乐活动 9013 *　网吧活动 9020 *　游乐园
			体育场地和设施管理	
04	041	0410	体育场馆管理	8921　体育场馆管理
	042	0420	体育服务综合体管理	7222 *　商业综合体管理服务
	043	0430	体育公园及其他体育场地设施管理	7850 *　城市公园管理 8929　其他体育场地设施管理

续表

代码			类别名称	国民经济行业分类代码及名称（2017）
大类	中类	小类		
			体育经纪与代理、广告与会展、表演与设计服务	
			体育经纪与代理服务	
	051	0511	体育经纪人	9054　体育经纪人
		0512	体育保险经纪服务	6851＊　保险经纪服务
		0513	体育中介代理服务	8991　体育中介代理服务
		0514	体育票务代理服务	7298＊　票务代理服务
05			体育广告与会展服务	
	052	0521	体育广告服务	7251＊　互联网广告服务 7259＊　其他广告服务
		0522	体育会展服务	7283　体育会展服务
			体育表演与设计服务	
	053	0531	体育表演服务	9052　体育表演服务
		0532	体育设计服务	7484＊　工程设计活动 7491＊　工业设计服务 7492＊　专业设计服务
			体育教育与培训	
06	061	0610	学校体育教育活动	8321＊　普通小学教育 8331＊　普通初中教育 8332＊　职业初中教育 8334＊　普通高中教育 8336＊　中等职业学校教育 8341＊　普通高等教育
	062	0620	体育培训	8391＊　职业技能培训 8392　体校及体育培训 8399＊其他未列明教育
			体育传媒与信息服务	
07	071	0710	体育出版物出版服务	8621＊　图书出版 8622＊　报纸出版 8623＊　期刊出版 8624＊　音像制品出版 8625＊　电子出版物出版 8626＊　数字出版 8629＊　其他出版业

续表

代码			类别名称	国民经济行业分类 代码及名称（2017）
大类	中类	小类		
			体育传媒与信息服务	
07	072	0720	体育影视及其他传媒服务	8060 ∗ 摄影扩印服务 8610 ∗ 新闻业 8710 ∗ 广播 8720 ∗ 电视 8730 ∗ 影视节目制作
	073	0730	互联网体育服务	6422 ∗ 互联网游戏服务 6429 ∗ 互联网其他信息服务 6432 ∗ 互联网生活服务平台 6450 ∗ 互联网数据服务 6490 ∗ 其他互联网服务
	074	0740	体育咨询	7246 体育咨询
	075	0750	体育博物馆服务	8850 ∗ 博物馆
	076	0760	其他体育信息服务	6513 ∗ 应用软件开发 6571 ∗ 地理遥感信息服务 6572 ∗ 动漫、游戏数字内容服务 6579 ∗ 其他数字内容服务 7242 ∗ 市场调查
			其他体育服务	
08	081	0810	体育旅游服务	5531 ∗ 客运港口 6140 露营地服务 7221 ∗ 园区管理服务 7291 ∗ 旅行社及相关服务 7869 ∗ 其他游览景区管理
	082	0820	体育健康与运动康复服务	8053 ∗ 养生保健服务 8412 ∗ 中医医院 8414 ∗ 民族医院 8415 ∗ 专科医院 8416 ∗ 疗养院 8522 ∗ 康复辅具适配服务 8992 体育健康服务
	083	0830	体育彩票服务	9041 体育彩票服务
	084	0840	体育金融与资产管理服务	6720 ∗ 公开募集证券投资基金 6731 ∗ 创业投资基金 6732 ∗ 天使投资 6760 ∗ 资本投资服务 6814 ∗ 意外伤害保险 7212 ∗ 投资与资产管理 7213 ∗ 资源与产权交易服务

代码			类别名称	国民经济行业分类 代码及名称（2017）
大类	中类	小类		
			其他体育服务	
08	085	0850	体育科技与知识产权服务	7320＊　工程和技术研究和试验发展 7340＊　医学研究和试验发展 7350＊　社会人文科学研究 7520＊　知识产权服务
	086	0860	其他未列明体育服务	7481＊　工程管理服务 7482＊　工程监理服务 8211＊　建筑物清洁服务 8219＊　其他清洁服务 8999　其他未列明体育
			体育用品及相关产品制造	
			体育用品及器材制造	
09	091	0911	球类制造	2441　球类制造
		0912	冰雪器材装备及配件制造	2442＊　专项运动器材及配件制造
		0913	其他体育专项运动器材及配件制造	2442＊　专项运动器材及配件制造
		0914	健身器材制造	2443　健身器材制造
		0915	运动防护用具制造	2444　运动防护用具制造
		0916	特殊体育器械及配件制造	3329＊　其他金属工具制造 3399＊　其他未列明金属制品制造
		0917	其他体育用品制造	2449　其他体育用品制造
			运动车船及航空运动器材制造	
	092	0921	运动汽车、摩托车制造	3630＊　改装汽车制造 3751＊　摩托车整车制造
		0922	运动船艇制造	3733＊　娱乐船和运动船制造
		0923	航空运动器材制造	3749＊　其他航空航天器制造
			体育用相关材料制造	
	093	0931	运动地面用材料制造	2034＊　木地板制造 2916　运动场地用塑胶制造 2928＊　人造草坪制造

代码			类别名称	国民经济行业分类 代码及名称（2017）
大类	中类	小类		
09	093		体育用品及相关产品制造	
			体育用相关材料制造	
		0932	体育用新材料制造	2651 ＊ 初级形态塑料及合成树脂制造 2652 ＊ 合成橡胶制造 2653 ＊ 合成纤维单（聚合）体制造 2659 ＊ 其他合成材料制造 2829 ＊ 其他合成纤维制造 3061 ＊ 玻璃纤维及制品制造 3062 ＊ 玻璃纤维增强塑料制品制造 3240 ＊ 有色金属合金制造
	094		体育相关用品和设备制造	
		0941	运动服装制造	1811 运动机织服装制造 1821 运动休闲针织服装制造
		0942	运动鞋帽制造	1830 ＊ 服饰制造 1951 ＊ 纺织面料鞋制造 1952 ＊ 皮鞋制造 1953 ＊ 塑料鞋制造 1954 ＊ 橡胶鞋制造
		0943	体育场馆用设备制造	2140 ＊ 塑料家具制造 3873 ＊ 舞台及场地用灯制造 3934 ＊ 专业音响设备制造 3939 ＊ 应用电视设备及其他广播电视设备制造 4028 ＊ 电子测量仪器制造 4030 ＊ 钟表与计时仪器制造
		0944	体育智能与可穿戴装备制造	3961 ＊ 可穿戴智能设备制造 3963 ＊ 智能无人飞行器制造 3969 ＊ 其他智能消费设备制造
		0945	运动饮料与运动营养品生产	1491 ＊ 营养食品制造 1529 ＊ 茶饮料及其他饮料制造
		0946	体育游艺娱乐用品设备制造	2319 ＊ 包装装潢及其他印刷 2451 ＊ 电玩具制造 2452 ＊ 塑胶玩具制造 2453 ＊ 金属玩具制造 2454 ＊ 弹射玩具制造 2459 ＊ 其他玩具制造 2462 游艺用品及室内游艺器材制造

代码			类别名称	国民经济行业分类 代码及名称（2017）
大类	中类	小类		
			体育用品及相关产品制造	
			体育相关用品和设备制造	
09	094	0947	运动休闲车制造	3660 *　汽车车身、挂车制造 3761 *　自行车制造 3780 *　非公路休闲车及零配件制造
		0948	运动康复训练和恢复按摩器材制造	3586 *　康复辅具制造 3856 *　家用美容、保健护理电器具制造
		0949	户外运动器材及其他体育相关用品制造	1782 *　绳、索、缆制造 1784 *　篷、帆布制造 3389 *　其他金属制日用品制造 3587 *　眼镜制造 3792 *　水下救捞装备制造
			体育用品及相关产品销售、出租与贸易代理	
			体育及相关产品销售	
10	101	1011	体育用品及器材销售	5142　体育用品及器材批发 5242　体育用品及器材零售
		1012	运动服装销售	5132 *　服装批发 5232 *　服装零售
		1013	运动鞋帽销售	5133 *　鞋帽批发 5233 *　鞋帽零售
		1014	运动饮料与运动营养品销售	5126 *　营养和保健品批发 5127 *　酒、饮料及茶叶批发 5225 *　营养和保健品零售 5226 *　酒、饮料及茶叶零售
		1015	体育出版物销售	5143 *　图书批发 5144 *　报刊批发 5145 *　音像制品、电子和数字出版物批发 5243 *　图书、报刊零售 5244 *　音像制品、电子和数字出版物零售

续表

代码			类别名称	国民经济行业分类 代码及名称（2017）
大类	中类	小类		
			体育用品及相关产品销售、出租与贸易代理	
			体育及相关产品销售	
10	101	1016	体育游艺等其他体育用品及相关产品销售	5149 *　其他文化用品批发 5238 *　自行车等代步设备零售 5249 *　其他文化用品零售
		1017	体育用品及相关产品综合销售	5211 *　百货零售 5212 *　超级市场零售
		1018	体育用品及相关产品互联网销售	5193 *　互联网批发 5292 *　互联网零售
	102	1020	体育用品设备出租	7122　体育用品设备出租
	103	1030	体育用品及相关产品贸易代理	5181 *　贸易代理 5189 *　其他贸易经纪与代理
11			体育场地设施建设	
			体育场馆建筑和装饰装修	
	111	1111	体育场馆及设施建筑	4720　体育场馆建筑 4813 *　市政道路工程建筑
		1112	体育场馆装饰装修	5011 *　公共建筑装饰和装修
			体育场地设施工程施工和安装	
	112	1121	足球场地设施工程施工	4892 *　体育场地设施工程施工
		1122	冰雪场地设施工程施工	4892 *　体育场地设施工程施工
		1123	其他体育场地设施工程施工	4892 *　体育场地设施工程施工
		1124	体育场地设施安装	4991　体育场地设施安装

参 考 文 献

一、马克思主义经典著作

［1］马克思恩格斯文集（第 1－10 卷）［M］. 北京：人民出版社，2009.

［2］马克思恩格斯全集（第 3 卷）［M］. 北京：人民出版社，1960.

［3］列宁选集（第 1－4 卷）［M］. 北京：人民出版社，2012.

［4］毛泽东选集（第一至四卷）［M］. 北京：人民出版社，1991.

［5］毛泽东文集（第一卷）［M］. 北京：人民出版社，2004.

［6］周恩来经济文选［M］. 北京：中央文献出版社，1993.

［7］邓小平文选（第一至二卷）［M］. 北京：人民出版社，1994.

［8］邓小平文选（第三卷）［M］. 北京：人民出版社，1993.

［9］江泽民文选（第一至三卷）［M］. 北京：人民出版社，2006.

［10］胡锦涛文选（第一至三卷）［M］. 北京：人民出版社，2016.

［11］习近平谈治国理政［M］. 北京：外文出版社，2014.

［12］习近平谈治国理政（第二卷）［M］. 北京：外文出版社，2017.

［13］习近平谈治国理政（第三卷）［M］. 北京：外文出版社，2020.

二、国内重要政策文献

［1］中共中央文献研究室 . 建国以来重要文献选编（第 1－20 册）［G］. 北京：中央文献出版社，1992－1998.

［2］中共中央文献研究室 . 2019 年十九大以来重要文献选编上册［G］. 北京：中央文献出版社，2019.

[3] 中共中央文献研究室．十二大以来重要文献选编（上中下册）[G]．北京：人民出版社，1988 - 1988．

[4] 中共中央文献研究室．十三大以来重要文献选编（上中下册）[G]．北京：人民出版社，1991 - 1993．

[5] 中共中央文献研究室．十四大以来重要文献选编（上中下册）[G]．北京：人民出版社，1996 - 1999．

[6] 中共中央文献研究室．十五大以来重要文献选编（上中下册）[G]．北京：人民出版社，2000 - 2003．

[7] 中共中央文献研究室．十六大以来重要文献选编（上中下册）[G]．北京：中央文献出版社，2005 - 2008．

[8] 中共中央文献研究室．十七大以来重要文献选编（上中下册）[G]．北京：中央文献出版社，2009 - 2013．

[9] 中共中央文献研究室．十八大以来重要文献选编（上中下册）[G]．北京：中央文献出版社，2014 - 2018．

[10] 中共中央文献研究室．习近平关于全面深化改革论述摘编 [G]．北京：中央文献出版社，2014．

[11] 中共中央文献研究室．习近平关于社会主义经济建设论述摘编 [G]．北京：中央文献出版社，2017．

[12] 人民出版社．中共中央关于全面深化改革若干重大问题的决定 [G]．北京：人民出版社，2013．

[13] 国家体育总局经济司、装备中心．体育产业政策文件汇编（国务院及部门篇）[G]．北京：人民体育出版社，2017．

[14] 国家体育总局经济司、装备中心．体育产业政策文件汇编（地方篇）[G]．北京：人民体育出版社，2017．

[15] 国家体委政策研究室．体育运动文件选编（1982 - 1986）[G]．北京：人民体育出版社，1989．

[16] 国家体委政策研究室．体育运动文件选编（1949 - 1981）[G]．北京：人民体育出版社，1982．

[17] 国家体育总局政策法规司．体育事业"十二五"规划文件资料

汇编〔G〕. 北京：人民体育出版社，2011.

〔18〕国家体育总局政策法规司. 体育发展"十三五"规划文件汇编〔G〕. 北京：人民体育出版社，2019.

三、中文著作（含译著）

〔1〕〔英〕亚当·斯密. 国民财富的性质和原因的研究〔M〕. 北京：商务印书馆，1972.

〔2〕〔英〕凯恩斯著，辛怡译. 就业、利息和货币通论〔M〕. 北京：中国华侨出版社，2017.

〔3〕〔英〕李嘉图. 政治经济学及赋税原理〔M〕. 北京：华夏出版社，2005.

〔4〕〔英〕威廉·配第. 政治算术〔M〕. 北京：商务印书馆，2014.

〔5〕〔美〕约瑟夫·熊彼特. 经济发展理论第1～3卷〔M〕. 北京：商务印书馆，2009.

〔6〕〔美〕萨缪尔森，诺德豪斯. 经济学〔M〕. 北京：商务印书馆，2013.

〔7〕陈征.《资本论》解说（第1～3卷）〔M〕. 福州：福建人民出版社，1997.

〔8〕陈征，李建平，郭铁民.《资本论》选读〔M〕. 北京：高等教育出版社，2003.

〔9〕李建平.《资本论》第一卷辩证法探索〔M〕. 北京：社会科学文献出版社，2006.

〔10〕李建平. 科技进步与经济增长〔M〕. 北京：中国经济出版社，2005.

〔11〕李建平、黄茂兴、黄谨. 对《资本论》若干理论问题争论的看法〔M〕. 福州：福建人民出版社，2017.

〔12〕〔美〕理查德·斯皮德伯格. 经济社会学原理〔M〕. 北京：中国人民大学出版社，2005.

〔13〕〔美〕布坎南. 自由、市场与国家〔M〕. 上海：上海三联书店，1989.

［14］［美］詹姆斯．博曼，威廉．雷吉．协商民主：论理性与政治［M］.北京：中央编译出版社，2006.

［15］［美］曼昆．经济学原理（第7版）［M］.北京：北京大学出版社，2015.

［16］［美］罗斯托．经济增长理论史：从大卫·休谟至今［M］.杭州：浙江大学出版社，2016.

［17］［美］道格拉斯·C.诺思．经济史中的结构与变迁［M］.上海：上海人民出版社，1999.

［18］［美］钱纳里等．工业化和经济增长的比较研究［M］.上海：三联书店，1989.

［19］［美］理查德·芬克．供给经济学经典评读［M］.上海：上海财经大学出版社，2018.

［20］［美］威廉·伊斯特利．经济增长的迷雾［M］.北京：中信出版集团，2016.

［21］［美］马欧（Mull, R. F.），［美］贝蕾丝（Bayless, K. G.）.娱乐体育管理［M］.沈阳：辽宁科学技术出版社，2009.

［22］［美］李明，苏珊·霍华斯等．体育经济学［M］.沈阳：辽宁科学技术出版社，2005.

［23］［美］杰拉尔德R.杰纳斯，琳达J.波里什，格特鲁．美国体育史（上下）［M］.北京：人民体育出版社，2019.

［24］［美］卡特·罗维尔．经营体育——美国体育领袖的商业之道［M］.北京：中国人民大学出版社，2004.

［25］［美］威廉·尼克斯等编．体育媒体关系营销［M］.沈阳：辽宁科学技术出版社，2005.

［26］［美］加里·M.沃尔顿，休·罗考夫．美国经济史［M］.北京：中国人民大学出版社，2016.

［27］［美］维克托富克斯．服务经济学［M］.北京：商务印书馆，1987.

［28］［美］布迪厄．文化资本与社会炼金术［M］.上海：上海人民

出版社，1996.

[29]［美］李杰．工业大数据：工业4.0时代的工业转型与价值创造［M］．北京：机械工业出版社，2016.

[30]［日］青木昌彦．比较制度分析［M］．上海：上海远东出版社，2001.

[31]［日］小宫隆太郎等．日本的产业政策［M］．北京：国际文化出版公司，1988.

[32]张幼文、金芳．世界经济学（第四版）［M］．上海：立信会计出版社，2017.

[33]鲍明晓．体育概论新修［M］．北京：首都师范大学出版社，1998.

[34]鲍明晓．体育产业：新的经济增长点［M］．北京：人民体育出版社，2000.

[35]喻丙梅．现代体育产业的优化管理研究［M］．北京：水利水电出版社，2018.

[36]胡昕．经济学视角下的中国体育产业发展研究［M］．北京：中国海洋大学出版社，2019.

[37]钟天朗．体育经济学概论（第三版）［M］．上海：复旦大学出版社．2016.

[38]杨文轩．体育原理［M］．北京：高等教育出版社，2004.

[39]江小涓．体育产业的经济学分析：国际经验及中国案例［M］．北京：中信出版社，2018.

[40]曹可强．体育产业概论［M］．上海：复旦大学出版社，2018.

[41]汪剑．"互联网＋"背景下中国体育产业发展模式研究［M］．北京：经济管理出版社，2019.

[42]刘远祥．体育产业结构优化研究［M］．济南：山东大学出版社，2016.

[43]彭坤．体育产业的发展及其市场化运营研究［M］．北京：中国水利出版社，2016.

［44］李龙. 中国体育产业发展问题的伦理审视 ［M］. 北京：中国经济出版社, 2017.

［45］杨京钟. 中国体育产业财税理论与政策研究 ［M］. 黑龙江：东北师范大学出版社, 2019.

［46］陈岩. 我国体育产业结构优化及其市场化运营研究 ［M］. 北京：水利水电出版社, 2017.

［47］方忠. 中韩文化创意产业经济效应比较研究 ［M］. 北京：经济科学出版社, 2016.

［48］郑芳、杨升平. 体育产业经济学 ［M］. 北京：高等教育出版社, 2017.

［49］吴业锦. 体育产业发展的理论与实证研究 ［M］. 北京：中国纺织出版社, 2018.

［50］杨乃彤. 体育产业创新与科学运营管理研究 ［M］. 北京：中国水利水电出版社, 2019.

［51］高玉敏、沈伟斌、胡瑞敏. 中国体育产业发展的理论与实践 ［M］. 北京：光明日报出版社, 2010.

［52］陈博. 多元视角下体育产业的融合发展研究 ［M］. 北京：中国经济出版社, 2020.

［53］陈蔚云、朱秦生、池建. 美国体育赛事赏析 ［M］. 北京：人民体育出版社, 2009.

［54］陈力全. 美国职业篮球联赛竞争性平衡的影响因素研究 ［M］. 北京：经济科学出版社, 2019.

［55］冯晓玲. 美国服务贸易国际竞争力研究 ［M］. 北京：经济科学出版社, 2020.

［56］蔡濛萌. 日美贸易摩擦与中美贸易摩擦比较研究 ［M］. 武汉：武汉大学出版社, 2020.

［57］边宇. 美国体育思想演变与启示 ［M］. 广州：华南理工大学出版社, 2018.

［58］喻晶. 美国体育专业本科人才培养研究 ［M］. 沈阳：东北大学

出版社，2019.

[59] 周青山．美国职业体育法律问题研究［M］．湘潭：湘潭大学出版社，2020.

[60] 张宏．美国文化教育休闲体育管窥—访学散记［M］．湘潭：广东高校出版社，2017.

[61] 苏东水．产业经济学［M］．北京：高等教育出版社，2000.

[62] 刘洪儒．当代中国经济大辞库［M］．北京：中国经济出版社，1993.

[63] 俞宏光．中国体育产业结构优化与升级路径研究［M］．成都：西南财大出版社，2017.

[64] 刁田丁，兰秉洁．政策学［M］．北京：中国统计出版社，1994.

[65] 凯利．王昭正译．休闲导论［M］．台湾：品度股份有限公司出版，2001.

[66] 武力．中华人民共和国经济史（上下）［M］．北京：中国经济出版社，1999.

[67] 赵西亮．基本有用的计量经济学［M］．北京：北京大学出版社，2017.

[68] 蒋自强．当代西方经济学流派［M］．上海：复旦大学出版社，2018.

[69] 杨凤、徐飞．产业经济学［M］．北京：清华大学出版社，2017.

[70] 吴艳玲．经济数学．［M］．北京：清华大学出版社，2010.

[71] 陈强．计量经济学及 Stata 应用［M］．北京：高等教育出版社，2015.

[72] 何荣天．产业技术进步论［M］．北京：经济科学出版社，2000.

[73] 贾康、苏京春．供给经济学［M］．太原：山西经济出版社，2015.

[74] 腾泰．新供给主义经济学［M］．北京：东方出版社，2017.

[75] 张耀辉．我国供给调控的理论与政策研究［M］．北京：中国财政经济出版社，2000.

［76］张泽一. 产业政策与产业竞争力研究［M］. 北京：冶金工业出版社，2009.

［77］张华荣. 精神劳动与精神生产论［M］. 北京：经济科学出版社，2002.

四、中文期刊论文

［1］李建平，张华荣，黄茂兴. 马克思主义经济学方法论的理论演进与变革趋向［J］. 当代经济研究，2007（05）.

［2］张保华，李江帆，李冠霖，等. 中国体育产业在国民经济中的地位和作用研究［J］. 体育科学，2007，27（04）.

［3］喻颖洁，张恒波. 体育产业、绿色创新对经济增长影响的实证［J］. 统计与决策，2019（17）.

［4］彭连清，林玲. 体育产业结构发展演变规律探讨［J］. 浙江体育科学，2004（05）.

［5］许正勇. 美国体育产业的结构特征及其启示［J］. 体育文化导刊，2015（09）.

［6］杨双燕，许玲. 英国体育文化创意业发展及对中国体育产业的启示——基于主导产业扩散效应理论视角［J］. 北京体育大学学报，2015（01）.

［7］俞琳. 具有垄断优势的市场结构与我国体育产业发展——兼论竞技体育市场垄断问题的特殊性［J］. 天津体育学院学报，2005（03）.

［8］石岩，舒宗礼，刘华冰. 我国体育产业的市场结构分析及优化对策［J］. 体育学刊，2007，14（05）.

［9］徐勇. 对我国体育产业市场结构的分析研究［J］. 科技创新导报，2009（24）.

［10］娄晶. 体育产业的市场结构及优化对策［J］. 科技资讯，2016（23）.

［11］李骁天，王莉. 我国体育用品产业市场垄断与竞争分析——以市场行为为切入点［J］. 北京体育大学学报，2008（12）.

[12] 张瑞林. 我国体育产业结构的优化研究 [J]. 体育学刊, 2011 (02).

[13] 鲍潞平. 体育用品产业市场结构分析 [J]. 科教导刊, 2018 (19).

[14] 丁正军, 战炤磊. 新时代我国体育产业高质量发展的综合动因与对策思路 [J]. 学术论坛, 2018, 41 (06).

[15] 陈颀, 贾清秀. 体育用品出口贸易对我国经济增长贡献程度的实证研究 [J]. 天津体育学院学报, 2007 (06).

[16] 付燕. 我国体育用品出口额与社会经济发展的灰色关联分析 [J]. 统计与决策, 2012 (04).

[17] 宋昱. 自贸区战略进程中体育服务贸易推动体育服务业发展的策略研究 [J]. 体育科学, 2015, 35 (04).

[18] 钟华梅, 王兆红, 程冬艳. 体育用品出口贸易结构的稳定性及影响因素研究 [J]. 首都体育学院学报, 2017, 29 (01).

[19] 刘洪铎, 陈晓珊. 中、美、日体育用品出口质量的测度及比较 [J]. 上海体育学院学报, 2018, 42 (02).

[20] 尚涛. 我国创意产业国际贸易结构与竞争力演进分析 [J]. 财贸经济, 2010 (08).

[21] 曲国明. 中美创意产业国际竞争力比较——基于 RCA、TC 和"钻石"模型的分析 [J]. 国际贸易问题, 2012 (03).

[22] 蔡兴林. 中国体育用品制造业产品出口国际竞争力的动态研究——基于 1996 – 2012 年数据的实证研究 [J]. 山东体育科技, 2014, 36 (06).

[23] 季雯婷, 顾江. 中美体育用品贸易的竞争性、互补性及增长潜力的实证分析 [J]. 体育科学, 2018, 38 (08).

[24] 赵放, 冯晓玲. 中美服务贸易国际竞争力比较分析——兼论中国服务贸易结构性失衡 [J]. 世界经济研究, 2007 (09).

[25] 张瑞林. 我国体育用品国际贸易优势分析 [J]. 体育学刊, 2011, 18 (06).

［26］王兆红，钟华梅．我国体育用品出口贸易竞争力影响因素研究［J］．体育与科学，2014，35（02）．

［27］林波，郑义．我国体育用品业的国际竞争力及其影响因素分析［J］．山东体育科技，2015，37（02）．

［28］吴兆红，周坤，司增绰．竞技体育强国体育用品业贸易的优劣势、竞补性及优劣势影响因素［J］．天津体育学院学报，2018，33（06）．

［29］韦建明．试析体育产业对经济发展的推动［J］．人民论坛，2010（26）．

［30］任波，黄海燕，戴俊，张晓磊．新时代我国体育产业结构性矛盾与优化路径［J］．体育文化导刊，2019（03）．

［31］朱凯迪，鲍明晓．体育产业促进就业：域外经验与本土启示［J］．武汉体育学院学报，2019，53（11）．

［32］周亚君，韩爱华．我国体育服务业空间关联与溢出效应分析［J］．商业经济研究，2017（16）．

［33］魏和清，冒小栋，李颖．我国体育产业的空间分布及区位布局对策研究［J］．北京体育大学学报，2019，42（09）．

［34］王成．中外比较视域下的体育小镇认知反思与重构［J］．上海体育学院学报，2020，44（01）．

［35］张岩．论体育事业与体育产业的内涵继二者关系［J］．成都体育学院学报．2002，28（02）．

［36］卢元镇，郭云鹏，费琪，孔文清．体育产业的基本理论问题研究［J］．体育学刊，2001（01）．

［37］郑伟，孙祁祥．中国养老保险制度变迁的经济效应［J］．经济研究，2003（10）．

［38］胡晓鹏．企业模块化的边界及其经济效应研究［J］．中国工业经济，2006（01）．

［39］高强．从"人的全面发展"到"完整的人"——重释马克思主义体育观的理论基础［J］．体育学刊，2013，20（01）．

［40］尹韵公．毛泽东作《体育之研究》的背后［J］．党的文献，

2006（03）.

[41] 华宝元. 再论我国群众体育与竞技体育的关系——对习近平接见里约奥运代表团上的讲话分析 [J]. 南京体育学院学报（社会科学版），2016，30（05）.

[42] 小岛清. 雁行形经济发展论—赤松原型 [J]. 世界经济评论，2000（03）.

[43] 江小涓. 高度联通社会中的资源重组与服务业增长 [J]. 经济研究，2017，52（03）.

[44] 江小涓，李姝. 数字化、全球化与职业体育的未来 [J]. 上海体育学院学报，2020，44（03）.

[45] 江小涓，李辉. 服务业与中国经济：相关性和加快增长的潜力 [J]. 经济研究，2004（01）.

[46] 戚晓妮，赵丙琪. 产业融合背景下创新创业热点研究计量与可视化分析 [J]. 科技创业月刊，2020，33（03）.

[47] 鲜一，程林林. 体育强国建设背景下体育产业链现代化研究 [J]. 体育文化导刊，2020（03）.

[48] 方倩倩. 互联网时代体育产业创新发展策略研究 [J]. 海峡科技与产业，2020（02）.

[49] 吴超力. 基于"健康中国"视阈的国民体育消费转型研究 [J]. 质量与市场，2020（03）.

[50] 郑朝沙，符壮. 体医融合相关体育产业创新发展研究 [J]. 广州体育学院学报，2020，40（01）.

[51] 李桥兴，胡雨晴，吴俊芳. 体育大数据产业体系结构的分析与优化 [J]. 体育科技，2020，41（01）.

[52] 王建永. 体育产业对经济增长的影响研究 [J]. 中国商论，2019（23）.

[53] 李汉明. 体育经济政策视角下体育产业发展研究 [J]. 武术研究，2020，5（03）.

[54] 刘起运. 关于投入产出系数结构分析方法的研究 [J]. 统计研

究，2002（02）.

［55］中国投入产出学会课题组，许宪春，齐舒畅，杨翠红，赵同录．我国目前产业关联度分析——2002 年投入产出表系列分析报告之一［J］.统计研究，2006（11）.

［56］郑吉昌，何万里，夏晴．论现代服务业的隐性就业增长机制［J］.财贸经济，2007（08）.

［57］丁守海．中国就业弹性究竟有多大？——兼论金融危机对就业的滞后冲击［J］.管理世界，2009（05）.

［58］丁守海，陈秀兰，许珊．服务业能长期促进中国就业增长吗［J］.财贸经济，2014（08）.

［59］张丽娜．基于国际投入产出关系的国内消费行业就业带动效率［J］.人口与经济，2016（01）.

［60］刘素华．建立我国就业质量量化评价体系的步骤与方法［J］.人口与经济，2005（06）.

［61］张华荣．论精神劳动、精神产品生产与经济增长方式的转变［J］.当代经济研究，2002（08）.

［62］张华初，李永杰．论我国加工贸易的就业效应［J］.财贸经济，2004（06）.

［63］胡昭玲，刘旭．中国工业品贸易的就业效应——基于 32 个行业面板数据的实证分析［J］.财贸经济，2007（08）.

［64］盛斌，马涛．中间产品贸易对中国劳动力需求变化的影响：基于工业部门动态面板数据的分析［J］.世界经济，2008（03）.

［65］徐茂卫，管文潮．我国体育产业集聚的动力机制［J］.上海体育学院学报，2012，36（03）.

［66］侯敏．东盟与澳新农产品贸易的互补性研究——基于相对贸易优势与贸易互补性系数的分析［J］.国际贸易问题，2011（10）.

［67］司增绰，周坤．中日两国产业贸易的优劣势与竞补性［J］.国际商务研究，2019，40（05）.

［68］刘江南．美国体育产业发展概貌及其社会学因素的分析［J］.广

州体育学院学报，2001，21（01）.

［69］童莹娟，陶文渊，丛湖平. 我国东部省份体育产业的行业结构布局及政策研究［J］. 体育科学，2012，32（02）.

［70］袁富华，张平. 雁阵理论的再评价与拓展：转型时期中国经济结构问题的诠释［J］. 经济学动态，2017（02）.

［71］袁富华. 服务业的要素化趋势分析：知识过程与增长跨越［J］. 中国特色社会主义研究，2016（06）.

［72］陈波. 不同收入层级城镇居民消费结构及需求变化趋势——基于 AIDS 模型的研究［J］. 社会科学研究，2013（04）.

［73］魏勇，杨刚，杨孟禹. 城镇居民消费升级特征与动因研判——基于空间溢出视角的实证研究［J］. 经济问题探索，2017（01）.

［74］李长亮. 我国城市化水平测算方法的科学性研究［J］. 经济纵横，2013（02）.

［75］郑芳，徐伟康. 我国智能体育：兴起、发展与对策研究［J］. 体育科学，2019，39（12）.

［76］简新华，黄锟. 中国城镇化水平和速度的实证分析与前景预测［J］. 经济研究，2010，45（03）.

［77］龚韬. 体育赛事 IP 价值提升路径研究［J］. 当代体育科技，2019，9（35）.

［78］高进，武娟. 新时代体育经济与管理专业人才培养的结构性改革研究［J］. 北京体育大学学报，2019，42（12）.

［79］王菲. 体育经济与管理专业创新型人才培养的研究［J］. 体育世界（学术版），2019（12）.

［80］沈克印. 论新时代中国社会主要矛盾与体育产业供给侧改革［J］. 体育学研究，2019（05）.

［81］舒竞. 中美体育标准化建设的比较及启示［J］. 体育学研究，2019（05）.

［82］付群，王雪莉，郑成雯. 全面深化改革：我国体育产业推进供给侧结构性改革研究［J］. 南京体育学院学报，2019（10）.

[83] 李国，孙庆祝. 新时代我国体育产业结构优化效益的 VAR 模型分析 [J]. 山东体育学院学报，2019，35（05）.

[84] 刘文君. 论休闲体育消费对体育产业的影响研究 [J]. 营销界，2019（38）.

[85] 郝建英，刘文君，刘琦，卢春根，钟章生. 我国大众体育经济消费现状及其策略 [J]. 营销界，2019（38）.

[86] 段艳玲，付志华，陈曦. 我国体育用品制造业服务化对产业转型升级的影响研究 [J]. 武汉体育学院学报，2019，53（11）.

[87] 李乐虎，高奎亭，黄晓丽. 我国体育产业供给侧结构性改革的研究述评 [J]. 首都体育学院学报，2019，31（06）.

[88] 夏小飞. 简述我国体育经济发展状况和未来方向 [J]. 营销界，2019（42）.

[89] 黄海燕，朱启莹. 中国体育消费发展：现状特征与未来展望 [J]. 体育科学，2019，39（10）.

[90] 刘佳昊. 网络与数字时代的体育产业 [J]. 体育科学，2019，39（10）.

[91] 杨莉. 如何促进体育消费 [J]. 科技资讯，2019，17（28）.

[92] 韩靓. 中美体育产业对比分析 [J]. 辽宁体育科技，2018，40（05）.

[93] 孟泽，卞勋芳，彭效利. 中美体育产业发展现状及对比研究 [J]. 体育世界（学术版），2017（11）.

[94] 余守文，王经纬. 中、美两国体育产业财税政策比较研究 [J]. 体育科学，2017，37（10）.

[95] 易剑东，任慧涛，朱亚坤. 中美体育人才培养系统、就业路径的比较研究——从行业·专业·职业匹配与顺应的视角出发 [J]. 武汉体育学院学报，2014，48（09）.

[96] 王昆仑，王建华. 中美体育产业发展对比研究 [J]. 湖北体育科技，2014，33（07）.

[97] 王培风. 中美体育产业发展比较研究 [J]. 商场现代化，2008（28）.

[98] 郑瑞，潘绍伟，金玉．中美两国体育健身娱乐业现状比较研究 [J]．辽宁体育科技，2008（02）.

[99] 张俊伟，郝力宁，范玉辉．中美日三国体育产业比较研究 [J]．山东体育科技，2006（01）.

[100] 范玉辉．中日体育产业之研究 [J]．今日科苑，2009（15）.

[101] 姜同仁，宋旭，刘玉．欧美日体育产业发展方式的经验与启示 [J]．上海体育学院学报，2013，37（02）.

五、学位论文

[1] 蒋红霞．体育价值研究 [D]．杭州：浙江大学，2017.

[2] 张羽．体育产业发展对经济增长影响的动态计量研究 [D]．长春：东北师范大学，2016.

[3] 张森．中美两国体育休闲产业比较分析研究 [D]．苏州：苏州大学，2014.

[4] 金锡奎．中韩体育经济发展比较研究 [D]．北京：北京体育大学，2012.

[5] 王智慧．体育强国的评价体系与实现路径研究 [D]．北京：北京体育大学．

[6] 丁一．中美职业体育俱乐部与城市互动关系的比较研究 [D]．上海：上海体育学院，2013.

[7] 朱启莹．我国体育资本市场的配置效应研究 [D]．上海：上海体育学院，2018.

[8] 朱维娜．我国体育产业结构研究 [D]．重庆：西南师范大学，2004.

[9] 杨倩．我国体育产业结构优化升级研究 [D]．上海：上海体育学院，2012.

[10] 杨丽丽．我国体育产业结构现状与优化对策研究 [D]．上海：上海体育学院，2013.

[11] 王治君．美国体育产业结构研究 [D]．武汉：华中师范大学，2014.

［12］梁霄．我国体育用品出口贸易影响因素的实证研究［D］．北京：首都经济贸易大学，2018.

［13］朱书琦．大型体育赛事能否推动城市产业发展？［D］．杭州：浙江工商大学，2018.

［14］苏亮．基于成本——效益分析的奥运经济影响预测研究［D］．大连：大连理工大学，2005.

［15］郭建平．创意体育产业研究［D］．长沙：湖南师范大学，2012.

［16］黄小云．我国体育公共财政支出区域差距与收敛性研究［D］．武汉：华中师范大学，2016.

［17］张增磊．政府投资基金经济效应及作用路径研究［D］．北京：中国财政科学研究院，2018.

［18］蒋岩岩．马克思主义哲学视野下体育价值观问题研究［D］．北京：北京交通大学，2012.

六、外文文献

［1］Humphreys B. R. , Ruseski J. E. Problems With Data on the Sport Industry［J］. *Journal of Sports Economics*, 2010, 11（01）: 60 – 76.

［2］Weber W. , Schnieder C. , Kortlüke N. , Horak B. , Heinemann K. Die wirtschaftliche Bedeutung des Sports［J］. *Sportwissenschaft*, 1997, 27（02）: 204 – 209.

［3］Gratton C. and P. Taylor. *Economics of Sport and Recreation*［M］. London: Spon Press, 2000.

［4］Pitts B. , Stotlar D. *Fundamentals of Sport Marketing*［M］. Fitness Information Technology, Inc 1996.

［5］El – Hodiri M. , Quirk J. An economic model of a professional sports league［J］. *Journal of Political Economy*, 1971, 79, 1302 – 1319.

［6］Dalziel P. *The Economic and Social Value of Sport and Recreation to New Zealand*［M］. New Zealand, 2011.

［7］Chelladurai P. *Managing Organizations for Sport and Physical Activity*,

Chelladurai, 1st edition [M]. Academic Internet publishers, 2007.

[8] Masteralexis L P, Masteralexis L P, Masteralexis L P. *Principles and Practice of Sport Management* [M]. Jones and Bartlett Publishers, Inc, 2008.

[9] Pedersen P. M. , Laucella P. C. , Miloch K. S. et al. The juxtaposition of sport and communication: defining the field of sport communication [J]. *International Journal of Sport Management & Marketing*, 2007, 2 (03): 193.

[10] Meek A. An estimate of the size and supported economic activity of the sports industry in the United States [J]. *Sport Marketing Quarterly*, 1997, 6 (04): 15 – 21.

[11] Broughton D. Dollars in sports – Mcthodology [J]. *Streer & Sith's Sports Business Journal*, 2002, 47 (04): 25.

[12] Michael Milano, Packianathan Chelladurai. Gross Domestic Sport Product: The Size of the Sport Industry in the United States [J]. *Journal of Sport Management*, 2011 (25): 24 – 35.

[13] Humphreys B. , Ruseski J. The Size and Scope of the Sports Industry in the United States [C]// IASE Conference Papers [M]. International Association of Sports Economists, 2008.

[14] Rottenberg S. The baseball players' labor market [J]. *Journal of Political Economy*, 1956, 44 (03): 242 – 258.

[15] Topkis J. H. Monopoly in professional sports [J]. *Yale Law Journal*, 1948, 58: 691.

[16] Gregory P. M. *The Baseball Player: An Economic Study* [M]. DC: Washington, Public Affairs Press, 1956.

[17] Gratton Chris. The economic importance of modern sport [J]. *Culture, Sport and Society*, 1988 (01): 101 – 117.

[18] Davies Larissa. Sport in the city: Measuring economic significance at the local level [J]. *European Sport Marketing Quarterly*, 2002b, 2 (01): 83 – 112.

[19] Neale W. C. The peculiar economics of professional sports: A contri-

bution to the theory of the firm in sporting competition and in market competition [J]. Quarterly Journal of Economics, 1964, 78 (01): 1 – 14.

[20] Daniel R. A Test of the Optimal Positive Production Network Externality in Major League Baseball [J]. *MPRA Paper*, 1999, 82: 111 – 124.

[21] Feddersen A., Maennig W. Trends in Competitive Balance: Is There Evidence for Growing Imbalance in Professional Sport Leagues? [J]. *Ssrn Electronic Journal*, 2005, 20 (03): 33 – 39.

[22] Knowles G., Sherony K., Haupert M. The Demand for Major League Baseball: A Test of the Uncertainty of Outcome Hypothesis [J]. *The American Economist*, 2016, 9 (02).

[23] Milano M., Chelladurai P. Gross Domestic Sport Product: The Size of the Sport Industry in the United States [J]. *Journal of Sport Management*, 2011, 25 (01): 24 – 35.

[24] Andreff M., Andreff W. International Specialization of Major Trading Countries in Global Trade of Sports Goods No. 0715 [J]. *MPRA Paper*, 2007, 8 (02).

[25] Gorkemli Kazar, Altug Kazar, Tamer Sami Sert. Bilateral Trade in European Sports Industry: Linder versus Hecksher – Ohlin – Samuelson [J]. *International Journal of Economics & Financial Issues*, 2018, 8 (01).

[26] Sayed Abdulmajid Jalayee, Hossein Bakhshandeh, Mohsen Esmaeili. The Effects of Technology Spillover on the Economic Growth of Iran's Sports Industry [J]. *Annals of Applied Sport Science*, 2018, 6 (02).

[27] Clark C. *The Condition of Economic Progress* [M]. London: MacMillan Press, 1957.

[28] Blyth C. A., Kuznets S. Economic Growth of Nations: Total Output and Production Structure [J]. *Economica*, 1973, 160 (40): 457.

[29] Baumol W. J. Macroeconomics of Unbalanced Growth [J]. *American Economic Review*, 1967, 57 (3): 415 – 426.

[30] Coates D., Humphreys B. R. Professional sports facilities, franchi-

ses and urban economic development [J]. *Public Finance & Management*, 2003 (03).

[31] Gerald A. Carlino, Albert Saiz. Beautiful City: Leisure Amenities and Urban Growth [R]. FRB of Philadelphia Working Paper, 2008.

[32] Skitnevskiy V. L., Sedov I. A., Reva V. A., Novozhilova J. S., Lebedkina M. V. and Reutova O. V. Physical health and labor market analysis [J]. *EurAsian Journal of BioSciences*, 2019, 13 (02): 1495 – 1500.

[33] Nassim Abderrahmane, Edgar Lemaire, Benoît Miramond. Design Space Exploration of Hardware Spiking Neurons for Embedded Artificial Intelligence [J]. *Neural Networks*, 2020, 121.

[34] Lin Zhuo, Xiangfeng Guan, Songzhong Ye. Quantitative Evaluation and Prediction Analysis of the Healthy and Sustainable Development of China's Sports Industry [J]. *Sustainability*, 2020, 12 (06).

[35] Pitts B. G., Fielding L. W., and Miller L. K. Industry segmentation theory and the sport industry: Developing a sport industry segment model [J]. *Sport Marketing Quarterly*, 1994, 3 (01): 15 – 24.

[36] Meek A. An estimate of the size and supported economic activity of the sports industry in the United States [J]. *Sport Marketing Quarterly*, 1997, 6 (04): 15 – 21.

[37] Li M., Hofacre S. and Mahony D. *Economics of Sport.* [M]. WV: Fitness Information Technology, 2001.

[38] Thompson W. R. Worldwide survey reveals fitness trends for 2007 [J]. *ACSM's Health Fitness Journal*, 2006, 10 (06): 8 – 14.

[39] Schumacher, Harold R. *Introduction to Laboratory Hematology and Hematopathology* [M]. Alan R. Liss, inc, 1984.

[40] Margaryan L., fredman P. Bridging outdoor recreation and nature-based tourism in a commercial context: Insights from the Swedish service providers [J]. *Joutdoor Recreation Tourism*, 2017 (17): 84 – 92.

[41] Gerald A. Carlino, Albert Saiz. Beautiful City: Leisure Amenities

and Urban Growth [R]. FRB of Philadelphia Working Paper, 2008.

[42] Milner C. , Wright P. Modelling Labour Market Adjustment to Trade Liberalisation in an Industrialising Economy [J]. *Economic Journal*, 1998, 447 (108): 509 – 528.

[43] White R. Import Source Reallocation And U. S. Manufacturing Employment, 1972 – 2001 [J]. *Open Economies Review*, 2008, 19 (03): 403 – 410.

[44] Krugman P. Increasing Returns and Economic Geography [J]. *Journal of Political Economy*, 1991, 99: 483 – 499.

[45] Coates D. , Humphreys B. R. Professional sports facilities, franchises and urban economic development [J]. *Public Finance & Management*, 2003 (03).

[46] Richard A. Lipsey. *The Sporting Goods Industry* [M]. McFarland & Company Inc, Publishers, 2006.

[47] Lipsey, Richard A. *The Sporting Goods Industry* [M]. McFarland & Co. , 2006.

[48] Price V. C. , "Some causes and consequences of fragmentation", in Arndt S. W. and H. Kierzkowski, eds. *Fragmentation: New Production Patterns in the World Economy* [M]. Oxford: Oxford University Press, 2001.

[49] Nawaz I. , Aqib M. , Shahzad N. , Yasir M. , and Zafar F. Contribution of Sports Goods Industry towards Economic Growth of Pakistan [J]. *Advances in Social Sciences Research Journal*, 2017, 13 (04): 70 – 75.

[50] Awan H. M. , Ishaq Bhatti M. An evaluation of ISO 9000 registration practices: a case study of sports goods industry [J]. *Managerial Finance*, 2003, 29 (07): 109 – 134.

[51] Andreff M. , Andreff W. Global trade in sports goods: International specialisation of major trading countries [J]. *European Sport Management Quarterly*, 2009 (09): 259 – 294.

[52] Scott, Linda and Vollrath, Thomas. Global Competitive Advantages

and Overall Bilateral Complementarity in Agriculture: A Statistical Review [R].
Agriculture and Trade Analysis Division, Economic Research Service, U. S.
Department of Agriculture. Statistical Bulletin No. 850, 1992.

[53] Sage G. H. Power and ideology in American sport: A critical perspective. [J]. *Athletics*, 1990, 77 (02): 256.

[54] Dardis, Rachel, Soberon – Ferrer, Horacio, Patro, Dilip. Analysis of leisure expenditure in the United States [J]. *Journal of Leisure Research*, 1994, 26 (04): 309 – 321.

[55] Fujita M. , and Thisse J. F. *Economics of Agglomeration* [M]. Cambridge: Cambridge University Press, 2002.

[56] Barro R. J. , Lee J. W. International comparisons of educational attainment [J]. *Journal of Monetary Economics*, 1993, 5 (02): 72 – 84.

[57] Barro R. J. , Lee J. W. International measuring of schooling years and schooling quality [J]. *American Economic Review*, 1996, 78 (02): 202 – 204.

[58] Barro R. J. , Lee J. W. International data on educational attainment: updates and implications [J]. *Oxford Economic Papers*, 2001, 57 (02): 33 – 51.

[59] Dixit A. , Stigliz J. E. Monopolistic competition and product diversity: reply [J]. *American Economic Review*, 1993, 83 (01): 302 – 304.

[60] Grossman G. M. , Helpman E. Quality ladders in the theory of growth [J]. *Review of Economic Studies*, 1991, 58 (01): 43 – 61.

[61] Arpana Duggal, Anjana Chib. The role of urban green spaces for the sustainable city [J]. *Indian Journal of Research*, 2014, 6 (03): 92 – 94.

[62] Heston A. A brief review of some problems in using national accounts data in level of output comparisons and growth studies [J]. *Journal of Development Economics*, 1994, 44 (01): 29 – 5.

后　记

　　本书是福建开放大学 2022 年度福建省习近平新时代中国特色社会主义思想研究中心项目"习近平总书记关于体育的重要论述和弘扬北京冬奥精神研究"研究成果，也是在本人博士论文基础上调整补充完成的。随着时间的推移，在博士毕业几年后，世界瞬息万变，市场中很多诸如"百战归来再读书"这样的标语在各种商业课程里"蛊惑"着创业路上孤独前行的奋斗者，试图用承载思想的文字表达出高尚的道德感来让这些在聒噪、竞争、压力等环境中的人安静下来思考。回想当初我却选择了更加神秘而艰辛的学术殿堂，不仅因为探索未知是人的本能，更因为我能近距离地与智者同行，并在无穷的、规范的科学探索中有机会努力地去发现一点点光。回想起前几年攻读博士期间，正值新冠肺炎疫情暴发，一路上的艰辛与欢乐，我的感激之情油然而生。感谢生命的恩惠，让我有幸再次聆听教授们的指点，倍加珍惜，唯恐辜负，放下手中所有羁绊，全身心投入，不断探索，永不放弃，为自己的求学生涯不仅在意志磨炼上留下刻骨铭心、终生难忘的记忆，而且在知识表达及科学研究上终身受益。在此背景下，为了继续延伸我对产业经济的执着，以及对体育产业这个细分赛道的热爱，我开始着手对这类研究进行实时更新，以期与时代前沿保持同步。在此谨向全力支持我进行研究工作的老师和家人表示谢意。

　　由衷感谢著名经济学家李建平教授经常在课堂上用其渊博的知识、独到的见解，以及敏锐的思辨为我们答疑解惑，分析世界国际形势，让我们醍醐灌顶，豁然神清。课后的谆谆教诲，让我们时刻谨记对待科学研究必须要从严治学，科学谨慎地对待存在的问题，因为创新来自问题的发现与解决。李教授的谦恭厚德、博学笃行、蔚然大家、皓首穷经，以及精研马义，令人万分敬仰，是我们终身学习的榜样。承蒙恩师张华荣教授抬爱不弃，每遇困难都给予积极鼓励，从入学后的学习方法到开题时对国际文化热点的遴选甄别，以及后续这一主题的发展趋势，他高屋建瓴的观点及可执行的方案建议，让我的研究顺利开展。在后续研究成果撰写过程中，恩师更是关怀备至。从篇章结构到遣词造句，细致入微地给予我悉心指点，使得终成拙论。恩师的厚德博学、利物不争，文笔之优美，见解之独到，思辨之严谨，令学生我非常敬佩。幸得恩师传道授业解惑，倾囊相授，宽容厚爱，方能实现今日之学术梦想，内心感激涕零，深怀滴水涌泉之心。诚挚感谢师母黄张华老师，其温婉如玉、宽厚慈爱、包容勉励，令我倍感温暖。诚挚感谢黄茂兴教授，其著作等身、成果丰硕仍砥砺前行，进取勤勉之精神激励我们奋进。由衷感谢黄谨教授，其厚德博学、利物不争、胸怀大义，时刻为学生考虑，令我和同窗心存感激。课堂学习中，有幸聆听李建建教授、林子华教授、林卿教授、刘义圣教授、陈少晖教授、蔡秀林教授、林寿富教授的谆谆教诲，感恩教授恩师们在我求学之路上的无私相授，鼓励提携，终生铭记。特别感谢论文写作过程中，幸得邹文杰教授、李碧珍教授、陈晓枫教授指点迷津，他们高屋建瓴、点拨马义、学识渊博、以身示范，我已铭记在心。感谢许琛老师、刘喜玲老师的帮助、监督与关怀，使我能够顺利完成学业。师恩难忘，友情可贵。学业压力及困惑，幸得志同道合同学们的互相鼓励，携手并进。感谢占文忠、杨长平、彭里程、蔡燕琦、陈文秀、陈煌鑫、汪宸、陈小花、陈冠南、赵鑫同学的鼓励帮扶，风雨同舟、携手并进，共同度过美好难忘的学习时光。

感恩我的父母和我的岳父岳母，他们任劳任怨地为我们分担照顾孩童的艰辛与劳累，舐犊之爱，衔环结草，难报万一；由衷感谢我的妻子吴榕彦，每当我遇到困难挫折时，她都不离不弃，毫无怨言，坚定而毫无理由地支持我的选择，为家庭倾心付出，为子女教育呕心沥血，人生路远，幸得其相知相伴，人生之幸，也时刻激励我坚持追逐梦想，努力进取，期许未来。

257

作为本书基础，博士论文撰写过程中也受益于诸多国内外学者已成的理论成果，在此也对这些学者给予真诚感谢；需要感谢的人还有很多，无法逐一列出，在此深表谢意。最后，向各位读者致谢，因时间仓促，书中难免存在疏漏和不足，敬请大家批评指正。

涂志辉

2024 年 7 月